# JOAQUIM FERNANDES MARTINS

Elias Awad

# JOAQUIM FERNANDES MARTINS

A trajetória do imigrante português que se tornou um dos principais empreendedores do Paraná

São Paulo, 2020

*Joaquim Fernandes Martins: a trajetória do imigrante português que se tornou um dos principais empreendedores do Paraná*
Copyright © 2020 by Elias Awad
Copyright © 2020 by Novo Século Editora Ltda.

EDITOR: Luiz Vasconcelos
COORDENAÇÃO EDITORIAL: Equipe Novo Século
TRANSCRIÇÕES: Marcelo Romano
PREPARAÇÃO: Edilene Santos
PROJETO GRÁFICO E DIAGRAMAÇÃO: Bruna Casaroti
REVISÃO: Alexandra Resende
FOTO DE CAPA: Fabiano Oliveira

Texto de acordo com as normas do Novo Acordo Ortográfico da Língua Portuguesa (1990), em vigor desde 1º de janeiro de 2009.

**Dados Internacionais de Catalogação na Publicação (CIP)**

Awad, Elias
  Joaquim Fernandes Martins: a trajetória do imigrante português que se tornou um dos principais empreendedores do Paraná;
Elias Awad;
Barueri, SP: Novo Século Editora, 2020.

1. Empresários – Brasil – Biografia 2. Martins, Joaquim Fernandes – Biografia 3. J. Martins Supermercado Planalto Ltda. – História
I. Título

20-1437                               CDD-926.58

**Índice para catálogo sistemático:**
1. Empresários – Brasil – Biografia

uma marca do
**Grupo Novo Século**

Alameda Araguaia, 2190 – Bloco A – 11º andar – Conjunto 1111
CEP 06455-000 – Alphaville Industrial, Barueri – SP – Brasil
Tel.: (11) 3699-7107 | www.gruponovoseculo.com.br
atendimento@gruponovoseculo.com.br

# SUMÁRIO

**PREFÁCIO**..................................................................7

**APRESENTAÇÃO**
Abrir o coração ............................................................9
Uma vida pautada em inspirar pessoas.........................12

**CAPÍTULO 1**
O menino de Galisteu Cimeiro ....................................19

**CAPÍTULO 2**
Um novo rumo: o Brasil ..............................................49

**CAPÍTULO 3**
Empreender e casar ....................................................68

**CAPÍTULO 4**
Ampliar os negócios ..................................................108

**CAPÍTULO 5**
Confiança e perseverança em tempos difíceis ............133

**CAPÍTULO 6**
Pecuária, crescer e gerar riqueza................................162

**CAPÍTULO 7**
Priorizar a vida pessoal..............................................209

**MENSAGEM FINAL** ..................................................249

**RELAÇÃO DE ENTREVISTADOS**................................255

# PREFÁCIO

Foi certamente por amizade e não pelos meus dotes literários que meu caro amigo Joaquim pediu para apresentar aos leitores sua biografia.

Elogiar um amigo que para mim se situa entre aqueles que cabem na contagem dos dedos de uma mão é fácil; no entanto, preciso, a título de colaboração, desvendar e apresentar o fenômeno Joaquim.

Joaquim Fernandes Martins aproveitou bem o tempo escolar num período em que o primário era concluído na medida do possível nas horas vagas do trabalho.

Começou cedo na escola da vida. Os conselhos permanentes do pai e o exemplo da mãe, vigorosa, atenta e inteligente deram o grande impulso.

Do nascimento até os 18 anos, nosso Joaquim teve carinho e orientação dos pais. Aos 8 anos foi ganhar o próprio sustento e não parou mais. Trabalho infantil? Sim. Sabemos nós os mais chegados como era pago o trabalho àquela época: um prato de couves e a esperança de aprender uma profissão para no futuro ser bem-sucedido. Trabalho quase escravo; eram só promessas e esperança.

Ele foi à ceifa e não me cabe relatar o quanto sofreu. Deixo para alguém que tenha passado por esse trabalho o faça com mais pormenores.

Conheci um padre Velho (o Padre Catarino) que vinha celebrar a missa dominical na capela do Caniçal, frequentada pela população das aldeias vizinhas onde se inclui a minha Bairrada.

Quando os homens iam se confessar, ele perguntava: "Já foste à ceifa?". Se a resposta fosse positiva, ele dizia: "Vai em paz, já pagaste todos os teus pecados".

Em 1985, deixou para trás os pais, os familiares, os amigos e a sua aldeia. Seu país não tinha um emprego para oferecer a Joaquim nem a outros jovens de sua idade.

Sem esperança, a única alternativa foi deixar todos e tudo para se aventurar num mundo novo e desconhecido, que precisava de empreendedores.

Nesta biografia, que tenho a honra de prefaciar, muito podemos ver, sentir e aprender. Em 65 anos de vida num Brasil em crescimento, muitas dificuldades foram vencidas.

Eu era subgerente da Importadora São Marcos de Maringá; senti de perto a capacidade do Joaquim ao ver, avaliar e encomendar as mercadorias que precisava. Sempre grandes quantidades com pagamentos no prazo combinado.

Não perdeu tempo e, acompanhando a mudança de costumes da população, rapidamente evoluiu das vendas em balcão para supermercados, atacado e atacarejo.

Na pecuária, tive oportunidade de acompanhar o Joaquim às convenções do Gado Chianina: 1985 na Austrália e Nova Zelândia, 1988 na Itália, e em 1991 nos Estados Unidos. Observei de perto o modo como assistia às palestras, absorvia os ensinamentos, procurava por novidades, sempre atento a novos aprendizados.

Como não pode parar, já está a caminho de agricultura de exportação.

Sabendo que só não se pode ir muito longe, procurou rodear-se de pessoas de sua confiança: primeiro o irmão José, seguido de outros irmãos, cunhados, tios, nora, genros e muitos outros amigos. Formou um grande grupo entre os quais encontrou vários sócios.

Joaquim, com toda a sua coragem, vontade de aprender, esperança e, acima de tudo, trabalhando muito, pôde com tranquilidade se apropriar da célebre frase: *VENI, VIDI, VICI* (vim, vi, venci).

Ele veio, viu e venceu. Três palavras curtas que dizem muito, mas não revelam: oportunidades não desperdiçadas, noites maldormidas, preocupações e trabalho contínuo.

E tantas outras situações declaradas ou implícitas.

O caro leitor encontrará neste livro o relato de uma vida frutífera e interessante.

Izaías Dias

# APRESENTAÇÃO

## Abrir o coração

Caro leitor,
Estou no Brasil há 65 anos.

Nasci na minúscula aldeia de Galisteu Cimeiro, no concelho de Proença-a-Nova, distrito de Castelo Branco e província de Beira Baixa. Portugal é um país pequeno, com 10 milhões de habitantes, em torno de 850 quilômetros de comprimento de norte a sul, do Minho ao Algarve, e 220 quilômetros na região mais larga do país.

Vim de Portugal com 18 para 19 anos. Assim como muitos vizinhos de minha família, saí da minha terra em busca de oportunidades de trabalho e crescimento, e que me dessem condições de melhorar a minha vida e a de meus pais e irmãos.

Nossa região é uma das mais pobres de Portugal, mas tem um povo muito trabalhador. Tanto que, no Brasil, mais de cinquenta empresas de São Paulo e de outras cidades pertencem a portugueses que nasceram nos arredores de Proença-a-Nova, berço de grandes empresários. Um deles era João Alves Veríssimo, que criou a rede de lojas denominada Supermercados Eldorado. Outros dois grandes empresários foram João Martins e Alberto Dias, fundadores do atacado Dias Martins S.A. e dos Moinhos de Trigo Anaconda.

A minha história repete a de muitos portugueses, espanhóis, japoneses, italianos, árabes, entre outros, que trocam o país que amam por natureza por aquele que passaram a amar por opção, o Brasil!

Nosso Brasil é uma terra abençoada por Deus. Conheci inúmeros países e culturas, e posso afirmar que em nenhum daqueles onde estive encontrei povo tão acolhedor e condições promissoras de trabalho como no Brasil.

Venho de uma família pobre e numerosa, com mãe, pai e oito filhos. Tenho três irmãs, Maria Rita, Maria de Lourdes e Maria do Rosário, e quatro irmãos, que são Antonio e João, já falecidos, José e Acácio. Fui o terceiro a sair de casa. O Antonio e a Maria Rita "puxaram a fila": ele migrou para a África, para Angola, cidade de Sá da Bandeira, para trabalhar com os primos Acácio, João e Abel; já Maria Rita foi ser funcionária na casa do mesmo primo João, em Lisboa, para depois ir estudar e morar no Colégio das Irmãs Missionárias de Maria, em Barcelos, com a finalidade de ser freira.

Inicialmente, trabalhei no Brasil com os irmãos Alvaro e José Lopes, que me mandaram a Carta de Chamada, documento obrigatório daquela época para vir de Portugal. Passados três anos, fui trabalhar com Firmino Dias Capela, gerenciando e abrindo lojas da sua rede, a Casa Dias. E depois que me estabeleci, decidi constituir família. Casei-me com Maria Adelaide, por procuração, e tivemos seis filhos: Maria Goretti, Verônica (que infelizmente veio a falecer ainda muito nova), Sara Regina, Márcia de Fátima, Joaquim Filho (o Quim) e a caçula Elis Magna (a Magui).

Aqui cheguei, muito trabalhei, edifiquei uma família e muito tenho a agradecer a Deus e a este país abençoado. Dificuldades existiram e ainda hão de fazer parte da minha trajetória, mas são como as nuvens, passageiras. Tem um ditado que diz: "Não há bem que sempre dure nem mal que nunca se acabe". O importante é ser forte e ter fé em Deus para enfrentar as dificuldades e vencê-las!

E sabe como se faz isso? Com trabalho, honestidade, muita coragem e otimismo. Ao invés de ficarmos reclamando da situação, devemos fazer a nossa parte! Tanto que em tempos ditos como difíceis minha empresa nunca parou de crescer e de abrir novas frentes de negócios.

Temos uma rede de lojas, de nome Planalto, de vendas no varejo, os supermercados, de vendas no atacado, e aquilo que se convencionou chamar de "atacarejo", onde quanto mais se compra, mais barato ficam os preços dos produtos; também atuamos com fazendas, na produção agropecuária, e na construção de imóveis para instalar nossas lojas e locação para terceiros. Estamos localizados em Umuarama, região noroeste do Paraná.

Muitos me perguntam o motivo pelo qual eu aceitei que minha biografia fosse escrita. Acredito que as minhas experiências possam colaborar com os leitores, em especial os jovens, que muitas vezes se encontram em momentos difíceis na vida e se sentem sem perspectivas de futuro, sem saber que rumo tomar.

Isso também aconteceu comigo, mas, com minha fé, autoconfiança e otimismo, consegui encontrar o melhor caminho. Quem está começando a vida não pode temer nada e precisa ter objetivos. Com determinação e comprometimento não tem como dar errado.

Quero também que minha história inspire e mostre, em especial aos meus netos, que para mim o maior objetivo de vencer na carreira era o de poder dar uma vida digna aos meus pais e irmãos, de poder gerar riqueza. Deus me deu muito mais do que eu imaginava ter um dia. Os meus netos precisam conhecer a fundo a minha trajetória, para valorizá-la a fim de entenderem que a missão deles é muito importante, pois lhes cabe a perpetuação e o desenvolvimento ainda maior dos nossos negócios. Ou seja, manter o trem nos trilhos, agregando ainda mais vagões e velocidade.

Boa leitura!

Joaquim Fernandes Martins

# Uma vida pautada em inspirar pessoas

*Senhor Joaquim, eu quero agradecer-lhe pelo exemplo e modelo de empreendedorismo sério, ético e competente que sempre nos deu. Acompanhando sua postura há anos, decidi também empreender e montei a minha empresa de produtos para pecuária.*

Parecia que eu havia escolhido o dia certo para conhecer o empresário Joaquim Fernandes Martins. Eu tinha acabado de cumprimentá-lo. Tomávamos café antes de seguirmos para a sala dele, quando um representante comercial que o atendia há muitos anos pediu um minuto da atenção do empresário para fazer-lhe um agradecimento.

Ali comecei a construir um pouco do perfil daquele homem de sorriso gostoso, dono de uma cultura avantajada, duro nos negócios, macio nas coisas do coração, otimista nato, religioso e convicto na busca por seus ideais.

Tivemos uma conversa agradabilíssima! Ele me contou um pouco da sua trajetória, apresentou-me a alguns membros da família, tomamos mais um café... E saí dali com a missão de transportar para um livro biográfico o registro do maior patrimônio do senhor Joaquim Fernandes Martins: sua história de vida e de empreendedorismo!

Ainda quando estava me despedindo, presenciei uma moça, funcionária da J. Martins (holding do grupo que detém a rede de lojas Planalto, fazendas e outros segmentos) sorrindo e segurando uma bela cesta repleta de produtos saborosos, presente da empresa pelo seu aniversário.

Fiquei a pensar que uma companhia que age assim é movida pelo gentil e caloroso coração do presidente, no caso, o senhor Joaquim Fernandes Martins...

O tempo mostrou-me que eu estava certo...

Começamos o projeto! Passamos quase dez dias juntos em Portugal. É emocionante e necessário registrar o carinho com que fui recebido!

O senhor Joaquim abriu as portas de sua casa no Galisteu Cimeiro, município ou concelho, como dizem os portugueses, de Proença-a-Nova, onde me recebeu ao lado da família. E abriu também as portas do coração, para contar tudo que viveu em terras portuguesas, onde a falta de perspectivas de um futuro promissor o fizeram trocar a terra natal pelo Brasil, país que adotou e por quem foi adotado.

Andamos pelas ruas de Proença-a-Nova, do Caniçal, do Galisteu... Percorremos cada caminho que o senhor Joaquim utilizava para ir à escola ou trabalhar, única atividade que praticava diariamente e à exaustão.

Conversamos, conversamos e conversamos... Voltamos ao Brasil e dias depois estávamos reunidos numa sequência de encontros.

Conversamos, conversamos e conversamos ainda mais... Visitamos lojas, fazendas, locais de convívio social, trocamos confidências...

E nos momentos em que convivemos conheci algumas das palavras que fazem parte da essência de vida do senhor Joaquim, como Deus, família, trabalho, humanismo, parceria, empreender... Existem muitas outras.

Certamente, ao final da leitura do livro e depois de conhecer a trajetória deste homem e empresário de valor, você poderá ajudar-me a preencher a lista completa de atos e palavras que compõem tudo aquilo que Joaquim Fernandes Martins acredita e pratica!

Boa leitura!

Elias Awad

## Nota do autor

O leitor poderá perceber a falta de acentos em muitos nomes, como Antonio, Alvaro, entre outros, ou mesmo na escrita de algumas palavras, como concelho, que representa município, mas foi respeitada a redação da língua portuguesa de Portugal e não do Brasil.

# PRÓLOGO

## Pisar em terras brasileiras

*Seja bem-vindo! Que você seja muito feliz e que tenha uma vida próspera no Brasil!*

Essas eram as palavras que Joaquim mais ouvia as pessoas falarem para aqueles que, assim como ele, acabavam de desembarcar do navio francês Louis Lumière, vindos de Portugal, da viagem que durara 15 dias. Estávamos em 15 de abril de 1955.

Seu olhar buscava encontrar alguém que pudesse ser familiar: José Lopes, marido de Maria do Rosário, comadre da mãe de Joaquim, ou o irmão dele. Nenhum dos dois estava lá.

Joaquim carregava consigo um garrafão de vinho que lhe fora entregue ainda em Portugal por Antonio Lopes, pai dos futuros patrões, que na despedida disse algumas palavras que lhe deram ainda mais forças para encarar a nova etapa:

– Que você faça uma excelente viagem, que seja muito feliz e que tenha uma vida próspera no Brasil!

Joaquim ficou ali, andando de um lado para outro, com olhar atento. Suas malas seriam despachadas direto para Loanda, no Paraná, e seriam levadas por um caminhão da Dias Martins, de Maringá, empresa importadora e atacadista, e fornecedora de Alvaro Lopes, que tinha uma loja de secos e molhados, chamada Proença. O próprio Alvaro tinha combinado tudo.

O rapaz aproveitou o tempo de espera e foi até uma casa de câmbio para trocar por cruzeiros os 120$00 (escudos) que lhe restavam. Mas nessas andanças pelo porto, Joaquim estava preocupado. Muitos o alertaram sobre os perigos de assalto que ele corria na chegada ao Brasil: "Cuidado com os malandros!...".

Foi quando ele ouviu uma voz dizer:

– Joaquim? Você é o Joaquim?

Assustado e temendo a possibilidade de a voz ser de um dos "malandros", Joaquim nem virou o rosto para ver quem era e apertou o passo. A voz inconveniente continuou a chamá-lo:

– Joaquim? Você é o Joaquim?

Na terceira tentativa, além de mesma fala, a pessoa se identificou:

– Joaquim? Você é o Joaquim? Eu sou o Orlando Apolinário! Sou amigo do Alvaro e do José Lopes...

Ufa! Enfim alguém para resgatá-lo! Mesmo assim, Joaquim ainda fez umas duas ou três perguntas para checar e confirmar a identidade do rapaz, que disse amistosamente:

– Eu sou o Orlando, amigo do Alvaro, e vim buscar você!

Orlando era, além de amigo, vizinho de Alvaro. Como ele costumava fazer compras em São Paulo com frequência, comprometeu-se a buscar Joaquim no porto de Santos.

Nessa época, dizia-se que o Brasil era um país bom para ganhar dinheiro e para se viver. Falavam que era a "terra das árvores das patacas". Orlando, sujeito agradável, logo contou uma piada justamente sobre isso, para descontrair:

– Sabe, Joaquim, pataca era uma moeda de prata da época colonial que valia 320 réis. Diz a lenda que no Brasil a terra era tão produtiva, que havia árvores que davam dinheiro. Uma terra promissora e boa para ganhar dinheiro. Então Joaquim, um português, chegou em Santos e encontrou uma moeda de prata no chão. Mas ele nem se abaixou para pegar a moeda, saiu logo procurando a árvore onde haveria muito mais patacas... – e ambos riram da brincadeira.

Foram então comer algo. Joaquim estava preocupado, pois carregava pouco dinheiro no bolso. Mas Orlando pagou aquela refeição, um delicioso sanduíche de mortadela com refrigerante de guaraná, sabores que ele desconhecia e aprovou, assim como todas as despesas que se sucederam.

Difícil explicar a sensação de Joaquim, mas era como se ele se sentisse literalmente em casa. Tal sentimento foi confirmado no trajeto de Santos a São Paulo, onde as expectativas iniciais foram superadas, e depois na viagem de avião, em 16 de abril de 1955, com destino a Paranavaí, no Paraná. Mas aí começou a via sacra! Em razão das péssimas condições do tempo, o avião não conseguiu pousar em Maringá ou Londrina, tendo que descer em Cornélio Procópio.

Como já era tarde, eles pernoitaram na cidade, e no dia seguinte foram de avião até Paranavaí. Chovia muito e tiveram que esperar a abertura das estradas, para sair de ônibus de Paranavaí para Loanda.

Foi uma parada providencial. Ali havia uma junta da Polícia, emitindo documentos de estrangeiros. Pois Joaquim aproveitou e garantiu sua documentação, para estar com tranquilidade no Brasil.

Com o documento em mãos e cheio de esperança, Joaquim chegou no dia 17 de abril a Loanda, terra da "tia" Maria do Rosário e do "tio" José, da "tia" Céu, casada com o "tio" Alvaro, como ele chamava os anfitriões, já com identidade de residente no Brasil.

A sorte começava a conspirar em favor de Joaquim Fernandes Martins!

# CAPÍTULO 1

## O menino de Galisteu Cimeiro

### *Vida dura nas aldeias*

Ano de 1939! Tempos difíceis e de incertezas... Tempos de Segunda Guerra Mundial!

Mesmo Salazar[1] mantendo Portugal fora dos confrontos e combates, em troca de abastecer as tropas dos países do Eixo e também dos países Aliados[2], o país se ressentiu das dificuldades provocadas no período, como o desabastecimento da população.

Na casa dos Martins não foi diferente. A família era grande. Além da mãe, Maria da Natividade Fernandes, e do pai, Manuel Martins, havia os filhos Antonio, Maria Rita, Joaquim, José e Maria de Lourdes; e ainda nasceram João, que faleceu aos 12 anos, vítima de infecção generalizada e que o levou a amputar uma perna, Maria do Rosário e Acácio. Com eles morava a avó paterna, Mariana Martins.

Como Portugal também fornecia combustível para os aviões dos Aliados, as aeronaves voavam baixo, o que provocava muito barulho e transmitia terror; os quadrimotores voavam paralelamente em grupos de quatro ou cinco, carregados de bombas à mostra. Joaquim Martins, com 4 para 5 anos, ficava, assim como os irmãos, amedrontado com aquilo, e

---

1   António de Oliveira Salazar, que presidiu o Conselho de Ministros português de 1933 a 1968.
2   Os países do Eixo eram compostos por Alemanha, Itália e Japão, e os países Aliados formados por Estados Unidos, Reino Unido e União Soviética, entre outros.

presenciava a avó e outras pessoas vizinhas de mais idade se ajoelharem, levantarem as mãos para o céu e dizerem: "Deus te guie! Deus te guie!".

Havia grande escassez de alimentos em geral. Os grãos (para produzir os pães de milho, centeio e trigo), o arroz, o sal, o açúcar, o sabão e até a sola de sapato e o cabedal[3] eram racionados... Tanto que, vez por outra, alguns parentes que viviam na África mandavam um pouco de açúcar pelo correio, em sacos de pano de meio quilo. Farinha de trigo era produto raro; bolo, só de fubá. No aniversário, o festejado tinha direito a um aguardado "presente": um ovo cozido dado pela mãe!

Ninguém tinha água encanada em casa. Água para beber e cozinhar só havia na fonte comunitária da aldeia. As mulheres equilibravam os cântaros na cabeça e, com habilidade, levavam-nos vazios e voltavam com eles cheios. Já os filhos iam buscar água fresca com cântaras, para a hora das refeições.

Como a família Martins plantava hortaliças e legumes, a mesa era farta desses alimentos. Para o pão caseiro, sempre havia alguém que arrumava um saco de 60 quilos de milho em troca de quatro dias de trabalho. Um deles era José Bento, um vizinho de bom coração e de melhores recursos.

Principalmente nos tempos de guerra, quando havia sobra de mercadorias, era obrigatório avisar para as autoridades, para que o excedente fosse negociado com o governo português e direcionado aos países envolvidos no conflito. Mas José Bento aceitava correr riscos e arrumar uma saca de milho ao amigo Manuel Martins, que retirava a mercadoria e a levava nas costas durante a noite, para despistar.

Com o saco de milho, Maria da Natividade preparava uns 15 pães de dois quilos cada; a família era grande e consumia tudo em duas semanas. Periodicamente, José Bento e Manuel Martins repetiam a "operação".

Havia companheirismo entre os moradores do Galisteu. Na eira[4] acontecia a malha do pão. Cada dia um dos chefes de família, com a ajuda dos vizinhos, malhava o seu pão. Ali, alguns homens, dispostos lado a lado, batiam com um cambal de madeira ou "mangoeira", para tirar os grãos das

---

3   Tipo de couro para confeccionar calçados.
4   Terreno lajeado ou cimentado usado para secar e debulhar os cereais, que ficavam dispostos em rolheiros (conjunto de molhos ou feixes).

espigas. O dia da malha era sempre motivo de alegria, de ajuda mútua e de troca de dia de trabalho.

O dono da malha ficava responsável por oferecer a bebida – vinho e água fresca –, o pão e a comida – a bucha, ou lanche, composta de queijo, chouriço e azeitonas, e o almoço, com um cozido de grão-de-bico, batata, chouriço e toucinho.

Vestimenta era outro problema. Não tinha sola para fazer sapatos, nem tecido para roupas. Também não havia quem desse emprego a Manuel Martins e aos outros moradores da região, que sofriam com isso.

A Segunda Guerra, que durou de 1939 a 1945, representou um período muito difícil e culminou com a derrota da Alemanha e dos países do Eixo para os Aliados; o genocídio vitimou cerca de 6 milhões de judeus.

Mesmo sem entrar em combates, Portugal se ressentiu dos efeitos nocivos da Segunda Guerra.

## A residência da família

A família Martins morava numa pequena casa e que veio a acomodar onze pessoas. O ponto alto era a cozinha, onde Maria da Natividade fazia saborosas e saudáveis comidas, e Manuel divertia os filhos menores ao contar histórias ingênuas de lobos, bruxas... e todos riam, em especial, o pequeno Joaquim.

Na parte de cima da moradia, havia uma sala, com o oratório, duas arcas[5] e dois quartos. Num deles dormia o harmonioso casal Maria da Natividade e Manuel; no outro, Mariana, a mãe dele.

Dona Mariana Martins era uma mulher forte, distinta, líder, religiosa e que puxava a família na reza do terço. Mariana sabia ler e escrever, algo pouco comum entre as mulheres da época; tanto que lia a Bíblia em voz alta para a família. Era também a parteira da aldeia. Não havia recompensa financeira para as parteiras, mas elas ganhavam presentes: uma galinha, uma dúzia de ovos, um vidro de azeite...

---

5 Tipo de baú.

Na parte de baixo da casa, no sótão, havia mais dois quartos, onde dormiam as meninas e os filhos menores. Ali também se guardavam as cebolas e as batatas, colhidas apenas uma vez ao ano.

No porão, onde ficavam as ferramentas, havia três arcas, duas com cereais, como centeio, trigo e milho, e uma salgadeira, onde se colocava e preservava a carne – como na época não havia geladeira, tudo se conservava no sal: carnes, presuntos e chouriças, uma espécie de linguiça típica de Portugal. As famílias mais humildes matavam um porco por ano, enquanto que as mais ricas se davam ao luxo de abater dois ou três.

Os filhos mais velhos dormiam no palheiro, situado na parte externa, onde ficavam guardados os fenos, para alimentar os animais durante o ano. À medida que os mais novos iam crescendo, também passavam a dormir no palheiro. Em meio às palhas, danado como ele só, Joaquim dormia com uma manta e um cobertor e, para enganar os pais, que o vigiavam à noite, o jovem colocava palha debaixo das cobertas, como se estivesse dormindo, e saía para a ramboia[6], para passear com os amigos.

Ao lado da casa tinha um curral, para acomodar e tratar os poucos animais, um porco, duas cabritas e uma junta de bois, cuja compra havia sido "financiada" em parceria com o tio Antonio Cachopo.

A família Martins tinha pequenas propriedades, algumas de apenas 200 metros quadrados, e nem por isso passava fome: eles se dedicavam à agricultura e se alimentavam dos tubérculos, verduras e legumes plantados. Mas a terra era seca – chegava a ficar três meses no ano sem chover –, por isso era necessário regá-la dia sim, dia não.

A troca de serviços por produtos constituía o comércio do dia a dia. Com dinheiro escasso, o jeito era permutar, de mercadorias à mão de obra.

## Joaquim em família

Os irmãos Martins sempre foram muito unidos. Maria Rita e Joaquim eram muito chegados, mas vez por outra saíam algumas faíscas entre eles.

---
6 Farra.

Como quando o pai deu um pequenino pedaço de terra para cada um dos filhos plantar o que bem desejasse. Pois Maria Rita optou por flores e Joaquim frutas.

E não é que o menino começou a puxar as mudas da irmã, dizendo:

– Flores não se comem! – como se aquilo não fosse dar futuro ou encher a barriga de ninguém.

Incomodada, Maria Rita pagou com a mesma moeda, arrancando as mudas plantadas por Joaquim. E então começou a discussão dos dois...

E quando ameaçavam reclamar com o pai, Manuel dizia dentro do seu estilo calmo de sempre:

– Vocês que se entendam...

Muitas vezes, até as brincadeiras acabavam em briga. Como quando Joaquim pegou a boneca de Maria Rita, feita em retalhos de tecido pela avó, e ficou jogando para cima. Até que numa das vezes em que lançou a boneca ao alto, ele o fez com tanta força que o brinquedo foi parar no telhado da casa. Joaquim ainda tentou tirar a boneca de lá com um pedaço de madeira, mas não conseguiu. E Maria Rita desabou a chorar...

Ou mesmo quando foram com a mãe na horta, onde havia um riacho, e ficaram brincando de jogar pedra um no outro. Um dos arremessos de Maria Rita acertou em cheio a testa de Joaquim, que começou a sangrar. A menina entrou em desespero ao ver o sangue no rosto do irmão e tentou estancá-lo com o próprio avental. Mas logo a mãe socorreu Joaquim e resolveu tudo.

Assim a vida seguia. E o pequeno Joaquim fazia seus planos com a irmã:

– Um dia eu vou construir um avião para você...

Certamente, Joaquim alçava voos que só ele mesmo acreditava serem possíveis e verdadeiros...

Tanto Maria da Natividade quanto Manuel Martins trabalhavam no campo. Quando os primeiros filhos nasceram, assim como faziam as outras esposas quando iam para as hortas, Maria da Natividade os levava dentro de um cesto equilibrado à cabeça. Era preciso amamentá-los e não havia com quem deixar as crianças.

Maria Rita, a mais velha entre as irmãs, começou a estudar e, mesmo ainda pequena, com 10 anos, ficava com a responsabilidade de ajudar a mãe nos afazeres da casa, no preparo da comida e no cuidado dos irmãos menores. O almoço e o jantar eram feitos em panelas de ferro ou em caçarolas de barro sobre o fogo da lareira ou penduradas na corrente, onde se colocava também a candeia, ou ainda em cima das trempes, um tipo de suporte de ferro.

## Mãe e pai, cada qual com seu estilo

O casal Maria da Natividade e Manuel Martins apresentava estilos distintos. A educação dos filhos era bem rígida na época.

Na casa dos Martins, a mãe era bem enérgica, dava lá seus gritos para colocar ordem na casa, e ai daquele que a atormentasse e a fizesse virar os olhos. A matriarca era prática, inteligente, de personalidade forte e de tomar a dianteira nas situações e impor regras.

Já o pai era homem pacato, bondoso, que não via maldade em nada; era afetuoso com os filhos, de conversar e abraçar; falava de amor, nunca saía do sério e tinha sempre boas palavras para compartilhar com os filhos. Manuel era divertido, e durante as refeições contava aquelas piadas de salão e alguns causos. O pequeno Joaquim era o que mais se divertia e grudava os olhos nos do pai enquanto ele narrava as histórias. Manuel sabia ler e escrever – aprendeu quando serviu ao Exército –, o que era motivo de grande orgulho para a família.

Os filhos gostavam quando chegava o período da noite. Eles ceavam, ou jantavam, a mistura de couve cozida com batatas e um "cheiro" de azeite (as casas mais abastadas caprichavam na dose de azeite). Cada um recebia também um pedaço de pão de milho e de carne de porco. Manuel matava um porco de mais ou menos 100 quilos por ano, total que tinha para alimentar a família, e trocava os presuntos por toucinho para preparar as comidas.

O que se comprava ou permutava era racionado. As sardinhas, por exemplo, eram trocadas por ovos. Às vezes, cada um tinha direito a meia sardinha assada, servida com batatas, nabos ou couves, e pão caseiro. A briga entre os filhos era para ficar com a parte do rabo e não com a da cabeça. De sobremesa, havia frutas, maçã, melancia, melão, figos ou compotas caseiras.

Alimentar-se bem era uma forma de amenizar a tristeza da pobreza da família. A comida era sempre farta, em função de eles se alimentarem daquilo que era plantado e cultivado nas próprias terras, como as hortaliças. No mais, tudo era escasso. Não havia pratos e talheres para todos. A comida era servida em uma única bacia, e cada qual empunhava sua colher ou garfo, para levar o alimento do prato coletivo à boca.

Enquanto o pai estivesse na mesa ninguém se levantava. Após a ceia, que era o jantar, todos se mantinham na mesa, para a reza do terço. Só depois disso é que acontecia o divertido serão. Eles colocavam torgas, ou raízes de urze[7], para queimar e aquecer a casa. Maria da Natividade se mantinha num canto trabalhando, fiando linho, com o qual confeccionava toalhas, lençóis, fronhas e as camisas do marido. Ela até prometia aos filhos: "Quando se casarem, cada um de vocês receberá uma colcha de presente!".

E Manuel se entretinha com os filhos, estando rodeado por eles enquanto contava as histórias da carochinha e das bruxas, encenando cada personagem com perfeição, para delírio da turma. Joaquim nem piscava os olhos de tão atento que ficava. Quando Manuel começava a perceber os bocejos das crianças, determinava: "Hora de ir para a cama e dormir!". E de manhã, assim que Manuel dizia "Hora de levantar!", todos pulavam da cama.

Aos poucos, os irmãos mais velhos foram saindo de casa. Antonio foi para a África; Maria Rita foi viver na casa de uma prima, em Lisboa; e Maria de Lourdes passou a morar com uns tios, no Val da Carreira. Quanto a Joaquim, ainda criança, aos 8 anos, foi para o Caniçal.

## O presunteiro e o fumeiro

As aldeias tinham suas peculiaridades, como o trocador de presuntos ou presunteiro, tão presente na vida do povo humilde da região. Como as famílias mais pobres não tinham azeite suficiente para consumo, elas

---
7   Madeira com a qual se faz o carvão.

faziam permuta. Quando um porco era abatido, trocavam os dois presuntos, carne nobre, por toucinho, que rendia mais e substituía o azeite no preparo dos alimentos.

Tanto o azeite quanto o vinho eram produções caseiras. O azeite era dosado na comida; tanto que quando tinha salada de almeirão, que era costume se comer regada com azeite, na casa dos Martins se usava de forma comedida o tempero. No preparo do vinho, a uva era esmagada com os pés e colocada em um tanque para fermentar, processo que levava em torno de 30 dias; depois desse tempo, o mosto era colocado dentro dos pipos, onde depois de 30 a 40 dias de repouso estava pronto para ser consumido.

E quanto ainda ao presunteiro, para se ter ideia, por cada quilo de presunto se recebia três quilos de toucinho. Os porcos eram de boa qualidade, alimentados à base de cereais, ervas nativas e castanhas ou "bolotas", nome local. Presunto era realmente alimento dos mais ricos e raramente circulava nas mesas dos menos abastados.

Outra atividade que se exercia em Portugal era a de fazer o fumeiro. Anualmente, quando se matavam os porcos, as famílias produziam as chouriças, e nos fumeiros, posicionados no teto das cozinhas, se defumavam os embutidos.

## Tudo muito dosado

Na família Martins, faltavam recursos até mesmo para adquirir produtos básicos. O milho que o patrono Manuel conseguia era muitas vezes permutado com outros produtos. As lavouras precisavam ser aradas. Manuel trabalhava para terceiros em troca de diárias, que envolviam cavar terras, roçar matos, limpar árvores, apanhar azeitonas, tapar buracos na estrada... E os equipamentos eram pá, enxada, picareta... Um trabalho duro, pesado. No verão também se aprofundavam os poços, para buscar água no subsolo.

Quando o dono da terra oferecia comida, três refeições, o valor pago por dia era de 10$00 escudos; sem comida, o pagamento dobrava, 20$00. Independentemente da estação do ano, no horário em que o sol nascia já tinha que estar em atividade, que só terminava no horário do pôr do sol. Porém, no verão, quando os dias são mais longos, havia a sesta de duas horas ao meio-dia, e mais uma parada de meia hora para a merenda ou lanche da tarde.

Os filhos de Manuel, como Joaquim, à medida que cresciam, também passavam a trabalhar por diárias como o pai.

Nem mesmo havia dinheiro para comprar um boi. Com muito custo, um amigo de Manuel Martins, João Dias, da aldeia de Val D'Água, lhe financiou uma junta de bois, adquirida em sociedade com o cunhado. Os animais eram utilizados no trabalho dos campos que cultivavam.

Os mais abastados da região compravam bois pequenos, ainda bravos. Manuel e o cunhado ensinavam os bezerros a lavrar a terra e, quando se tornavam bois adultos, grandes, os animais eram vendidos. A diferença entre o valor de compra e de venda era repartido da seguinte forma: 50% para o investidor e 50% eram divididos entre Manuel e o cunhado.

O mesmo sistema de ganho valia para as cabras. E Manuel podia aproveitar o leite para fazer queijo, e o cabelo, que trançado virava cordas. O dono das cabras ganhava metade da reprodução de filhotes.

## Trabalhar e nada mais

Galisteu Cimeiro tinha esse nome porque as casas de lá ficavam no alto da região montanhosa; já onde as casas eram posicionadas mais abaixo chamava-se Galisteu Fundeiro.

Havia rivalidade entre essas comunidades, em especial, entre os jovens na idade escolar. Por vezes, alguns deles aprontavam nas hortas dos próprios vizinhos do Galisteu Cimeiro, como comer as frutas tendo as cabeças cobertas por panos para não serem reconhecidos, e sair correndo... E depois ainda espalhavam no povoado: "Vocês viram o que o pessoal do Galisteu Fundeiro aprontou?". E a notícia se espalhava.

O povo do Galisteu Cimeiro costumava vaidosamente dizer que tinha as casas mais bonitas, se comparadas às do Galisteu Fundeiro. A maioria das moradias era de pedra seca sem reboque. As famílias do Galisteu Cimeiro se mostravam ser muito unidas e frequentavam as casas umas das outras. No dia de assar pão era uma grande festa. Como o forno era comunitário, as mulheres se reuniam para preparar, amassar e depois cozer ou assar seus pães num clima amistoso, de descontração e alegria.

Não havia outro passatempo para a família Martins, uma das mais humildes da povoação do Galisteu Cimeiro, que não fosse o trabalho. Mesmo os filhos pequenos, como Joaquim, entregavam-se aos afazeres da casa ou mesmo da lavoura de subsistência que a família possuía. Manuel tinha alguns pedaços de terra, mas eram todos pequenos, onde pouco se produzia.

As roupas utilizadas pelos filhos dos Martins eram reaproveitadas dos filhos das primas de Maria da Natividade, que viviam na vila, em Proença-a-Nova, e em Lisboa. Além das roupas, as primas davam ainda açúcar e outros mantimentos que os Martins não tinham dinheiro para comprar.

Como forma de agradecimento, Maria da Natividade colhia as primeiras vagens e os primeiros nabos, e levava para presentear as primas da vila. Essa era a única forma de Maria da Natividade recompensar tanta gentileza. Ela sempre dizia aos filhos: "Reconheça o bem que te fazem. Com um simples gesto, uma boa palavra, você agradece a pessoa".

## A importância dos estudos e dos professores

*"Eu não sei ler, mas meus filhos precisam aprender a ler."*
As palavras ditas por Maria da Natividade ficaram registradas na mente de Joaquim. Diferentemente do marido, ela era analfabeta.

Eram os tempos finais da Segunda Guerra Mundial, que culminou com a derrota da Alemanha e de seus aliados em 1945. Um ano antes entrou em vigor uma lei que obrigava as crianças de 7 anos a irem para a escola. Mas os Martins não tinham condições de manter os filhos longe de casa, algo que só foi possível em razão dos acordos travados entre Maria da Natividade com Joaquim Dias e Alfredo Baltazar.

Quando a guerra terminou, Joaquim, com quase 9 anos, foi para o Caniçal. A pedido de sua mãe, ali ele estudava e morava com dois casais amigos, revezando-se entre as casas de Joaquim Dias e Alfredo Baltazar, que era sapateiro. Joaquim foi muito bem recebido, tratado como filho.

Em troca de casa, comida, roupas, inclusive, um terno para ir à missa, e um par de botas, o primeiro que calçou na vida, Joaquim guardava as cabras dos casais, ou, como se dizia, era "pastor de cabras". Ou seja, ele não deixava que as cabras se perdessem ou comessem as plantações. Eram oito cabras ao todo; Joaquim Dias tinha cinco cabras e Alfredo três.

Foram tempos difíceis para o pequeno Joaquim, que sentia saudades da família. Ele circulava com as cabras pelo Caniçal, onde havia muito mato e várias propriedades. Ao olhar aquelas terras, ele se lembrava da mãe, do pai e dos irmãos, e começava a chorar. Às vezes, ele andava num ponto alto da serra, de onde se avistava o Galisteu, e aí é que as lágrimas escorriam do rosto do garoto para valer...

Às vezes, ele se encontrava com a amiga Maria das Neves Ambrósio, uns dez anos mais velha e que também pastoreava cabras. Maria das Neves vinha igualmente de uma família grande, de oito irmãos, e vivia numa casa pequena e difícil de acomodar a todos. Joaquim gostava de ver a amiga trabalhar e a disposição dela em puxar a varola com o balde na picota[8].

Quanto aos estudos, como Joaquim tinha que cuidar das cabras, a professora da escola, Maria do Carmo Tomé, a Carmo, mocinha nova, que tinha lá pelos seus 18 ou 19 anos, considerou e acolheu Joaquim como irmão mais novo. Ela então dava aulas para Joaquim mais cedo do que para os outros alunos, por volta de 6 horas.

Carmo morava na própria escola. A professora até se levantava um pouco mais tarde, mas quando Joaquim chegava, pouco antes das 6 horas, a lição dele já estava disponível na carteira. Ele então começava a responder às questões, fazer exercícios ou copiar algum texto. Mas logo Carmo chegava para corrigir os exercícios e ensinar as matérias.

---

8  Máquina utilizada para retirar água dos poços.

A aula ia até às 8 horas, quando tocava o búzio[9]. Enquanto Joaquim saía da escola, para ir pastorear as cabras, os outros alunos entravam em sala. Nos dois anos em que Joaquim estudou no Caniçal, na primeira e segunda classes, ele nunca assistiu aula com os outros meninos; era praticamente uma aula particular com a professora Carmo. Mas ao menos ele fazia as provas com o grupo de alunos.

A professora Carmo não chegou a exteriorizar a Joaquim, mas ela o considerava muito inteligente, pois tinha maior facilidade de aprender as matérias do que os outros alunos. Passados alguns anos, Carmo deixou de dar aulas e migrou para Angola, na África, onde se casou com Aníbal, primo de Joaquim, constituiu família e viveu por 25 anos.

Depois de dois anos, Joaquim retornou para a casa dos pais e foi estudar na Escola Oficial de Proença-a-Nova, para cursar a terceira e quarta classes. A escola ficava a três quilômetros e meio do Galisteu e o caminho, percorrido a pé, era de terra batida.

Ali o menino teve um novo professor, Antonio da Silva Dario, de uns 40 anos. O homem era muito duro, exigente, de poucas palavras. A maioria dos alunos não gostava dele. Por várias vezes Joaquim e seus colegas, acomodados dois a dois nas carteiras, apanharam de palmatória e vara do professor Dario. Bastava errar uma resposta que lá vinha penalização. Mas, apesar da braveza, Dario era um excelente professor e orientava a garotada a estudar, contando sempre aos alunos boas histórias de vida. Dario costumava dizer, externando pensamentos da época:

– Homens têm que ganhar coragem e resistência. Homens têm que comandar famílias, empresas. Precisam assumir as responsabilidades. Homens precisam ter firmeza no trabalho. São os responsáveis pelo amanhã. Já das mulheres não precisa se exigir tanto.

E ainda alertava:

– Jamais fumem! Nicotina faz mal à saúde!

O jovem Joaquim era mesmo esperto; maximizava o tempo e sempre arrumava um jeito de ganhar uns trocados, os quais entregava nas mãos da mãe ou do pai. Na feira, ele vendia bacelos, para formar as vinhas novas,

---

9    Tipo de concha de molusco que emitia som berrante.

além de potes com meio quilo ou um quilo de resina de árvores ou cola, o látex, que era utilizado para colar selos e rótulos, entre outros. E antes de entrar na aula, Joaquim armava as "costeletas", armadilhas para passarinhos. Era um menino inteligente, pois, no intervalo ou mesmo ao final da aula, enquanto os coleguinhas brincavam, ele saía correndo para verificar se havia conseguido emboscar algum pássaro, que levava para que a mãe preparasse para comer, acompanhado de arroz e batatas.

No primeiro ano na nova escola, Joaquim teve problemas para se adaptar. Como estava acostumado a estudar sozinho, participar de uma sala cheia de alunos e de barulho das conversas tornou-se um fator dificultador para ele, pois isso atrapalhava sua concentração. Tanto que ele foi reprovado na terceira classe.

Mas, no ano seguinte, o desempenho dele melhorou bastante. Na escola, Joaquim era tido como um aluno de regular para bom. Suas principais dificuldades estavam em Matemática, mas depois ele pegou o jeito. Já em História, Ciências e Geografia, Joaquim se posicionava sempre entre os melhores da classe. Tanto que gravou os nomes das serras de Portugal e em quantos grupos se dividem, assim como os nomes dos rios e seus afluentes, das linhas de ferro principais, das cidades, distritos e províncias para nunca mais esquecer.

Apesar da rigidez, Joaquim gostava e admirava o professor Dario, tanto que anos depois eles se tornaram amigos e Joaquim seguiu os conselhos do professor, em especial, o de nunca fumar. E Dario, que muito admirava Joaquim, costumava dizer para Maria da Natividade:

– Esse menino é muito inteligente. Ele vai longe.

Os amigos de escola de Joaquim gostavam de jogar futebol depois da aula e sempre o convidavam; Joaquim não era bom de bola, e sim carismático e piadista, o que divertia os amigos. Mas ele nunca ficava para participar das partidas, pois o pai pedia que ele voltasse para casa, para trabalhar na horta ou cuidar das poucas cabras da família.

Certa vez, o professor Dario ficou doente e foi substituído por uma professora, que todos chamavam carinhosamente de "Mimi". A moça simpatizava com Joaquim, menino esperto, educado, prestativo e bom aluno. Tanto que ela até o ajudou a arrumar trabalho nos Viveiros de Santarém, onde ele iria enxertar e cuidar de árvores, como laranjeiras e macieiras, e outras espécies de sombra e madeira; o governo assumia a responsabilidade de plantar árvores, para reflorestar certas regiões.

## Enamorado...

Aos domingos à tarde, os jovens do Galisteu se reuniam no Têso, como era conhecido o ponto de encontro, e no largo da fonte, onde as moças usavam o pretexto de buscar água para estar com os rapazes. As trocas de olhares aconteciam, e os namoros se iniciavam. Como se dizia, namorar naqueles tempos era diferente, do tipo "um lá e outro cá". Tudo acontecia com muito respeito.

A "flecha do cupido", que fez tantas "vítimas", acertou em cheio o coração do jovem Joaquim, então com 14 anos. Ele começou a observar com "outros olhos" uma amiga dos tempos de escola, Maria Adelaide de Lourdes Fernandes, por quem ele ficou encantado. Adelaide sempre estava com a irmã Susana que, mesmo mais nova, percebia a troca de olhares e chegava a comentar com a mana, que dizia: "Susana, você está imaginando coisas!". Joaquim arquitetava um dia pedi-la em namoro. Mas foi algo que ele guardou para si; não contou para Adelaide ou para mais ninguém!

Tempos depois, foi trabalhar como diarista na casa do avô de Adelaide, Antonio Lopes, no Labrunhal, onde colhia azeitonas. Era certo que os dois trocassem olhares, mas a timidez não permitia que Joaquim se declarasse. Ali o garoto sempre trabalhava com Noemia, tia de Adelaide, e por quem ele era benquisto.

Mas Joaquim soube aguardar o momento certo de se declarar. E esse momento demorou um bom tempo a chegar.

## Depois dos estudos, a ceifa

Logo que concluiu a quarta classe, equivalente ao primário ou ensino básico, Joaquim até queria seguir com os estudos, mas seu pai não tinha

20$00 para pagar a viagem de ida e volta a Castelo Branco, que ficava a uns 50 quilômetros do Galisteu, onde ele faria os exames para ingressar no ginásio ou ensino médio. Desta forma, ele desistiu de continuar a estudar.

Assim, quando estava com cerca de 15 anos, Joaquim já assumia responsabilidades de homem formado. Nas hortas da família, ele se encarregava de plantar várias árvores de frutas, para garantir alimentos para a família e também distribuir o excedente para alguns vizinhos. Havia macieiras, laranjeiras, figueiras, pessegueiros...

Com o pai, ele trabalhava como diarista nos sítios e fazendas. Geralmente, eles ficavam sabendo das oportunidades após as missas de domingo. Na companhia de Manuel, Joaquim se apresentava para trabalhar nas campanhas de ceifar trigo, cevada e aveia em Portalegre, a 80 quilômetros de Galisteu, e em Arronches, em torno de 110 quilômetros do Galisteu, ambas na região do Alentejo. A ceifa acontecia sempre em junho e Joaquim ainda voltava em tempo de aproveitar a Festa de São Pedro, que acontece no Galisteu.

Para conseguir uma vaga de trabalho na ceifa, era preciso passar por um, digamos, avaliador. E o responsável por esse serviço era justamente o sapateiro Alfredo Baltazar, do Caniçal. Alfredo era religioso, humilde, benquisto, piadista e muito eficiente no trabalho, mais uma qualidade que Joaquim muito admirava nele.

Joaquim e o pai não eram convocados por Alfredo apenas pela amizade, mas sim pela qualidade do serviço que desempenhavam. Alfredo era chamado de "manejeiro" e os trabalhadores diaristas de "ratinhos da Beira".

Do Galisteu a Portalegre, passando por Arronches, Joaquim e o pai iam a pé. Eles levavam um jegue, para transportar suas roupas e ferramentas, e algum alimento apenas para a viagem, que durava dois dias e duas noites até Portalegre. Eram refeições às secas, como pão, chouriço e queijo; as comidas na ceifa eram fornecidas pelos donos das terras.

O trabalho de ceifar o trigo, a cevada e a aveia era árduo, quase que subumano. Trabalhava-se de forma pesada de sol a sol, que no verão se punha lá pelas 20 ou 21 horas. Ou seja, eram em torno de 14 horas de trabalho diário. E, depois de um dia intenso de labuta, eles dormiam no próprio local onde ceifavam, ao relento. O cansaço falava mais alto e eles quase desmaiavam de sono por estarem exaustos.

As refeições também eram realizadas no campo. Diariamente, eram fornecidas quatro refeições, que Joaquim ia buscar com o burro no "monte", sede da fazenda, onde estava a casa do administrador. Às 10 horas, havia o café da manhã, onde era fornecido pão com queijo; às 13 horas o grupo almoçava uma suculenta sopa com grão-de-bico, batata e toucinho, acompanhada de um pedaço de pão de trigo; no final da tarde havia a merenda ou lanche, com pão, queijo e chouriço; e mais adiante o jantar, com pão, queijo, toucinho e chouriço.

As contratações compreendiam um período de 40 dias, e cada trabalhador tinha certa quantidade definida para produzir. O dono da terra já sabia quanto tinha de área para ceifar e de quantos homens precisaria. Mas se o grupo terminasse antes, com 35, 38 dias, poderia retornar para casa.

Foram três anos nessa vida de idas e vindas a pé... Até que depois da terceira temporada, Joaquim chegou em casa um trapo, muito cansado, com os pés detonados; de tanto andar, caíram cinco unhas, duas de um pé e três do outro.

Isso o fez ter uma séria conversa com o Manuel Martins:

– Pai, eu não aguento mais trabalhar na ceifa. Acabamos de chegar e parece que eu estou com o corpo todo quebrado...

O homem entendia bem aquilo que o filho sentia. Com ele não era diferente. Mas ponderou:

– Joaquim, eu sei como é duro ceifar, mas precisamos desse dinheiro...

Numa terra onde não havia trabalho, era mesmo um bom dinheiro. Os dois juntos, pai e filho, ganhavam 1.900$00. Os mais jovens recebiam 800$00 e os mais velhos 1.100$00. Joaquim não ficava com um tostão; dava tudo para o pai. Manuel comprava fiado na mercearia e pagava com o dinheiro recebido da ceifa.

# A "escola da vida" do seu Ezequiel

*O trabalho na ceifa é como escravidão. Sei que meus pais precisam desse dinheiro, mas eu tenho capacidade para fazer algo mais produtivo e realizador. Acredito que eu possa me dar bem no comércio. Eu gosto de conversar com as pessoas...*

Enquanto olhava para os pés descalços e para os cinco dedos sem unhas, Joaquim começava a definir seus próximos rumos... Ficava a imaginar como gostaria de ser atendente de balcão ou caixeiro, de trabalhar como vendedor de loja.

Era 1952. Vivia-se ainda os duros tempos do pós-guerra. Joaquim já havia externado aos pais o desejo de trabalhar no comércio. Ele até teve uma experiência de seis meses na loja do primo de Manuel Martins, em São Pedro do Esteval.

Mas Joaquim quase não acreditou quando a mãe contou-lhe onde estivera.

– Meu filho, fui a Proença-a-Nova, visitar o seu Ezequiel e pedi emprego para você. Ele concordou e solicitou que o procure. Acredito ser importante você fazer um estágio e aprender a trabalhar no comércio, para se desemburrar[10] e poder ir para a África.

Receber o "sim" de Ezequiel Lopes Ribeiro foi mais fácil do que Maria da Natividade esperava. Quando ela falou que o emprego seria para Joaquim, Ezequiel concordou na hora! E explicou o motivo: cultivava admiração pelo rapaz desde a infância. Isso porque quando Joaquim estudava em Proença-a-Nova, cursando a terceira e a quarta classe, a família não tinha dinheiro para comprar material escolar, lápis e caderno. Joaquim então se virava para resolver o problema. Como sabia que algumas árvores, como cerejeiras e ameixeiras, produziam resina, que servia de cola para usar em cartas, rótulos, entre outros, Joaquim ia recolher o material aos domingos e vendia justamente para Ezequiel, que aprovava o produto: "Muito bom, Joaquim, porque a resina já vem limpinha, sem cascas de árvore" – elogiava

---

10   Ganhar experiência.

o comerciante. A contratação seria por uns seis meses; não haveria salário, era mesmo para que Joaquim pegasse o traquejo do comércio.

Tido como homem sério, honesto e muito astuto para os negócios, Ezequiel tinha uma loja muito movimentada. Ele vendia para outras cidades e exportava alguns produtos. A linha de mercadorias era vasta: alumínio, tecidos, plásticos, acessórios, roupas...

Muitos jovens portugueses, que depois foram se aventurar em outros países, passaram pela experiência de trabalhar e aprender com Ezequiel. E se deram muito bem em seus novos destinos. Havia outras boas lojas, como a Carradas e a Caixeiros da Deveza, mas a loja do Ezequiel, denominada Flor de Abril, se destacava como a melhor delas. Sair de Portugal era uma semente que começava a ser plantada na mente de Joaquim, para depois ser regada e gerar frutos. E viver aquela experiência era fundamental para os planos futuros do rapaz.

Logo Joaquim procurou Ezequiel e ficou acertado que ele começaria na loja. Salário? Não havia... Ele trabalharia em troca da maior riqueza que poderia receber: o aprendizado!

Bem cedo, Joaquim tomava o café da manhã em casa e saía carregando dentro de uma bolsa o almoço, um pedaço de pão com sardinha ou queijo de cabra feito pela mãe; ele percorria três quilômetros de casa até a loja.

O expediente começava por volta das 9 horas. Perto do meio-dia, todos paravam para o almoço; não era o caso de Joaquim, mas alguns colegas dele recebiam almoço de Ezequiel. Por volta da 20 horas, encerrava o expediente e Joaquim e os outros trabalhadores da loja iam jantar em suas casas. Às vezes, o trabalho invadia a noite e Ezequiel alimentava o pessoal, que ficava em atividade até a meia-noite. Eram várias encomendas para embalar, muitas delas de até 10 quilos.

Como era de seu feitio em tudo que fazia, Joaquim demonstrou ser muito comprometido com o trabalho. Além de bom vendedor, ele se esmerava em confeccionar os caixotes de madeira, onde as mercadorias eram colocadas e despachadas; as embalagens eram produzidas internamente, em madeira fina.

Assim, Joaquim logo conquistou a confiança do patrão. Tanto que depois de uns 15 dias o rapaz começou a fazer as refeições com a família de Ezequiel. E Joaquim se encantava com o filho de Ezequiel e da esposa Maria Rosa Sequeira Ribeiro, o pequeno José Emilio. Joaquim adorava brincar com o menino, que deu muita risada quando o funcionário do pai foi até a casa de milho, na horta de subsistência da família, e literalmente caiu do cavalo, estatelando-se no chão.

O patrão era um homem de bom coração e ajudava muitas pessoas; depois de dois meses, ele combinou de pagar a Joaquim um salário mensal de 100$00; o dinheiro era dado diretamente para a mãe dele, que já era grata por Joaquim fazer as refeições na casa de Ezequiel.

Passados mais quatro meses, novo aumento de salário: para 280$00. Joaquim esperava a Carta de Chamada da África e, enquanto isso, ia trabalhando e aprendendo. Com um ano de casa, Joaquim passou a receber 400$00.

Mais do que o salário, valia pelo aprendizado e exemplo de determinação dado por Ezequiel: às 7 horas ele já estava no escritório, embora a loja só abrisse às 9 horas; às 20 ele a fechava, mas continuava a trabalhar internamente, fazendo as guias de exportação. Joaquim observava aquilo e pensava: "O dono tem que dar o exemplo. O seu Ezequiel trabalha muito, no mínimo de 13 a 14 horas por dia, e conhece bastante o que faz. Por isso, ele tem o merecido sucesso".

Era comum Ezequiel citar o desempenho de Joaquim como exemplo de profissionalismo aos outros funcionários. Vez por outra o futebol era motivo de conversa entre eles, pois ambos torciam para o Benfica, de Lisboa. E quando encontrava com Maria da Natividade, Ezequiel sempre dizia: "O Joaquim é um jovem muito esperto. O seu filho vai longe!".

Mesmo sem assumir abertamente, Joaquim ficava orgulhoso com os elogios do patrão, homem vencedor e respeitado. Desde criança ele se imaginava um dia sendo caixeiro e que se daria bem em vendas, pois tinha certo carisma; gostava de conversar, as pessoas gostavam de ouvi-lo.

Como de hábito, Joaquim atendia bem a freguesia, sempre com agilidade e alegria. Tanto que era comum os clientes chegarem na loja e já se dirigirem diretamente para falar com ele ou mesmo perguntarem: "Seu Ezequiel, eu quero ser atendido pelo Joaquim. Onde ele está?".

Além disso, apesar de gostar do campo, ser caixeiro o tirava do duro trabalho na roça.

Um dos funcionários de Ezequiel, Alfredo Farinha, era amigo de Joaquim desde os tempos escolares. Mesmo ainda pequenos, eles saíam da escola e iam ajudar os pais no trabalho; o de Alfredo era pedreiro.

Na loja de Ezequiel, Alfredo era responsável por emitir as notas fiscais. Era certo que, nas festas, ele e Joaquim se divertissem juntos. Como acontecia no Dia da Espiga, quando a turma ia saborear magusto, castanha assada em fogueira. E também que trocassem ideias sobre a intenção de ambos de sair de Portugal.

Para eles, a África parecia o porto mais seguro, pois muitos portugueses que haviam migrado para lá tinham se dado bem e constituído suas famílias.

Certo mesmo é que muitos dos jovens cultivavam a esperança de ter uma vida melhor, mas nem todos tiveram apoio familiar, além de coragem de ir em busca de oportunidades e de provocar significativas mudanças em suas vidas. Esse era tema certo nas conversas entre os jovens quando se reuniam no bar para, como eles diziam, "tomar um copo" de vinho. A regra era que cada um pagasse uma rodada de vinho e a porção de tremoços.

## Encontro entre amigos

Era certo que o jovem Joaquim Fernandes Martins e alguns amigos, como Manuel Cardoso Ferreira, que inclusive estudara na mesma escola que ele em Proença-a-Nova, embora fosse um pouco mais novo, fossem se divertir aos domingos à tarde.

Assim como a família de Joaquim, a de Manuel, apelidado de "Manuel da Tapada", era pobre e numerosa. Ficava difícil sustentar tanta gente com trabalho escasso. O que se plantava e criava era para a subsistência.

Os jovens jogavam futebol com bola improvisada, feita com meia feminina e cheia de farrapos ou retalhos de pano, mas Joaquim pouco participava. Mas ele era presença certa no baile que acontecia para toda a comunidade no Teso, no Largo da Fonte, onde as pessoas iam buscar água com seus cântaros de barro à cabeça, para beber, cozinhar, tomar banho; era uma fonte comunitária.

Era gostoso ver o pessoal do Galisteu reunido, bailando. Além de dançar, Joaquim tocava sua flauta. Nem mesmo a poeira, de tanta terra que havia, desencorajava a garotada de se divertir.

As moças se encantavam pelo bem-apessoado flautista e sua boa conversa, e ensaiavam namoricos, trocando cartas com Joaquim. Inclusive, no Carnaval, também chamado de Entrudo, comemorado apenas na terça-feira, era comum eles organizarem um tipo de correio elegante, em que as moças e os rapazes recebiam cartas anônimas com viés romântico ou mesmo provocativo.

No Entrudo, os jovens se fantasiavam, ou seja, vestiam as roupas do avesso, arregaçavam uma perna da calça, usavam chapéus esfarrapados e desenhavam o rosto com carvão. E ainda aprontavam, pegando as carroças que ficavam em frente às casas do Galisteu, levando-as para longe, mantendo-se no anonimato.

A terça-feira de Entrudo era um dia festivo e de cardápio especial no almoço. Algumas famílias faziam galo como prato principal, enquanto outras cozinhavam cabeça de porco com couve tronchuda, que se assemelha ao repolho. Depois da refeição, todos iam para o Teso, onde as pessoas se juntavam para se divertir, cantar e dançar.

Outra data do folclore, e onde os escritos e poemas de Joaquim faziam sucesso, era a Festa de São João, em 24 de junho, parte das comemorações das festas juninas ou Festa dos Santos Populares, como é conhecido o período em Portugal.

Na noite da Festa de São João, cavava-se um buraco de 1 metro, onde se colocava um pinheiro de 5 ou 6 metros cercado de mato e ateava-se fogo; o baile acontecia ao redor da fogueira, sempre localizada na Lomba, a caminho da estrada de Alcatrão, que ia para a vila.

O rapaz guardava as cópias dos escritos e as cartas que recebia numa caixa que ele pensava estar escondida. Mas a irmã Maria de Lourdes, alguns anos mais nova, descobriu o esconderijo e, sem que Joaquim soubesse, lia as correspondências e as declarações das moças enamoradas.

Como Joaquim escrevia bem e fazia bonitos versos, ele conquistou o coração de algumas moças da redondeza, entre elas, a professora Maria das Neves,

Palmira da Costa e Conceição. Mas o coração dele tinha dona, Maria Adelaide de Lourdes Fernandes, tanto que os namoricos não seguiram adiante.

## O sonho de conhecer o Santuário de Fátima

*Meu sonho é conhecer Fátima! Eu vou arrumar um jeito de isso acontecer. E quero levar a minha mãe junto.*

Ao norte de Lisboa, mais ou menos a 100 quilômetros da capital portuguesa, está localizado o Santuário de Nossa Senhora de Fátima, cena do milagre testemunhado por três pastorzinhos, que presenciaram a Santa em 13 de maio de 1917.

Aconteceu pela primeira vez que uma senhora mais brilhante que o sol fez aparição diante de três crianças, os pastorzinhos Lúcia dos Santos (10 anos), Francisco Marto (9 anos) e Jacinta Marto (7 anos). Era a Virgem Maria, que prometera fazer novas aparições nos cinco meses seguintes, no mesmo dia e horário, e que, na vinda derradeira, revelaria importante mensagem ao mundo.

E como Joaquim, que pretendia levar junto a mãe, conseguiria fazer a viagem sem recursos financeiros para tal? Ele encontrou uma forma. Cotou quanto ficaria a locação de um ônibus e passou a oferecer passagens para a excursão aos amigos e vizinhos; para dar credibilidade junto à companhia, arrumou dois avalistas.

As vendas foram um sucesso! Ele conseguiu lotar o ônibus, com capacidade para 32 passageiros. Claro, no valor dos bilhetes ele incluiu o dele e o da mãe, que assim viajariam de graça. Ou seja, ele dividiu o valor do custo da locação do ônibus por 30 e não por 32.

Além do Santuário de Nossa Senhora Fátima, o trajeto incluía ida a cidade de Nazaré, local de praia; outro desejo de Joaquim era conhecer o mar e as barragens do Cabril e do Castelo do Bode.

O ônibus sairia lotado de gente amiga e ansiosa por chegar ao santo local e à praia. No grupo estavam as queridas amigas Conceição Ana e Maria da Conceição Fernandes, que veio a ser esposa de um dos principais empresários da região, Daniel Lourenço, dono de uma madeireira, e que Joaquim muito prezava. Os laços de amizade se fortaleceram ainda mais quando, anos depois, o irmão de Joaquim, José, veio a se casar com Eugênia, irmã de Maria da Conceição.

Para garantir o registro de momentos tão especiais, Joaquim queria fotografar as passagens marcantes da viagem. Mas ele não tinha máquina fotográfica e muito menos dinheiro para comprar rolos de filmes e revelá-los. Precisou então desenvolver nova estratégia.

Quanto à máquina, pediu emprestada a um amigo, Jorge Sequeira. Em relação aos filmes e à revelação, fez um trato com o único fotógrafo de Proença-a-Nova, de nome Ricardo, dizendo:

– Eu preciso de alguns rolos de filmes. Acompanharei um grupo numa viagem a Fátima e a Nazaré. Fotografarei o pessoal e no nosso retorno você faz a revelação dos filmes. Depois eu venderei as fotos e, com o dinheiro arrecadado, lhe pago todo o material – e o fotógrafo concordou em dar crédito a Joaquim.

Chegou o tão esperado dia da viagem. Todos estavam muito felizes. Para garantir as refeições, Maria da Natividade, assim como a grande maioria das pessoas, preparou um reforçado farnel ou lanche, com pão, queijo e frango frito, para que ela e o filho pudessem comer durante a excursão.

Assim que o motorista do ônibus deu a partida e acelerou, Joaquim passou a registrar tudo; fotografou a partida, a viagem, a chegada e a estada em cada um dos pontos turísticos, os passageiros, inclusive ele e a mãe...

No Santuário de Nossa Senhora de Fátima, entre tantas visões que maravilharam o jovem, Joaquim fez suas orações e um pedido. Se ficasse em Portugal, as melhores opções de trabalho e de remuneração estavam no governo ou na carreira militar. Mas a possibilidade de mudar de país, para África ou até mesmo Brasil, agradava mais ao jovem.

Diante das opções que tinha e da dificuldade em decidir, ele pediu ao Pai Divino que o ajudasse na escolha do melhor rumo: "Meu Deus, peço que coloque no meu caminho o destino que o Senhor entende ser o mais abençoado e seguro. E prometo segui-lo dentro daquilo que o Senhor nos ensina, com seriedade, confiança e honestidade, doando-me ao trabalho com afinco"!

A viagem levou três dias e eles dormiram no ônibus. Valia tudo pela diversão e para estar, especialmente, no Santuário de Fátima.

Quando a turma retornou ao Galisteu, a primeira ação de Joaquim foi procurar Ricardo, que revelou as fotos e com elas montou belos e pequenos álbuns. Logo que o material ficou pronto, Joaquim saiu vendendo ao grupo da viagem.

Assim como as passagens, os álbuns foram adquiridos pelo pessoal. E também como havia feito com as passagens, dividindo o custo num formato em que as partes dele e da mãe saíssem de graça, Joaquim ficou com as fotos sem ter que dispor de nenhum tostão. E depois de receber o dinheiro, Joaquim cumpriu o prometido ao fotógrafo, quitando o valor dos filmes e das revelações das fotos.

## Pensando no que fazer

Já se passavam dois anos desde que Joaquim fora contratado por Ezequiel. O aprendizado adquirido até então tinha sido imenso, mas Joaquim sentia que a vida entrava numa rotina. E como toda rotina, ficava monótona...

Ele então passou a fazer autoquestionamentos...

*Se eu continuar em Portugal...*

As opções de Joaquim seriam seguir os passos do pai, trabalhando na roça ou como diarista em outras terras. Claro, poderia também manter-se como funcionário de Ezequiel. Ou tentar uma carreira no governo, talvez como militar, na Marinha, algo que ele apreciava e, para isso, deveria se apresentar voluntariamente antes de completar 19 anos. Trabalhar no governo garantiria também melhores salários.

*Se eu for viver na África...*

A possibilidade de mudar de país, para a África, agradava mais ao jovem. O destino natural parecia ser Angola. Ali estavam muitos familiares de Maria da Natividade bem estabelecidos, como seus irmãos José e Joaquim, além dos primos Acácio, João e Abel, que eram proprietários de uma grande empresa.

Claro, ali havia ainda Antonio, seu irmão mais velho, além de amigos da família, como José Carolino e o primo Aníbal, casado com a professora Maria do Carmo.

Desta forma, parecia certo que de lá viesse a Carta de Trabalho ou Carta de Chamada, um tipo de garantia de trabalho, exigência do governo português para permitir que o nativo saísse do país.

Todos eles já haviam sido acionados. Mas, apesar das promessas, a Carta nunca chegava... Otimista que sempre foi, Joaquim se mantinha esperançoso, mas em seu íntimo estava chateado com a demora do documento. Foram mais de dois anos de espera...

*E se eu for viver no Brasil?*

Esta pareceria ser a realidade mais remota... ou o "plano B"!

O rapaz ainda cultivava o sonho de sair de Portugal. E, durante conversa com a mãe, sugeriu:

– Se não tem como ir para a África, vou então para o Brasil! Por que a senhora não fala com a sua comadre, a Maria do Rosário Cravo? Ela vive no Brasil com o marido.

Maria da Natividade ficou a refletir sobre o tema. E logo pediu para que o marido a ajudasse, escrevendo a carta que pretendia enviar para a comadre Maria do Rosário Cravo, que era do Galisteu, mas tinha ido para o Brasil, onde se casou com José Lopes e já estavam bem estabelecidos. José Lopes era sócio com o irmão Alvaro de uma empresa de secos e molhados em Loanda, no Paraná. Joaquim chegou a trabalhar para o pai deles, o "tio" Antonio Lopes, em Portugal, em serviço no campo.

O pedido redigido era direto:

*Por favor, veja se consegue arrumar emprego e moradia para o meu filho no Brasil.*

Pela amizade que as unia, Maria do Rosário respondeu a carta e prometeu interceder.

Mas... Ir para o Brasil? Assim como a África, o Brasil era bem visto pelos jovens portugueses. Ambos os países tinham a familiaridade do idioma. Mesmo sem confidenciar a ninguém, o nome Brasil tocava mais forte no coração de Joaquim. Ele sabia que já havia empresas atacadistas fundadas por portugueses da mesma região de Proença-a-Nova, como a

J. Alves Veríssimo e a Dias Martins, entre outras, que absorviam mão de obra de muitos patrícios que iam se aventurar no Brasil. Também sentia que no Brasil conseguiria com mais segurança alcançar o objetivo de crescer na carreira e satisfazer a vontade de melhorar o padrão de vida da família.

Assim ele definitivamente descartou continuar em Portugal, onde não havia possibilidade de ganho, para ter uma vida estável. As propriedades eram pequenas e pouco produtivas... Ele queria viver uma experiência que desse segurança para ele e a família; que projetasse um futuro próspero.

Três meses depois, quando caminhava para completar três anos na loja de Ezequiel, Joaquim chega em casa, vindo do trabalho, e é surpreendido com uma carta do Brasil endereçada a ele, enviada por... Alvaro Lopes!

Com extremo cuidado, Joaquim abriu o envelope. À medida que puxava os papéis que havia dentro, conseguia ler os escritos.

Era a tão sonhada Carta de Trabalho ou Carta de Chamada, assinada por Alvaro Lopes, que comandava os negócios, e que garantia dois anos de emprego para Joaquim no Brasil, inclusive com salário estipulado.

A exigência de dois anos partia do governo português, para dar segurança tanto a quem era contratado e iria morar num novo país, quanto para quem contratava.

Logo uma gota de lágrima caiu sobre a carta. Por sorte, numa parte onde não havia nada escrito.

Sorte? Essa era uma nova palavra para ser dita no vocabulário de Joaquim Fernandes Martins!

## Os preparativos

*– Joaquim, pode pegar roupas e tudo que precisar para que você monte sua mala de viagem para o Brasil. Pague como e quando puder.*

Essa foi a forma de Ezequiel Lopes Ribeiro ajudar o jovem Joaquim Fernandes Martins, assim que soube da novidade. Era também o reconhecimento pelo tempo de dedicação dele ao trabalho na loja do comerciante.

Ezequiel gostava muito do rapaz e o avaliava como promissor. Tanto que dizia ao jovem: "Você vai me fazer muita falta, mas aproveite esta oportunidade. Pela forma comprometida com que você trabalha, tenho certeza de que fará sucesso no Brasil e em qualquer outro lugar em que for viver".

O compromisso era o de vender as mercadorias fiado e, quando Joaquim ganhasse dinheiro no novo país, pagaria pelas compras.

Ao invés de roupas prontas, Joaquim escolheu meias, lenços, cuecas, sapatos e alguns cortes de tecido. Também comprou escovas de dente, lâminas de barbear e outros produtos para consumir em um ano e meio.

Exagero? Não. Era precaução, justamente pelo receio de que, por algum motivo, ele não conseguisse se sustentar nos primeiros meses. Até graxa de sapato ele colocou na relação.

Maria da Natividade encomendou o enxoval de viagem com a vizinha, amiga e costureira, Maria dos Anjos Palhota. Ela fez para Joaquim peças sob medida, como algumas calças e camisas, e um casaco. O terno para a viagem foi confeccionado pelo alfaiate José Maria Cristovão.

Os irmãos menores ficavam a observar toda aquela movimentação dentro de casa, ainda sem entender muito bem o que estava prestes a acontecer: a partida de mais um irmão.

Nos dias em que a amiga Maria dos Anjos tirou as medidas de Joaquim, eles conversaram bastante sobre a viagem. E o rapaz confidenciou o que sentia para a costureira: "Maria dos Anjos, estou muito contente e esperançoso com minha ida para o Brasil".

O dinheiro guardado por Joaquim daria para pagar a mão de obra da costura de um enxoval de médio porte. O valor pago pelas costuras das roupas ficou na casa dos 2.000$00.

## Capital para financiar a viagem

Como arrumar os 10.000$00 para garantir a viagem? A família Martins não tinha recursos. Mas tinha amigos! E foi o padrinho de

Joaquim, Antonio da "Preira", cuja mãe era tia materna de seu pai, que lhes apresentou o amigo Manuel Fernandes, do Galisteu Fundeiro, que tinha dinheiro para emprestar.

Na conversa que tiveram, Manuel Martins explicou ao homem como o valor seria devolvido:

– Meu filho Joaquim tem a Carta de Chamada e trabalho garantido na Brasil. Assim que conseguir juntar o dinheiro ele manda, para que eu lhe devolva.

Antonio da Preira ainda endossou o negócio:

– Manuel Fernandes, se o compadre Manuel não pagar, pago eu!

O "investidor" concordou e entregou ao pai de Joaquim os 10.000$00, com juros de 10% ao ano, sem prazo estipulado para pagar.

Em posse do dinheiro, Joaquim e o pai foram até a prefeitura, onde o rapaz deu entrada nos papéis e oficializou o pedido ao governo português, que então determinava entre os pretendentes quem viajaria para o Brasil. Não demorou e veio a resposta positiva: "Aceito!"

Com a confirmação da permissão governamental para a viagem, Joaquim automaticamente também se livrara de servir ao Exército.

## Viagem garantida

*– Joaquim, o meu cunhado Luiz já comprou a sua passagem! Como você me pediu, é um bilhete de terceira classe do navio.*

Ano de 1955! O primo de Joaquim que morava em Proença-a-Nova, de nome Manuel, deu a boa notícia! O cunhado dele, que trabalhava para o governo e tinha prestígio com o Chefe do Governo português, António de Oliveira Salazar, morava em Lisboa e fez a gentileza. A passagem de terceira classe era o que cabia no bolso dos Martins.

A embarcação seria o Louis Lumière, navio da Companhia Francesa Chargeurs Réunis, e cujo nome foi dado em homenagem ao inventor francês que, com a ajuda do irmão Auguste, criou o cinematógrafo[11].

---

11  Máquina de filmar e projetor de cinema.

Para Joaquim foi uma grande surpresa descobrir que nem todos que estariam no navio viajariam para buscar melhores condições de vida em outro país. Havia gente ali de muitas posses e que partiria no navio por lazer, para fazer turismo.

## Os votos do pai

Na derradeira conversa entre pai e filho, que antecedeu a viagem, Manuel foi direto nas recomendações:

– Joaquim, sempre tivemos conversas abertas e proveitosas na nossa família. Hoje, neste momento que antecede um passo tão importante que você está prestes a dar, o que eu tenho a lhe dizer é: Não faça nada de errado! Não me envergonhe a cara! Não brigue com as pessoas! Ande na linha e seja sempre honesto nos seus procedimentos que tudo dará certo em sua vida!

E procurando esconder a emoção, Manuel Martins disse:

– Vá com Deus, meu filho!

## O dia do "adeus"

Joaquim e a mãe chegaram em Lisboa dois dias antes do embarque, hospedando-se na casa da prima Maria do Céu. Esse foi o dia em que ele visitava a capital portuguesa pela primeira vez.

Chegou o grande dia da partida! Bem cedinho eles estavam no porto. O navio partiria às 10 horas do dia primeiro de abril de 1955. Naquele dia também o acompanhavam as primas Neves e Carmo, e o primo Manuel e sua filha Ivone.

Se a conversa com o pai havia sido mais formal, com Maria da Natividade, como era de se esperar, foi mais intensa e emocional.

– Filho, seja sempre honesto, trabalhador, obedeça aos seus patrões e respeite as pessoas. Vou orar dia e noite para que Deus te acompanhe e abra os teus caminhos.

E, diferentemente do marido, ela se derramou em lágrimas, enquanto era abraçada pelo filho.

Logo depois, Joaquim se despediu e foi andando em direção ao navio. Ali ele presenciou gente feliz e sorrindo, pessoas emocionadas e chorando. Mais alguns minutos se passaram e lá estava ele na embarcação, no convés, acenando e acompanhando aquela imagem linda, dos lencinhos brancos sendo movimentados e expressando um "Adeus!" ou um "Até breve!".

O coração de Joaquim ainda ficava a se lamentar pela pobreza da região, fator que o estimulava ainda mais a mudar de ares. Não lhe saía da mente a imagem de quando ele era criança, vendo a mãe e o pai seguindo descalços para a roça, debaixo de forte sol; ela levava o cesto na cabeça e um filho agarrado no braço, enquanto que o pai carregava as ferramentas.

À distância, Joaquim não conseguia identificar o ostensivo choro da mãe, que dizia a quem estava ao lado: "Confio que isso tudo será para o bem do meu Joaquim".

Ele estava firme. Ao menos até o navio começar a se movimentar... Às 10 horas em ponto a embarcação partiu. As fisionomias e os lencinhos brancos foram ficando cada vez mais distantes, menos identificáveis... Sumindo... E quanto mais o navio avançava mar adentro, mais Joaquim chorava.

Depois que se recompôs, Joaquim foi conhecer o quarto, posicionado no andar mais baixo, perto das máquinas. Ao menos, a alimentação estava garantida e incluída.

O Louis Lumière era um navio antigo que pela última vez viajaria pela costa do Oceano Atlântico. Junto com Joaquim estavam Manuel dos Casais e outros oito amigos portugueses que também se aventurariam em terras brasileiras.

Medo? Insegurança? Isso nunca passou pela mente ou tomou conta do coração de Joaquim. Havia em seu íntimo a certeza de que tudo daria certo. Era o mesmo sentimento que tinham os amigos de Joaquim que estavam com ele no navio! Seria com eles que Joaquim trocaria seus temores, sonhos e a certeza de um futuro promissor.

# CAPÍTULO 2

## Um novo rumo: o Brasil

### Inicia-se a trajetória

Logo Joaquim conquistou a confiança de Alvaro na Casa Proença (nome do estabelecimento comercial da família Lopes) e tornou-se seu braço direito.

Já nos primeiros tempos em Loanda, Joaquim viveu uma situação divertida. Estávamos em 1955, tempos de eleição presidencial. Entre os candidatos estavam Juscelino Kubitscheck, que veio a ser eleito, o general Juarez Távora, Plínio Salgado e Ademar de Barros, do Partido Popular Socialista (PPS), com o *slogan* "O Brasil precisa é de um gerente". Ademar era o candidato preferido de Alvaro Lopes, que sempre dizia pela casa e pela loja: "Viva Ademar! Ademar já ganhou!".

Na casa de Céu e Alvaro havia um divertido papagaio que costumava repetir algumas frases. Uma das que a ave aprendeu foi "Viva Ademar! Ademar já ganhou!", para descontração geral.

Como Joaquim acordava muito cedo, para abrir a loja às 7 horas, era natural que ele sentisse fome e quisesse tomar café. Mas Céu acordava mais tarde, por volta das 9 horas, e o café só saía depois disso.

Pois Joaquim não teve dúvida e começou a repetir na frente do papagaio: "Ô Céu, dá o café mais cedo para o Joaquim!". E não é que o bichinho aprendeu a frase? Pois todo dia cedo o papagaio começava a repetir: "Viva Ademar! Ademar já ganhou!" e "Ô Céu, dá o café mais cedo para o Joaquim!"... A mulher ficou brava e disse poucas e boas para o papagaio, que continuava com seus alertas: "Viva Ademar! Ademar já ganhou! Ô Céu, dá o café mais cedo para o Joaquim!"...

Mas apesar do atraso do café, Maria do Céu Martins cozinhava muito bem. Joaquim adorava a comida simples e bem preparada por ela, como arroz, feijão, mandioca e carne. Ah! Além dos saborosos filhós, uma massa frita e coberta de açúcar com canela, doce típico da culinária portuguesa.

Com um ano de matrimônio, o casal Maria do Céu e Alvaro Lopes ainda não tinha filho. Depois de alguns meses nasceu Terezinha, a primeira de cinco filhos. O mesmo acontecia com José Lopes e Maria do Rosário, que logo tiveram João, o primeiro de quatro filhos.

Quanto a Joaquim, procurava se adaptar da melhor forma possível. O rapaz ainda pouco conhecia sobre a geografia do Brasil e os estados, como, por exemplo, São Paulo, Rio Grande do Sul, Rio de Janeiro e Paraná; ou mesmo quantos estados havia e que tipo de força econômica cada um deles representava dentro do contexto brasileiro.

Joaquim só sabia que havia no Brasil e no Paraná a cidade de Loanda, onde estavam os tios Alvaro e José Lopes. Mas, como era inquieto, tinha muita vontade de ler e ganhar conhecimento e cultura geral.

## "Picado" pela "mosca azul" do comércio

O comércio era mesmo a "praia" de Joaquim. Ele se sentia realizado atendendo a freguesia, realizando vendas e acompanhando todo o processo, com a emissão da nota fiscal, a separação do pedido e a remessa ao cliente. Mesmo assim, nos momentos de solidão, ele chorava de saudades da família.

Joaquim admirava os compradores "vorazes", clientes que faziam pedidos arrojados. Embora aquilo lhe parecesse ainda distante, ele se imaginava um dia sendo dono do próprio negócio e também fazendo grandes pedidos, para movimentar muitas mercadorias. Mas não era nada obsessivo; Joaquim não tinha pressa ou não colocaria, como se diz, "a carroça na frente dos bois", mas o rapaz queria achar um método de crescer profissionalmente e de melhorar de vida.

Apesar de tantos sonhos, o certo mesmo era que a situação estava bastante complicada para Joaquim. Isso porque ele já caminhava para mais dois anos de trabalho sem receber um tostão. O prazo de validade da Carta de Chamada já tinha vencido, mas isso não o preocupava e ele estava bem ambientado e acomodado no Brasil, com boa noção de como se negociava com secos e molhados.

Da remuneração mensal combinada, em torno de Cr$ 1.500,00 (cruzeiros), parte era abatida para custear a alimentação e a hospedagem, Cr$ 800, mas a diferença de Cr$ 700 ficava acumulada nas mãos de Alvaro.

Sempre atento, Joaquim anotava tudo numa pequena caderneta, mas por mais que precisasse de dinheiro, não cobrava o tio. O que mais o incomodava era não conseguir mandar o dinheiro que devia em Portugal para pagar o empréstimo de 10.000$00 e as compras feitas na loja de Ezequiel.

Alvaro ao menos liberou uma verba para Joaquim fazer um curso de Contabilidade, comprando os livros do Instituto Universal Brasileiro, que ficava em São Paulo. O contador de Alvaro, de nome Rodolfo, ajudava Joaquim a esclarecer as dúvidas, explicando-lhe algumas aulas, principalmente as iniciais.

Depois Joaquim fez outro curso, de Psicologia Comercial Aplicada. Entre as apostilas e materiais recebidos, estava um livro que ajudou muito Joaquim tanto na vida pessoal quanto profissional. O tema abordado apresentava a forma correta de interpretar conversas e, em especial, as pessoas; a fazer "leituras" do "olho no olho".

Mesmo com as dificuldades, Joaquim pensava em seu íntimo: "Tenho confiança de que a situação vai melhorar. Vou ter paciência, dar tempo ao tempo".

Era mesmo preciso estar otimista. Joaquim não tinha um tostão no bolso. Quando precisava cortar o cabelo, ele tinha que pedir dinheiro para Alvaro, que dava o valor para ser descontado do crédito acumulado.

Uma das diversões dos amigos de Joaquim era tomar sorvete, mas ele sempre arrumava uma desculpa – claro, ele não tinha dinheiro para pagar o sorvete. Outro passatempo era ir ao cinema; quando convidado, Joaquim tinha que mentir pelo mesmo motivo, para não passar "carão": "Uma pena... Eu já assisti a esse filme..." – quando, na verdade, Joaquim nunca tinha estado num cinema, embora esse fosse um dos seus desejos.

Em seu íntimo, Joaquim se sentia envergonhado com aquela situação e, em especial, perante a família em Portugal.

Preocupado, pois sabia que, apesar de ser ele o detentor da dívida, a responsabilidade recaía sobre o pai, Joaquim chegou a escrever e a enviar uma carta para Portugal, explicando o ocorrido:

*"Mãe, pai, apesar de estar trabalhando muito, eu ainda não recebi nenhum salário do meu patrão. Assim que eu receber, mandarei imediatamente o dinheiro para pagar as dívidas."*

Os pais leram a carta, e na resposta escrita pela filha Maria de Lourdes, tentaram não desanimar o filho:

*"Querido Joaquim, esperamos que estejas bem. Como está a temperatura no Brasil? Procure se agasalhar. Está precisando de alguma coisa? Conte conosco. Siga firme em seu propósito!"*

O conteúdo procurava sempre passar otimismo e confiança, e não aventava a possibilidade de Joaquim retornar para Portugal. Maria da Natividade e Manuel sabiam que efetivamente esse não seria o melhor caminho para o filho.

Joaquim também costumava escrever para a irmã Maria Rita, que já havia optado por seguir na vida religiosa. Nas cartas, ele procurava não comentar das dificuldades que enfrentava, mas sempre registrava o seguinte pensamento: *"Busco difundir a alegria nas pessoas que estão à minha volta e fazer sempre o bem. Eu nunca faço o mal a ninguém, porque eu sei que quando se pratica o mal ele nunca atinge ao próximo, mas a si mesmo"*.

Em muitas oportunidades Joaquim chegou a pensar em mandar uma carta para Maria Adelaide, pedindo-a em namoro. Mas ele pensava: "Não é justo! Eu não posso ser egoísta e prejudicar a vida da Adelaide. Trabalho já há um bom tempo e não tenho um tostão no bolso... Como falar em namoro?" – e logo desistia de escrever para a amada, com quem sonhava em se casar um dia.

## Dificuldades dos patrões

A situação econômica dos irmãos Lopes começou a ficar complicada, o que colocava o futuro de Joaquim em dúvida e até risco. As vendas não iam tão bem. Alvaro pecava na administração dos negócios, mas era um grande empreendedor, um homem de boas ideias. Tanto que logo montou uma fábrica de sorvetes, outra de guaraná, da marca Paulista, e um alambique, para destilar a aguardente de cana Santarém, nomes definidos por Joaquim.

O rapaz chegou a ajudar na construção da fábrica e no canavial antes de começar a vender as mercadorias e, por vezes, percorria a pé longas distâncias até o sítio onde foram montadas as fábricas.

Geralmente, Joaquim aproveitava uma carona para retornar para casa ou pegava o único ônibus que ia até Santa Isabel. Mas, às vezes, em razão do horário, não tinha ônibus nem carona. Só restava colocar os pés na estrada... Era então o que ele fazia.

O rapaz caminhava por 10 quilômetros até Loanda. A estrada era pesada, arenosa e com mata virgem. Não passava ninguém por ali, fosse de carro ou caminhando. Apesar de todo o esforço, para ele aquilo era algo normal. As longas caminhadas o faziam refletir sobre a vida, sonhar com o futuro... Com a namorada ainda fictícia, mas que ele sonhava ter – Adelaide, a amiga dos tempos do Galisteu e de Proença-a-Nova.

Era também seguro andar de noite pela estrada; não havia criminalidade, algo que veio com a modernidade.

## Primeira iniciativa empreendedora

Enquanto vendia Aguardente Santarém e Guaraná Paulista para Alvaro Lopes, Joaquim e o amigo Abilio Campelo, químico responsável pela fabricação do refrigerante, tiveram a ideia de empreender!

E de onde veio o dinheiro para investir? Do empréstimo feito por Luis Cardoso, que atendeu ao pedido feito pelo amigo Joaquim Martins.

Eles então começaram a produzir "Brilhantina" e óleo para pentear os cabelos. Abilio, responsável por fabricar, conhecia os fornecedores de São Paulo e fazia os pedidos dos produtos químicos e embalagens. Já Joaquim ficava com as missões de vender, fazer as entregas das mercadorias e receber dos clientes.

A produção era feita no próprio laboratório da empresa de Alvaro, que autorizou a utilização do espaço.

A clientela passou a comprar e a ter boa a aceitação dos produtos. Joaquim vendia em torno de umas 100 caixas por mês, mas... como Alvaro Lopes decidiu encerrar as atividades da fábrica, e dispensou o químico Abilio, o negócio e a sociedade com Joaquim tiveram que ser interrompidos!

A iniciativa e a sociedade não vingaram, mas a ideia de ter o próprio negócio e de prosperar não saiu da mente de Joaquim...

## O esperado aconteceu

*– Joaquim, eu vou ter que fechar a loja. Se quiser, pode procurar outro emprego. Você precisa tocar sua vida.*

Essa foi a resposta de Alvaro Lopes à pergunta feita por Joaquim, questionando se os negócios andavam bem. Era algo que Joaquim já imaginava estar próximo de acontecer. Ele até pensou: *"Se eu tivesse recebido os meus salários, colocaria um dinheiro no negócio"*.

Era um bom dinheiro mesmo, pois, sem receber havia três anos o valor de Cr$ 700 por mês, ele tinha acumulado mais de Cr$ 25.000 nas mãos de Alvaro Lopes. Daria para pagar a dívida em Portugal e ainda sobraria algum valor.

Mesmo assim, ele fez uma arrojada proposta:

– "Tio" Alvaro, se o senhor aceitar, eu assumo a loja, ajeito e melhoro o movimento. Proponho-me a administrar e a organizar os negócios.

E deu o xeque-mate:

– Em troca, o senhor me dá uma participação na loja.

Alvaro ficou de pensar. Ele estava propenso a aceitar. Conversou com a mulher, o irmão e a cunhada. Mas não houve consenso e, assim, a proposta de Joaquim não seguiu adiante.

Sem dinheiro nem mesmo para ir pedir emprego em outras cidades, Joaquim foi levantar um empréstimo com o primo Antonio Cristovão, natural da Aldeia do Padrão. Ele pensava em ir até Paranavaí, para arrumar uma vaga na J. Alves Veríssimo, onde falaria com o gerente Mario Fernandes. Mesmo sem recursos financeiros, estava confiante, pois sabia varrer armazém, atender clientes, fazer faturamento... E era seguro, comedido, responsável, não era refém do consumo.

O primo Antonio morava no Porto Rico, à beira do Rio Paraná. E para lá seguiu Joaquim. Foi de carona com José Negro, dono do posto de gasolina, na carroceria de um pequeno caminhão, onde se "acomodou" sobre os tambores que o comerciante encheria de gasolina a ser transportada pelo Rio Paraná. Fazia muito frio.

Assim que Joaquim chegou ao bar no qual o primo trabalhava, Antonio preparou-lhe um café quente e um sanduíche. Depois de se alimentar, Joaquim pediu-lhe o dinheiro emprestado. Até conversou com Antonio sobre a possibilidade de eles se mudarem para Eldorado, no Mato Grosso, que estava em ascensão, propondo se estabelecerem em sociedade.

O primo concordou em emprestar Cr$ 150 a Joaquim. Era uma boa notícia para quem precisava viajar em busca de novo emprego.

A carona de volta estava garantida. Enquanto aguardava, Joaquim e Antonio foram visitar um amigo do primo, também português, que vivia numa ilha, onde plantava repolho; Antonio iria ajudar o agricultor a carregar um barco com sacos de repolhos.

Joaquim quis dar uma volta pela ilha, e viu uma grande lagoa. Ele encontrou um caramujo e quis devolvê-lo para a água. Mas assim que jogou o molusco, um cardume de peixes apareceu para alimentar-se dele.

Aconteceu então um fato curioso e do qual Joaquim tirou uma bela lição. Ele seguiu andando pela beira do lago, até que encontrou um pedaço de linha de *nylon*; logo abaixo, havia um barraco de pescadores. Ele foi até lá, onde havia uma senhora, e pediu uma vara emprestada. A mulher entregou-lhe também um anzol; ele já tinha linha.

Nunca até então Joaquim havia pescado. Mas sabia da necessidade de isca. Achou um gafanhoto, que partiu em pedaços com os dentes, e utilizou como isca.

Pois assim que jogou a linha na água, logo fisgou um peixe. E comemorou! Repetiu a dose, e pegou outro peixe! Seguiu com a experiência e, ao todo, pescou seis peixes de uns 15 centímetros.

E qual a lição disso tudo? A de que, quando se quer, se consegue. Ele não tinha linha, anzol, vara, isca; foi encontrando, idealizando, pedindo. E pescou seis peixes! Portanto, quem quer, com perseverança e criatividade, consegue!

Bem, mas sobre a ida a Paranavaí, Joaquim nem precisou se deslocar até lá. Quando voltou da casa do primo, havia um recado para ele: "O seu Firmino Dias Capela pediu para você procurá-lo".

## O novo patrão, seu Firmino

*– Joaquim, eu fico feliz que você tenha aceito a minha proposta de trabalho. Vamos fazer uma boa parceria.*

Joaquim conheceu Firmino Dias Capela, empresário português natural de Venda Nova, na freguesia dos Envendos, quando passou a visitá-lo na matriz da empresa Casas Dias, em Santa Cruz do Monte Castelo, para vender refrigerantes. O empresário bem-sucedido já apostava no potencial de Joaquim, tanto que sempre lhe dizia:

– Ô Joaquim, vem trabalhar comigo!

Ele agradecia, ficava lisonjeado, mas recusava. Não poderia falhar com o tio Alvaro, por quem tinha tanto afeto. Além disso, Joaquim não gostaria de trabalhar em Monte Castelo.

Até que, em outubro de 1957, finalmente Joaquim disse "sim" e assumiu a gerência da loja de Loanda. Meses depois, em 7 de setembro, outro integrante da família Martins, o irmão José, desembarcava do navio Vera Cruz no porto de Santos, no Brasil; José iria trabalhar na empresa Dias Cristóvão, em Cruzeiro do Oeste, cujo gerente, Joaquim Cristóvão, era natural da Amoreira.

Mas, antes de iniciar no emprego, José foi passar uma semana com o irmão Joaquim em Loanda. O reencontro entre eles foi emocionado. Joaquim mostrou a José como funcionava a loja que iria gerenciar e até chegaram a falar de planos futuros: "Quem sabe não teremos o nosso próprio negócio".

Dentro do que fora acordado com Firmino, Joaquim não teria salário e sim uma participação de 30% nos lucros da loja. Alvaro Lopes já tinha encerrado as atividades do comércio. Firmino tinha uma rede com várias filiais que vendia, entre outros produtos, secos e molhados.

Os resultados alcançados por Joaquim com a loja de Loanda foram excelentes! Ele sempre superava a meta de vendas e chegou a dobrar o faturamento. Tanto que Firmino o deslocou para a gerência da filial de Comur. Outra vez, os números alcançados foram excelentes.

Nesse ínterim, Firmino fez uma negociação com Alvaro Lopes, comprando uma carga de aguardente dele. Sabedor da dívida que mantinha com Joaquim, Firmino conversou com Alvaro, para que pagasse o rapaz. Alvaro concordou e, parte do que deveria receber, pediu a Firmino que quitasse seu débito com Joaquim. Ele agradeceu ao "tio" Alvaro, mas o fez principalmente a Firmino, que intercedeu em seu favor.

Logo depois, Firmino programou viagem para Portugal, onde iria passear e visitar familiares. Foi quando Joaquim contou-lhe seu drama:

– Seu Firmino, quando vim para o Brasil, pedi 10.000$00 emprestados e ainda fiz umas compras fiadas. Como não recebi um tostão no emprego anterior, não tive como quitar a dívida. Será que o senhor pode levar o dinheiro que recebi do "tio" Alvaro, e entregá-lo aos meus pais em Portugal?

Firmino, homem sério e de bom coração, sensibilizou-se com a situação de Joaquim e sua disposição de pagar as dívidas, e prontificou-se a ajudá-lo.

– Pode contar comigo, Joaquim! Passe-me os detalhes e o endereço do seu pai que cuidarei de tudo para você.

Que alívio! Talvez aquela tenha sido a mais tranquila noite de sono desde que Joaquim recebeu os 10.000$00 mil emprestados para chegar ao Brasil!

Meses depois, em meados de 1958, outra mudança de loja, para Querência do Norte. A filial não apresentava bom desempenho, e Joaquim substituiu o gerente local, que foi abrir um ponto comercial da rede Casas Dias em Colorado, perto de Maringá. Mais uma vez, metas batidas por Joaquim. Teve mês em que a unidade gerenciada por ele superou o faturamento da somatória das vendas de outras três lojas, inclusive, da matriz, em Santa Cruz do Monte Castelo.

Efetivamente, com muito zelo e afinco, Joaquim gerenciava as lojas que mais vendiam e, lógico, era o que alcançava as melhores remunerações dentre os gerentes.

Até que, depois de um ano em Querência do Norte, surgiu outra oportunidade de crescimento: abrir uma loja em Icaraíma. Joaquim aceitou e enfrentou o novo desafio!

## Vai, Brasil!

*"Apita o arbitro! Começa a partida entre Brasil e Áustria..."*

Dia 8 de junho de 1958! Estreia da Seleção Brasileira de Futebol na Copa da Suécia. O rádio PT-76, da marca Semp, estava ligado na loja da Casas Dias de Querência do Norte, onde Joaquim era o gerente. Ele não tinha aparelho de TV. Joaquim nunca fora fanático por futebol nem sabia direito o nome dos jogadores, mas Copa do Mundo e jogo do querido Brasil o tornavam ainda mais nacionalista. Desde que pisara no país, Joaquim se sentia brasileiro, nativo! Ele era brasileiro de coração! Por escolha própria!

A estreia foi tranquila e o Brasil passou pela Áustria, vencendo por 3 a 0. A Seleção Brasileira continuou avançando bem na competição e chegou à Final. Na decisão, enfrentou a atropelou os donos da casa, a Suécia, ganhando a partida por 5 a 2, com gols de Zagallo, dois de Vavá e dois de Pelé, eleito o melhor jogador jovem da competição, disputada por 16 seleções.

Naquele mesmo ano, houve forte pandemia de gripe asiática no Brasil. O primeiro isolamento do vírus havia acontecido um ano antes, em 1957, na China. A recomendação era para se consumir muitas laranjas. No fundo da loja havia um terreno com pé de laranjeira brava ("pipu"). Diariamente Joaquim preparava um suco com três laranjas. Por sorte, e pelas laranjas, ele escapou dessa. Tanto que alguns vizinhos e conhecidos dele pegaram a doença.

Quatro anos depois, em 1962, agora em Icaraíma e pelo rádio, Joaquim acompanhou os jogos da sétima edição das Copas, disputada no Chile. Mais uma vez o Brasil se destacou e chegou à Final, contra a Tchecoslováquia.

No dia e horário do jogo, Joaquim estava em São Paulo, na rua do Gasômetro, tradicional centro atacadista e comercial de madeireiras e máquinas. Ali ele adquirira algumas máquinas. Joaquim ia de loja em loja pelas ruas vazias, já que as pessoas estavam em suas casas ou nos comércios acompanhando a partida. Mas conseguiu se inteirar dos acontecimentos nas conversas com o pessoal. Apesar de a Tchecoslováquia sair na frente, a equipe europeia perdeu para a Seleção Brasileira por 3 a 1, com gols de Amarildo, Zito e Vavá.

Assim que retornou a Icaraíma, Joaquim ganhou um pôster da Seleção Brasileira que se tornara bicampeã mundial. Orgulhosamente, Joaquim colocou o pôster na porta do escritório, onde ali ficou por muitos anos.

Em períodos de Copas, Joaquim aproveitou a onda de consumo de rádios, produtos raros na época. Vendia caminhões lotados de aparelhos para lojas e consumidores de todas as cidades circunvizinhas.

## Tirar o coelho da cartola

A indicação veio do próprio Firmino e surgiu de um bate-papo dele com o gerente da Cobrinco, ligada ao Banco Brasileiro de Descontos, o Bradesco, que bancou: "Icaraíma é um bom lugar para abrir uma loja!".

Ao dialogar com o patrão, Joaquim registrou que queria um aumento, melhorar as condições de salário. Mas a conversa, para agradável surpresa dele, ganhou novos rumos profissionais.

E Firmino Dias lhe fez uma ousada proposta:

– Façamos assim: vamos ser sócios na nova loja de Icaraíma! Compramos o estoque dos fornecedores com os quais já trabalhamos. Com as vendas, pagaremos as mercadorias e as despesas e, do lucro, fica metade para cada um.

Firmino foi mais além, finalizando com aquilo que se pode chamar de "a cereja do bolo" e que encantou a Joaquim:

– Ainda proponho que, quando conseguirmos pagar todo o estoque que colocarmos na loja, eu lhe vendo a minha parte da filial.

Efetivamente, era uma proposta tentadora! Joaquim caminhava para, se tudo corresse tão bem quanto acontecera até então, tornar-se proprietário sozinho de uma loja. A possibilidade estava muito além do que ele imaginara! Era como viver um sonho na vida real! Tudo ficou acordado, como se diz, no "fio do bigode".

Conforme o combinado, Joaquim se encarregou de abrir a empresa, fazendo a documentação em Curitiba, já em seu nome: Joaquim Fernandes Martins Ltda. O nome fantasia era Casas Martins e não Casas Dias. Sim! A confiança de Joaquim era tão grande que, mesmo com apenas uma loja, ela já nasceu no plural: Casas Martins!

Um pequeno armazém de madeira foi alugado; no fundo havia um quarto, que era onde Joaquim morava. Para a montagem da loja, Joaquim solicitou a Firmino permissão para levar com ele dois funcionários que já o acompanhavam nas outras filiais e em quem confiava: o baiano Francisco Neres e o paraibano Osmildo Miranda, dois jovens muito trabalhadores.

Enquanto Osmildo e Francisco, que era carpinteiro, arrumavam a estrutura da loja, Joaquim partiu em busca de mercadorias em Maringá. Comprou de alguns atacados, especialmente da Comercial Catarinense, e lotou quatro caminhões trucados de produtos.

Assim que toda aquela mercadoria chegou em Icaraíma, virou o assunto do dia. Todos ficaram admirados, principalmente a concorrência. Joaquim, com a ajuda de Francisco e Osmildo, acompanhou o descarregamento dos veículos e os três começaram a arrumar as mercadorias na loja. Mas era tanto volume que nem tudo coube no lugar; alguns produtos foram acomodados do lado de fora.

Assim, em 17 de julho de 1959 a loja de Icaraíma foi inaugurada e, como aconteceu nas outras filiais de Firmino que foram dirigidas por Joaquim, o faturamento crescia mês a mês. Era uma época de falta de produtos e, como na Casas Martins havia fartura, isso conquistou a clientela. E os preços se equiparavam com os dos concorrentes.

Os três, Joaquim, Francisco e Osmildo, faziam de tudo: atendiam clientes, recebiam mercadorias, arrumavam nas prateleiras, emitiam as notas, separavam e embalavam as mercadorias. Eram vários itens: caixas de sabão, sacos de açúcar, sacos de sal, latas de querosene, arroz, feijão, açúcar, sal, jabá, entre outros. Quanto aos pagamentos e recebimentos, ficavam exclusivamente a cargo de Joaquim.

Pedido fechado e embalado, Joaquim conferia tudo, calculava o valor da compra e preparava a nota fiscal. Naquele período, Joaquim ainda não saía para abrir novos clientes e se concentrava em gerenciar o estabelecimento, comprar e vender no balcão. O certo é que só havia hora para abrir e não para fechar a loja. Enquanto houvesse cliente, o estabelecimento se mantinha aberto.

Como não havia energia elétrica, tudo era iluminado à luz de velas. Depois Joaquim comprou um candeeiro a pressão e um pouco mais adiante um motor estacionário para produzir a própria luz do seu comércio.

## "Nasce" o empresário Joaquim Martins

– *Seu Firmino, pelo desempenho e vendas da filial, já conseguimos pagar todo o estoque que aqui foi colocado. Desta forma, conforme nosso acordo, gostaria de acertar a compra da parte do senhor e de ficar com a loja.*

Firmino, homem sério e de palavra, oficializou a negociação:

– Se foi combinado, será cumprido! Vamos fazer o balanço para consolidar as contas de separação da sociedade!

Eles ajustaram o valor que Joaquim deveria pagar. Joaquim ainda tinha um dinheiro de comissões acumulado a receber, valor que foi abatido da negociação. E o saldo foi dividido em três parcelas de curto prazo.

Assim, em 1960, quase três anos depois de começar a trabalhar com Firmino Dias Capela, Joaquim estreava na carreira "solo". Foi uma ascensão rápida. Ele estava bastante confiante, até porque, desde que começou a trabalhar para Firmino como gerente, ele sempre administrava as lojas como se fossem dele. Então, era só seguir na mesma toada e com ainda mais liberdade de ação! Afinal, ele já havia comandado as lojas de Loanda, Comur, Querência do Norte e Icaraíma.

Havia gratidão da parte de Joaquim para com Alvaro e José Lopes, Firmino Dias Capela e muita gente boa que cruzara e ainda cruzaria seu caminho e lhe estenderia a mão, confiando no potencial do agora jovem empresário.

Conhecedor das dificuldades que teria de enfrentar, tanto para gerenciar a loja quanto para ir em busca de comprar e vender mercadorias, Joaquim sabia que precisaria de gente de confiança ao seu lado. Então, pensando em ajudar o irmão e simultaneamente solucionar a situação, Joaquim conversou com José, que estava em Cruzeiro do Oeste, propondo-lhe sociedade.

O mano topou o desafio, incorporou um capital que tinha guardado, e que Joaquim mandou para ajudar nas despesas dos pais em Portugal, e associou-se a Joaquim na loja de Icaraíma. Em janeiro de 1961 ele iniciou no atacado.

Dois anos mais novo que Joaquim, eles pouco haviam convivido em Portugal. Isso porque, aos 8 anos, Joaquim foi guardar cabras e morar no Caniçal e, quando retornou, foi a vez de José morar fora e fazer o mesmo serviço. Assim que José retornou para casa, arrumou trabalho em Sertã, vila portuguesa no distrito de Castelo Branco, e Joaquim já trabalhava na loja de Ezequiel. Tempos depois, Joaquim viajou para o Brasil. Mas ambos carregavam consigo os ensinamentos dos pais: "Sejam corretos e bons para com todas as pessoas com quem conviverem!"

A razão social mudou de nome e, de Joaquim Fernandes Martins Ltda., passou a se chamar J. Martins e Irmão Ltda. Nascia ali, no ano de 1960, uma parceria duradoura e que projetava grande sucesso!

## De uma boa conversa sai "namoro" e "casamento"

Aqui vale um registro. Naturalmente, Joaquim continuaria a comprar dos atacadistas que já lhe forneciam desde os tempos em que passou a trabalhar com Firmino Dias Capela. Mas o que ele percebeu é que algumas empresas, preocupadas em não desagradar a Firmino, preferiram deixar de fornecer ou arrumar desculpas na hora de vender para Joaquim. Uns alegavam falta de mercadoria, outros de crédito.

Mas se houve quem virou as costas, também teve quem abriu as portas. Um dos casos mais significativos aconteceu com a Comercial

Catarinense, cuja sede ficava em Maringá. Certo dia, surge na loja de Joaquim um homem que não quis se identificar, mas que passou a fazer perguntas inadequadas para alguém tão misterioso e que não representava nenhuma companhia: queria saber qual era o faturamento da Casas Martins de Icaraíma, de quem Joaquim comprava, em quais quantidades, se tinha terras em seu nome, se tinha dinheiro guardado. Até sobre a vida pessoal de Joaquim o homem perguntou!

Muito incomodado, Joaquim inverteu os papéis e passou a questionar e a "apertar" o sujeito com perguntas. Até que ele confessou:

– Fui mandado aqui pelos donos da Catarinense. Eles desconfiam do potencial da sua empresa.

Munido dessa importante informação, Joaquim foi até a sede da Catarinense. Ali chegando, pediu para falar com os donos, que não estavam. Ele então foi atendido pelo gerente, Alfredo Dalla Costa, que recebeu Joaquim e ouviu dele os relatos.

Ao final, Alfredo não gostou de saber da conduta dos acionistas majoritários da empresa, Conrado e João, com quem depois veio a conversar, e bancou o crédito para Joaquim:

– Rapaz, pode comprar o que precisar: uma, duas, cinco carretas de mercadorias!

Joaquim saiu de lá grato, feliz e já com um bom pedido fechado! Crédito e mercadorias eram tudo de que ele precisava para expandir os negócios!

E numa conversa reservada com os patrões, Alfredo Dalla Costa, que tinha uma participação na empresa, relatou o ocorrido com Joaquim, contou sobre o desfecho e bancou:

– Se o Joaquim não pagar, pago eu! Uso as minhas ações da Catarinense!

A relação entre Alfredo e Joaquim ficou paternal. O homem procurava dar-lhe bons conselhos, como o de sempre ter estoque elevado na loja. Coincidentemente, era nisso também que Joaquim acreditava, em ter a loja cheia de mercadorias, tanto que sempre dizia: "Quem tem bastante mercadoria, pode vender muito. Quem tem pouco, vende pouco."

Nas conversas entre eles, Joaquim registrava a Alfredo seu interesse em crescer, evoluir com o atacado e montar filiais. Alfredo apostava no potencial do jovem comerciante.

# O querido Alfredo da Catarinense

Preferencialmente, Joaquim tentava manter-se fiel à Comercial Catarinense, ainda pela postura de Alfredo Dalla Costa no passado de lhe dar crédito. Outras empresas tentavam "furar o bloqueio", e chagavam a oferecer produtos com preços mais baixos do que a Catarinense.

Joaquim agradecia, mas respondia:

– Eu não posso aceitar! Às vezes, pago até um pouco mais caro, mas preciso ser fiel a quem desde sempre acreditou em mim, o senhor Alfredo Dalla Costa, da Catarinense!

Alfredo tratava Joaquim como filho e não apenas como bom cliente. Quando Joaquim ia fazer as compras em Jussara, e depois em Cianorte, Alfredo o acomodava em sua casa, compartilhando com ele o carinho da família. Alfredo admirava a garra de Joaquim e se penalizava pelo fato de ele estar longe dos familiares.

Assim que chegava na Comercial Catarinense, Joaquim era recebido por Alfredo. Eles acertavam as contas dos débitos e faziam pedidos das mercadorias. Depois do expediente, eles iam para a casa de Alfredo, onde sua esposa, Jovita Ines Dalla Costa, já tinha preparado um delicioso jantar, em especial, um bom arroz com feijão preto, prato predileto de Joaquim, além do pão caseiro, feito com farinha de trigo e fubá.

A alegre e atenciosa Jovita era boa cozinheira e criava pratos bem apresentados e temperados. Ela admirava a garra de Joaquim, sempre disposto ao trabalho e que registrava a preocupação em dar para a família um futuro melhor. Lá estavam também os filhos de Jovita e Alfredo, um casal; o menino, de nome Carlos Alberto, adorava brincar com Joaquim, que carinhosamente o chamava de Carlinhos.

Em algumas ocasiões, eles não conseguiam terminar o trabalho no escritório da Catarinense, que continuava na sala da casa de Alfredo depois do jantar, muitas vezes até depois da meia-noite, sob a luz de lampião a querosene.

Eram muitos produtos, umas cinco ou seis carretas de mercadorias. Na manhã seguinte, os caminhões eram carregados e Joaquim aproveitava a carona para Icaraíma, voltando na cabine de um dos caminhões.

## Casa sempre cheia

O comerciante Joaquim Fernandes Martins sabia que Icaraíma era uma região próspera e que recebia muitos iniciantes, pessoas interessadas em plantar café. Dessa forma, a loja de Joaquim, a Casas Martins, vivia repleta de produtos para atender a demanda de Icaraíma e região: havia açúcar, café, arroz, feijão, óleo, leite, sabão, querosene, carne seca (jabá), ferramentas, roupas, rádios, eletrodomésticos, instrumentos musicais, máquinas de costura...

Por isso ele se destacava da concorrência, pois alguns comerciantes com pouca capacidade financeira ou foco no negócio deixavam faltar mercadorias.

Era comum Joaquim ouvir dos clientes: "Gosto de comprar na sua loja porque aqui a gente encontra de tudo! E você está sempre disposto ao trabalho!"

Além das volumosas compras que rotineiramente fazia, às vezes um fornecedor ou outro mais amigo mandava uma carga fechada de açúcar, querosene e demais produtos. Joaquim não rejeitava a mercadoria e, caso não tivesse espaço para estocar, arrumava um jeito e alugava um armazém que havia ao lado, para colocá-la até vendê-la.

Claro que a maior parte das compras era feita com Alfredo Dalla Costa, da Comercial Catarinense. Mas houve um tempo em que a Catarinense abriu muitas filiais e havia falta de alguns produtos, distribuídos pelas lojas, como leite em pó, óleo, sabão... Alfredo era tão correto que, em algumas oportunidades, em função da falta de mercadorias na Catarinense, ele pegava um montante de dinheiro e entregava a Joaquim, dizendo:

– Não temos os produtos. Então, pegue esse dinheiro e compre em outros atacadistas. Disponibilizarei também um caminhão nosso para levá-lo, carregar as compras e deixá-las em Icaraíma. Depois você me paga à medida que for vendendo os produtos.

Era coisa de pai para filho. Era um caso de fidelidade comercial dupla!

Como prosseguiu a falta de mercadorias na Comercial Catarinense, Joaquim ampliou o leque de contatos, fornecedores, pedidos e amizades, em especial, com Antonio Rodrigues, da Importadora São Marcos, e Antonio Cordas, da J. Alves Veríssimo.

## Futuro promissor

O que Joaquim menos fazia era dormir! A entrega dele ao trabalho era total, tanto que continuava a morar num quarto no fundo da loja. Joaquim ficava madrugada adentro fazendo contas e estudando o negócio e as mercadorias que precisava adquirir. Ele tinha crédito para comprar e conhecimento do comércio.

Mal sobrava tempo para Joaquim almoçar. Ele encomendava o almoço do hotel que havia em frente, o Cardeal. Diariamente, eles entregavam um prato cheio de arroz, feijão e bife, refeição que Joaquim adorava. Ele deixava a comida guardada e, quando sobrava um tempinho, almoçava em pé mesmo no balcão.

À noite, Joaquim também se alimentava no hotel. Assim que fechava a loja, ele se dirigia ao restaurante do estabelecimento e geralmente repetia o cardápio, acrescido de ovo e batata; às vezes, eles serviam também macarrão.

Naquele tempo em Icaraíma não havia bons acessos de estradas, meios de comunicação, faltavam mercadorias. Para comprar produtos em quantidade era preciso ter amizade com os fornecedores, que definiam os volumes a serem vendidos.

Os bons fornecedores estavam em Maringá. Muitas vezes, Joaquim levantava às 4 horas para ir a Maringá, onde fazia as compras, e só retornava lá pela meia noite. A vida era sacrificada, mas ele e o irmão José faziam tudo com grande satisfação e alegria. A cada dia que passava, Joaquim tinha bastante entusiasmo e via os negócios melhorarem, pois conquistava novos clientes e fidelizava os antigos.

A clientela basicamente era formada pelo povo dos sítios e das fazendas de Icaraíma e das cidades vizinhas. Um fato era certo: na Casas Martins sempre havia abundância de mercadorias. Em algumas fazendas trabalhavam mais de 50 famílias, o que envolvia, em média, em torno de 150 a 200 pessoas. Cada família tinha um bom gasto e consumia produtos básicos, como sacas de 60 quilos de arroz, feijão e açúcar, sacas de 50 quilos de farinha de trigo e muitos outros itens.

Na hora de carregar as mercadorias para os caminhões dos clientes, lá estava Joaquim, que chegava a colocar até três sacas de farinha de trigo nas costas, ou seja, 150 quilos. Era a vitalidade do rapaz novo e comprometido com o trabalho.

Se é que se pode chamar de sorte, o que impulsionava o negócio de Joaquim era o fato de trabalhar e servir a uma região que estava em desenvolvimento. Os fregueses davam valor ao trabalho de Joaquim e do irmão José, e compravam suas mercadorias. Joaquim sabia como cativá-los e, muitas vezes, vendia para que os clientes pagassem apenas na colheita. Ele sabia como isso era importante, pois tinha vivido situação semelhante com o pai nos tempos de ceifa em Portugal.

Por vezes, Joaquim vendia cargas fechadas de mercadorias. Pois ele acompanhava o caminhão e, com o dinheiro que recebia, já dava um jeito de passar nos fornecedores e comprar mais produtos da região, tais como arroz em casca, feijão, milho, farinha de mandioca e peixe seco.

Claro que estamos falando de outros tempos, bem mais seguros e de criminalidade praticamente zero. Mas, em muitas cidades, como Icaraíma, não havia banco. Joaquim então pegava todo o dinheiro das vendas e guardava dentro de uma caixa de Leite Ninho, que servia de cofre! Era com esse dinheiro que ele pagava as carretas fechadas de mercadorias. Apenas em 1960 ele foi a Cruzeiro do Oeste, a uns 120 quilômetros de Icaraíma, onde abriu conta bancária no Bradesco.

# CAPÍTULO 3

## Empreender e casar

### Hora de dizer "Quer namorar comigo?"

*"Querida Adelaide,*
*Desde os meus 14 anos eu aguardo por este momento, o de te pedir em namoro. Nunca me declarei, porque esperava o momento ideal para poder fazê--lo, o de ter condições financeiras para honrar com uma família. Jamais envergonharia minha mãe e meu pai. Nossas famílias se conhecem... São vizinhas em Portugal... Em respeito a você, ao seu pai, o senhor José Fernandes, ao seu avô, o senhor Antonio Lopes, pai do tio Alvaro, que foi meu patrão e o considero como um pai, eu te peço em namoro!"*

A carta de Joaquim para Adelaide foi escrita um pouco no estilo dele, com romantismo, prosa e verso, e outro pouco no dela, mais direta, sem embromação.

Depois de cinco anos no Brasil, Joaquim já se sentia pronto para assumir responsabilidades. Para, como citou na carta, não envergonhar os pais, poder namorar e, possivelmente, se casar com a mulher que amava. Tinha sim algo platônico, afinal, ele curtia um amor silencioso por mais de dez anos.

Muitos namoros aconteceram da mesma forma. Os possíveis pretendentes iam se aventurar em outros países e, depois de se consolidarem profissionalmente, pediam as amadas em namoro; e, se o relacionamento seguisse bem, mesmo longínquo, em casamento.

Joaquim queria uma companheira para constituir família e compartilhar as dificuldades, conquistas e sonhos vividos no dia a dia. Uma relação que daria força e equilíbrio. Joaquim ficava preocupado com a solteirice, com a vida fútil. Afinal, era bem-apessoado e um bom partido! Pretendentes não faltavam, mas no coração dele tinha Adelaide!

Depois de escrita, a carta levou vinte dias para chegar às mãos de Adelaide. Era o tempo de ela ler, pensar, escrever... Depois disso, seriam mais vinte dias para que a carta dela chegasse às mãos de Joaquim.

Quase cinquenta dias depois, o momento tão esperado chegou: havia uma carta endereçada a ele, escrita por Adelaide. Ele leu tudo atentamente, e fixou os olhos nas palavras que mais procurava na carta: "Sim, eu aceito!".

Foram praticamente dois anos numa relação à distância, com trocas de cartas, que Adelaide e Joaquim levaram como namoro sério.

Depois de consolidar a carreira e os negócios com passos próprios, e de constituir condições financeiras ainda mais sólidas, comprar um terreno e começar a construir uma casa, era hora de pedir Adelaide em casamento.

Nas horas decisivas, Joaquim seguia uma regra: "Quando surge uma interrogação, pergunta a ti mesmo para saber a resposta".

A pergunta era: "Joaquim, você quer se casar e viver com a Adelaide pelo resto da tua vida?". E a resposta foi: "Sim!".

## Hora de dizer "Quer casar comigo?"

"Querida Adelaide..."

Uma nova carta de Joaquim, embora começando da mesma forma, foi enviada depois de meses do pedido de namoro para Adelaide. Escrita a mão e, para torná-la ainda mais formal, Joaquim mandou a correspondência para o pai, onde em outra carta explicou o conteúdo: *"Meu pai, quero pedir a Adelaide em casamento. Então, por favor, leve esta carta até ela e a entregue na presença dos pais da Adelaide"*.

Se a carta começava igual, terminava quase da mesma forma:

*"... e respeitosamente e com o seu consentimento, eu te peço em casamento!"*

E Joaquim explicou que era dono de um comércio, que tinha um terreno e uma casa sendo construída, além de situação econômica estável, dizendo: *"Prometo que teremos o suficiente para viver bem"*.

O suspense foi o mesmo do pedido de namoro: entre Joaquim mandar a carta e receber a resposta, foram quase cinquenta dias. Até que a carta chegou. Para dar sorte, fez o mesmo ritual: leu tudo atentamente e fixou os olhos nas palavras que mais procurava na carta: *"Sim, eu aceito!"*.

Joaquim foi logo contar ao irmão José a novidade. E se apressou em escrever para Adelaide, registrando sua alegria e felicidade.

## Casamento por procuração

Dia 13 de setembro de 1960! Poucos dias depois de completar 24 anos (em 31 de agosto), em torno de 70 pessoas, entre familiares, parentes e amigos, estavam reunidos em Portugal, em Proença-a-Nova, para o casamento de Joaquim com Adelaide.

Era sábado, fazia um dia bonito, de muito sol e calor. Como era de praxe, o casamento aconteceu com atividades por três dias. Na sexta-feira, a família jantava reunida; no sábado, havia o casamento e, no domingo, toda a família voltava a estar agrupada no jantar. Em alguns casos, havia ainda uma quarta comemoração, no almoço de segunda-feira.

Se Joaquim estava em Portugal, na igreja? Não! O casamento aconteceu por procuração. Joaquim foi ao cartório e fez uma procuração em nome do pai de Adelaide, José Fernandes Junior, para que ele pudesse representá-lo no cartório e na igreja em Portugal, onde Adelaide estava vestida toda de branco, como costumeiramente se apresentam as noivas.

Antes do início, Vítor José Lopes, com 13 anos, achou bonita a atitude da tia. A mãe da prima Adelaide foi até o altar e ali colocou uma foto do noivo, Joaquim Fernandes Martins. Aliás, a mesma foto que Adelaide mantinha na sala da casa dos pais.

Enquanto ocorria a cerimônia, Joaquim estava em Jussara, na cabine de um caminhão carregado de mercadorias, em frente à casa do amigo

Alfredo Dalla Costa. Mesmo sem se dar conta da data, pois recebeu por carta a confirmação do dia do casamento, foi na cabine que ele passou a própria noite de núpcias, já que no fim da madrugada e começo da manhã seguiria viagem com o motorista da Comercial Catarinense para Icaraíma.

Mas logo que o caminhão partiu, Joaquim caiu em si e percebeu que naquela altura ele já era um homem casado! Emocionado e com a carta da oficialização em mãos, Joaquim ficou a imaginar como teria sido a cerimônia, como estariam Adelaide, os pais e os irmãos, quais teriam sido os padrinhos – entre eles estava o ex-patrão Ezequiel Lopes Ribeiro com a esposa Rosa Siqueira, e o tio Alfredo Fernandes – e os convidados e, principalmente, quando então poderia estar ao lado da já esposa.

Mesmo ainda muito jovem, ele idealizava assumir responsabilidades de esposo e pai. Para aqueles tempos, não era um pensamento precoce. Esse era um dos pontos do amadurecimento. Trabalhar bastante era outro. E isso Joaquim fazia desde cedo; na infância, ele não era de brincar, jogar bola, andar de bicicleta.

Já se programando para transportar mercadorias da loja e também a vida de casado, numa de suas idas a São Paulo, Joaquim aproveitou para comprar seu primeiro carro: uma caminhonete F-350, da Ford. O veículo, zero quilômetro, foi pago à vista. O fato curioso é que Joaquim levou com ele um cheque visado, nominal a ele mesmo, para poder sacar o dinheiro. Mas teve dificuldade de pegar o valor na agência de São Paulo.

Por sorte, lá estava um empresário de Umuarama, o "seu Paulinho", que sabia da fama, da seriedade e da atividade comercial de Joaquim. Gentilmente e na confiança, "seu Paulinho" endossou o cheque de Joaquim. Nasceu ali uma boa amizade entre eles.

## À espera da amada

Depois do casamento, Maria Adelaide de Lourdes Fernandes e Joaquim ainda tiveram que controlar a ansiedade e aguardar por quatro meses, até que ela viesse para o Brasil. Joaquim foi buscá-la. Ele saiu de

Icaraíma e dormiu na casa do primo Joaquim Cristóvão, em São Paulo. Bem cedo, viajou para encontrar a esposa. Era julho de 1961 quando Adelaide desembarcou no porto de Santos. Ali estava Joaquim no aguardo da amada, da esposa.

Não há como negar que eles estavam receosos de não reconhecerem um ao outro; afinal, não se viam havia quase seis anos. E isso realmente aconteceu!

Envolvido pela emoção, Joaquim estava tão concentrado que passou os olhos pela varanda do barco, enquanto os passageiros que logo desembarcariam acenavam, e não reconheceu Adelaide. Ela, que já havia detectado a presença de Joaquim e saboreava uma laranja, não teve dúvidas e, por impulso, tacou-lhe e acertou-lhe um pedaço da casca da laranja que tinha nas mãos e gritou:

– Joaquim! Estou aqui! Joaquim... Joaquim...

Aí sim os olhares se cruzaram... e pouco tempo depois os braços deles estavam entrelaçados! Um longo abraço seguido do beijo, com sabor de laranja, marcou aquele reencontro depois de anos. Mais do que as palavras, foram os olhares que novamente disseram o quanto ambos estavam felizes naquele momento:

– Vamos embora para a nossa casa, querida Adelaide! Você não imagina o quanto esperei por este momento – disse emocionado Joaquim, pegando a sacola das mãos de Adelaide e caminhando abraçado com a esposa até o carro.

Adelaide havia mudado bastante. A menina, amiga de infância, era agora uma mulher linda, encantadora... Era a esposa de Joaquim Fernandes Martins!

De Santos, eles foram para São Paulo, onde dormiram novamente na casa do primo Joaquim Cristóvão, e depois seguiram por uma longa viagem até Icaraíma. O motorista que trabalhava para Cristóvão foi dirigindo o veículo até Jandaia do Sul, perto de Maringá, no Paraná.

Na viagem, Joaquim e Adelaide aproveitaram para conversar bastante. Ela contou como estavam todos em Portugal e sobre a viagem de navio; Joaquim narrou detalhes dos seis anos de Brasil e das excelentes perspectivas profissionais que tinha pela frente.

Mas a estrada não era nada boa, e perto de Ourinhos, no interior de São Paulo, a caminhonete atolou. Joaquim e Adelaide tiveram que descer para empurrar o carro, enquanto o motorista controlava o volante e o acelerador. Deu certo e eles retomaram a viagem. Menos por um detalhe: Adelaide trajava um alinhado vestido branco, que ficou todo sujo de barro... E os dois riram da cena.

Assim que chegaram em Icaraíma, Adelaide se surpreendeu com o que encontrou. Joaquim havia construído a melhor casa do lugar. Era uma moradia aconchegante, de madeira e com dois quartos, bem pintada e mobiliada, com fogão a gás e geladeira. Adelaide ficou encantada, pois estava acima do que ela esperava encontrar para aquele começo de vida a dois. Só faltava um aparelho televisor, alto luxo da época, mas havia rádio.

Logo Adelaide assumiu as responsabilidades da casa, além de ajudar na loja. Como era comum da época, ela havia sido criada para casar e ser uma boa dona de casa. Apesar de já saber costurar e cozinhar, ela se desenvolveu no preparo de pratos deliciosos e que Joaquim adorava, como bacalhau, uma boa sopa, carnes e massas, arroz com feijão... Tudo no tempero certo!

Pensando também em ter uma opção de lazer para a sua família e as dos funcionários, Joaquim adquiriu pela empresa um alqueire de terra. O objetivo era o de construir um salão para atividades recreativas e sociais, e plantar frutas diversas para poder colher durante o ano. Era exatamente o que Joaquim fazia nas terras da família em Portugal.

O projeto seguiu adiante e ele e todos os colaboradores se alimentavam das frutas colhidas na chácara. Joaquim até colocou uma vaca holandesa leiteira, de onde era tirado o leite consumido na sua casa. Depois de um tempo, Joaquim comprou mais dois alqueires vizinhos e seis novilhos, começando assim a se interessar por criar gado.

Sempre que havia oportunidade, Joaquim ia com Adelaide visitar a "tia" Céu e o "tio" Alvaro, a "tia" Maria do Rosário e o "tio" José. Pois o destino quis mesmo que, de uma forma ou de outra, Joaquim realmente viesse a ter grau de parentesco com José e Alvaro Lopes. A esposa, Maria Adelaide de Lourdes Fernandes, era sobrinha dos dois. E assim tudo ficou em família... E eles passaram a ser tios sem as aspas.

■■□■■

Em 1961, Joaquim Martins deu um grande e importante passo para o desenvolvimento do negócio: adquiriu um caminhão Alfa Romeo, numa revenda de Maringá cujo proprietário era conhecido por "seu Maluf".

Disposto a comprar o caminhão, Joaquim chegou na loja e apresentou-se ao homem. Preencheu uma ficha e ficou de voltar no dia seguinte para saber se estava tudo certo. Na saída ele ainda disse:

– Seu Maluf, eu sou cliente assíduo do Antonio Rodrigues, da Importadora São Marcos.

No dia seguinte, assim que entrou no estabelecimento, seu Maluf foi receber Joaquim com um largo sorriso e um abraço, dizendo:

– Olá, Joaquim! Escolha e leve o que quiser na loja! Seu crédito é ilimitado!

Provavelmente, seu Maluf consultou Antonio Rodrigues e recebeu dele as melhores referências.

No mesmo ano, o Brasil passou por turbulento momento político. Depois de cinco anos sob comando de Juscelino Kubitscheck, o país tem novo presidente, o 22º da história do país: Jânio da Silva Quadros, da União Democrática Nacional (UDN), que assumiu em 31 de janeiro, tendo como vice João Goulart, o "Jango", com quem formou a dupla "Jan-Jan".

As primeiras missões de Jânio eram controlar problemas oriundos do governo anterior, como economia desestruturada, inflação e elevação da dívida externa. Mundialmente, todos assistiam ao desenrolar da Guerra Fria entre duas potências, o capitalismo norte-americano e o socialismo soviético.

Apesar do otimismo brasileiro, os primeiros meses de Jânio Quadros na Presidência deixaram a desejar. Politicamente, ele perdeu força com seu grupo e, em especial, com os militares.

Assim, em 25 de agosto de 1961, quase sete meses depois de assumir, Jânio entregou uma carta ao Congresso Nacional, renunciando sob alegação de que tomava tal atitude por "forças terríveis" ou "forças ocultas". Uma carta concluída da seguinte forma:

"Encerro, assim, com o pensamento voltado para a nossa gente, para os estudantes, para os operários, para a grande família do Brasil, esta página da minha vida e da vida nacional. A mim não falta a coragem da renúncia. Retorno agora ao meu trabalho de advogado e professor. Trabalharemos todos. Há muitas formas de servir nossa pátria."

Com a renúncia, o vice, João Goulart, assumiu a Presidência. Mas com Jango as conturbações políticas continuaram.

## Mais um para o time

O convite havia sido feito e aceito! Adelaide recebe então em Icaraíma o irmão Luis Gonzaga Lopes Fernandes. Era mais um membro da família convidado por Joaquim para trabalhar com ele no Brasil.

Aliás, Joaquim cumpriu uma promessa feita aos sogros, Maria de Lourdes Lopes e José Fernandes Junior, quando foi se despedir deles seis anos antes. Maria de Lourdes fez a ele um pedido:

– Joaquim, fique bem de vida logo e chame nosso Luis para trabalhar contigo no Brasil.

O pequeno Luis, de 13 anos, ficou a imaginar como seria um dia sair de Portugal.

E assim foi realmente feito, embora na chegada do cunhado, cinco anos mais novo, houve um desencontro. Joaquim se comprometeu a ir buscá-lo no porto de Santos. Mas quando ainda estava nas estradas do Paraná, Joaquim ficou com o carro atolado, em razão de forte chuva, e levou dois dias até conseguir se desvencilhar.

Assim que desembarcou, Luis ficou à procura de Joaquim. E não tinha como ao menos entrar em contato. Por sorte, familiares de outros jovens portugueses que tinham viajado com ele se propuseram a deixá-lo na rodoviária em São Paulo, onde poderia colher informações de como chegar a Icaraíma.

Luis então conseguiu orientação e comprou passagem para Maringá, ouvindo do atendente:

– De lá você só consegue chegar em Icaraíma de ônibus e a estrada é de terra.

Aliás, era nessa mesma estrada que Joaquim estava com o carro atolado.

Luis chegou em Maringá e comprou a passagem de ônibus, chegando depois ao novo lar. Ele caminhou do ponto de ônibus até a casa de Adelaide e Joaquim, tendo um emocionado reencontro com a irmã.

Enquanto isso, Joaquim conseguiu resolver o problema do carro e foi para o porto de Santos. Lá chegando, não encontrou com o cunhado. Desolado, retornou para Icaraíma, preocupado com o paradeiro de Luis. E qual não foi sua surpresa ao chegar em casa e encontrar Luis ajudando no balcão da loja. Ali Luis se manteve por algum tempo até ser deslocado por Joaquim para gerenciar a filial de Maria Helena, onde ficou por dez anos.

Costumeiramente, Joaquim enchia a caminhonete de mercadorias, para levar até Maria Helena. Mas, vendedor como ele só, ia parando e oferecendo os produtos pelo caminho; vendia tudo ou boa parte nos botecos da beira da estrada. E quando chegava em Maria Helena, Luis, admirador da tarimba do cunhado no comércio, brincava:

– Ô Joaquim, tu só não vendes a mãe porque a dona Maria da Natividade está em Portugal!... – e ambos riam da piada...

Tempos depois, além de Luis, dois irmãos dele e de Adelaide, Abilio e Jorge, vieram trabalhar com Joaquim. Amigos e primos de Joaquim, como Luiz Cachopo e Antonio Perpétuo, também migraram para o Brasil. Joaquim arrumou emprego para todos eles! Até mesmo alguns que já moravam no Brasil foram acolhidos por ele.

## "Pai do fiado"

Demorou um pouco até que Joaquim tivesse segurança em deixar o balcão do varejo para ir em busca de novos clientes no atacado. Outro ponto importante: para ampliar o leque de fregueses, como se dizia à época, era preciso ter muitas mercadorias estocadas.

Foi por isso que Joaquim passou a comprar ainda mais e a fazer pedidos de carretas fechadas de certos produtos. Paralelamente, José passou a atuar mais no balcão, e saiu-se muito bem.

Quando Joaquim avaliou que o balcão estava bem organizado, com uma freguesia fiel, passou a visitar e a vender para outros comerciantes. Naquela altura, ele já estava bastante estocado e com o nome da casa bem conhecido.

A vida de Joaquim passou a se dividir entre as estradas: para Jussara, Maringá e São Paulo, onde fazia compras, nos acessos às cidades vizinhas, para fazer as vendas, e também em Icaraíma, onde administrava o negócio. Quando estava em Icaraíma, Joaquim também atendia os vendedores, como Atílio Mota, da Comercial Catarinense, que sempre dizia:

– Joaquim, o meu gerente e seu amigo, o seu Alfredo Dalla Costa, lhe mandou um grande abraço e disse para que eu o atenda em tudo o que você precisar.

Havia uma regra que os vendedores viajantes já conheciam: Joaquim só os atendia depois de fechar a loja ou de se despedir do último cliente. E cumpria o prometido mesmo que muitas das vezes tivesse que estar com os vendedores até a madrugada; independentemente disso, no outro dia, às 7 horas, lá estava ele abrindo a loja.

Quanto mais Joaquim vendia, mais comprava! As vendas realmente cresciam muito, então ele começou a repassar aos clientes aquilo que era o seu maior patrimônio: crédito. Era o que se chamava de "venda fiada", para pagar posteriormente. Na verdade, ele comprava e vendia fiado! Joaquim até chegou a ficar conhecido como o "pai do fiado". Bastava ele bater o olho que já sabia se a pessoa era ou não confiável. Mesmo assim, vez por outra o comerciante se enganava e levava um calote, mas nada que abalasse a estrutura da Casas Martins.

A notícia se espalhou, e os clientes do Alto do Café, Vila Alta (que veio a ser Alto Paraíso), Vila Rica, Santa Elisa, entre outros locais, iam até Icaraíma ou eram visitados por Joaquim.

Mas, claro, Joaquim vendia acrescendo algum lucro e num prazo pelo menos dez dias menor do que teria para pagar ao fornecedor, para ter tempo de receber e quitar a fatura.

O negócio prosperou tanto que Joaquim comprou um jipe e contratou seu primeiro vendedor externo, de nome José Lourenço. O rapaz, filho de um amigo de Joaquim, primeiro estagiou no balcão da loja, onde demonstrou ter habilidade para as vendas. Depois passou a visitar os clientes com Joaquim, para pegar o traquejo das vendas externas; e foi bem novamente. Sentindo que ele estava preparado, Joaquim "soltou" o rapaz com os talões de pedidos por algumas cidades do Mato Grosso!

E foi numa dessas andanças de Joaquim com José Lourenço que ele conheceu Naviraí. Era um município novo, onde faltava tudo! Não havia mercadorias para comprar na cidade. Joaquim passou então a lotar a caminhonete de produtos e a vender em Naviraí, ou mesmo carregar mercadorias do campo para oferecer na cidade. Entre elas, as peles de animais silvestres, como lagarto, raposa, onça, lobo e jacaré, para vender a uma empresa do sul do país. Na época, a comercialização dessas peles era permitida.

O acesso era difícil, pois precisava cruzar o Rio Paraná, de Porto Camargo para Porto Caiuá. Não havia balsa ou barco. Joaquim então pedia emprestada a lancha do amigo Antonio Nocera, dono da Fazenda Caiuá, e colocava a caminhonete lotada na embarcação, que ficava com uma das rodas de trás para fora. Ele então saía da lancha, descarregava a mercadoria, carregava outros produtos e ia vender em Naviraí, terra na qual, além de Joaquim, quase ninguém transitava. As estradas eram péssimas e havia várias pinguelas, tipo de ponte improvisada com toras, sobre os vários pequenos rios e por onde percorriam os caminhões madeireiros.

Nesse período, Icaraíma foi emancipada de Cruzeiro do Oeste e se tornou município. O primeiro prefeito, interino, foi Natal Manosso, um maquinista do trator D-8, que trabalhava na Companhia Cobrinco. O político assumiu o compromisso de abrir estradas nas redondezas de Icaraíma e, assim, ficava mais fácil vender e entregar em Naviraí.

A abertura de estradas contribuiu com as madeireiras, no transporte das toras de madeira.

## Maturidade para empreender

Pode parecer estranho que um jovem de vinte e poucos anos, já dono de algumas lojas e assumindo tantas responsabilidades, fossem elas profissionais, como pagar volumosas compras, ou pessoais, como as do casamento, conquistasse a confiança das pessoas.

Alguns questionavam Joaquim, perguntando:

– Como você consegue ganhar crédito de empresas tão importantes? Por que eles acreditam em você?

E Joaquim era firme na resposta:

– É porque eu sempre andei na linha! Eu pratico aquilo que meu pai me ensinou e o que ele me pediu antes de eu partir de Portugal: "Faça tudo certinho, seja correto e não me envergonhe a cara".

Ele ainda relacionava pessoas importantes na sua trajetória:

– Também sigo os ensinamentos e a seriedade que aprendi com as pessoas e os grandes comerciantes com quem convivi, como o senhor Ezequiel Lopes Ribeiro, de Portugal, e com o senhor Firmino Dias Capela, da empresa Casas Dias. Ainda nunca me esqueço das recomendações e dos ensinamentos do senhor Alfredo Baltazar, manejeiro da ceifa, e do professor Antonio da Silva Dario, de que "O soldado tem que andar na linha".

Joaquim se orgulhava também da fidelidade e gratidão ao amigo Alfredo Dalla Costa, gerente da Comercial Catarinense, que tanto lhe ajudou e confiou no seu potencial no início da carreira solo.

Por vezes, o gerente da Companhia Cobrinco, Aigo Hudson Piles, ia até Icaraíma oferecer terras para Joaquim comprar. As condições eram muito interessantes, mas ele respondia:

– Aigo, eu até gostaria de comprar propriedades, mas não posso fazer isso. O dinheiro não é meu, mas dos fornecedores. Preciso cumprir os compromissos e pagar as mercadorias nos vencimentos das faturas.

O gerente até tentava demovê-lo da ideia:

– Joaquim, outros conterrâneos portugueses optam por garantir um bom patrimônio imobiliário e comprar as terras...

Mas Joaquim mantinha seu posicionamento:

– Entendo perfeitamente, Aigo, mas não me deixarei desvirtuar daquilo que acredito ser o correto. Minha consciência não me deixa agir de outra forma. É o legado que trago do meu pai, um homem pobre, mas cumpridor da palavra. Administrava a família com dificuldades, mas, por ser muito correto, era querido por credores e pessoas que o rodeavam.

Mesmo sem ainda investir em terrenos, Joaquim tirava bom proveito comercial das vendas fracionadas da Cobrinco, em lotes de 5, 10, 20, 50 alqueires. Os compradores, vindos de São Paulo, Minas Gerais e áreas do Nordeste, começavam a chegar a Icaraíma e região com suas famílias e mudanças, onde construíam suas casas, mesmo que precárias, e logo começavam a plantar café e cereais.

E, claro, era preciso comprar alimentos e outros produtos para o lar. Assim, eles logo recebiam a indicação da Casas Martins, abriam ficha de consumo e se tornavam clientes. Era só faltar algum produto em casa que o pai de família batia na porta de Joaquim, que às vezes chegava a levantar de duas a três vezes de madrugada, para atender a clientela:

– Joaquim, meu filho está com fome, preciso de leite e biscoito.

E lá estava Joaquim, pronto a atender e resolver os problemas dos clientes que chegavam de diversos locais do Brasil para viver em Icaraíma...

## Constituir família e o nascimento dos filhos

O casal Adelaide e Joaquim vivia na casa que o comerciante havia construído para acomodá-los depois do matrimônio. Ele jamais teria pedido Adelaide em casamento se não pudesse lhe oferecer a segurança da casa própria. A residência ficava ao lado do armazém alugado e cuja propriedade também foi adquirida tempos depois por Joaquim. Adelaide costumava ajudar na loja, principalmente na separação das mercadorias que seriam enviadas aos clientes.

Mas, como era natural da época, Adelaide logo engravidou. Joaquim foi almoçar em casa, quando ela contou a novidade:

— Joaquim... Tenho me sentido diferente nos últimos dias, com enjoos. Não sabia bem o que era até hoje pela manhã. Comentei com a nossa vizinha, a dona Joana, parteira, que disse: "É enjoo de gravidez!". Nossa família vai aumentar. Estou grávida!

Por alguns segundos Joaquim ficou imóvel! De tão feliz com a notícia que recebera, mal conseguiu esboçar reação. Aos poucos, foi voltando para a realidade, e disse:

— Querida Adelaide, nossa criança é uma prova de que somos muito felizes no nosso casamento, com a nossa família!

Meses depois, em 10 de março de 1962, o casal jantava em casa quando Adelaide começou a sentir dores. Joaquim saiu às pressas e foi chamar a parteira, esposa de Pedro Teixeira Bastos, dono do posto de gasolina em Icaraíma. Joaquim assistiu ao parto que trouxe ao mundo Maria Goretti Fernandes Martins Morgado, para alegrar a casa dos Martins. Goretti ganhou "Morgado" no sobrenome, alcunha ou nome de família do pai de Joaquim.

O casal idealizava ter cinco filhos. As boas-novas não pararam por aí... Entre cuidar da filha, da casa e trabalhar na loja, Adelaide arrumou tempo para dizer ao marido que mais um bebê estava a caminho: era Maria Verônica Fernandes Martins Perpétuo, nascida em 10 de julho de 1963. Já Verônica tinha "Perpétuo" no sobrenome, alcunha da mãe de Joaquim.

Mas uma fatalidade aconteceu na vida da família Martins. A pequena Verônica foi vitimada por sarampo. Com isso, para grande tristeza do casal, a menina veio a falecer com menos de três meses de vida, em 29 de setembro.

Aquele foi um grande choque para Adelaide e Joaquim. Ele se deixou abater com o ocorrido. Sua saúde ficou abalada em razão da tristeza. Tanto que o próprio médico que o atendia sugeriu:

— Você deveria viajar, desligar-se de tudo isso. Se ficar na mesma rotina, terá sérios problemas emocionais.

Depois de muito pensar, ele conversou com a esposa:

— Adelaide, eu havia prometido para mim mesmo que só depois de completar dez anos de Brasil eu retornaria para visitar a família em Portugal.

Mas, assim como você, eu estou com o coração partido. E acredito que será providencial irmos o quanto antes para Portugal.

O casal ficou de pensar na hipótese. Joaquim estava, além de muito triste, bastante cansado. Durante os nove anos de Brasil, ele nunca havia tirado férias, trabalhava de 12 a 14 horas por dia, sem parar nem mesmo aos sábados, domingos e feriados.

Sentindo-se doente, ele foi procurar outro médico em Umuarama, para se consultar. O doutor brincou:

– Quer trocar os seus "miúdos" comigo? Você está excelente, os órgãos funcionam muito bem! Mas você está esgotado, precisa descansar! – confirmando o diagnóstico do médico anterior.

Logo que voltou, Joaquim falou da conversa que teve com o médico para Adelaide. E decidiram: *"Vamos viajar para Portugal!"*.

Assim, em 1964, nove anos depois de sua chegada ao Brasil, Joaquim comprou as passagens de navio, desta vez numa classe muito melhor do que aquela em que viera em 1955, e programou a viagem da família. O objetivo era ficar por três meses em Portugal.

## A compra da primeira fazenda

Mas havia algo que o incomodava. Ele pensava: *Vou ficar três meses em Portugal. O meu capital e do José está nas mãos dos clientes, pois sou o "rei" de vender fiado. E se eles não pagarem? E se cair o faturamento? Comprei o estoque faturado e ainda preciso acertar com os fornecedores. E se a loja pegar fogo? O que será de mim e da família? Dos meus pais? Dos parentes que trabalham comigo?*

Era uma situação mais catastrófica do que a outra, mas todas possíveis de acontecer. Naquele tempo, as terras eram baratas no Paraná. Vários amigos de Joaquim compraram áreas para pagar em parcelas, mas depois não conseguiram cumprir as mensalidades e até perderam crédito no comércio. E sem dinheiro para investir na terra e abrir as fazendas, ficavam com uma propriedade que nada produzia.

Mas não era o caso dele. Naquela altura, a Casas Martins ia muito bem e ele tinha um bom dinheiro guardado.

Então Joaquim decidiu: *Vou comprar terras! Assim, se perdermos tudo no comércio, ao menos eu e o José recomeçamos com fazendas!*

Decidido, Joaquim conversou com o amigo Aigo Hudson Piles, o gerente da Cobrinco e sobrinho do banqueiro Amador Aguiar, do Bradesco. A empresa vendia terras baratas na região e o rapaz costumeiramente oferecia bons lotes a Joaquim.

O sobrinho de Amador Aguiar, que tinha muitas terras no Paraná, inclusive em Icaraíma, gostava tanto da postura de Joaquim que certo dia levou o tio para conhecê-lo. Amador Aguiar tinha terras para vender em Icaraíma.

O banqueiro era um homem simples e de poucas palavras, mas de olhar penetrante, profundo, e de personalidade forte. Joaquim ficou honrado em conhecê-lo! Assim como o sobrinho, Amador Aguiar apreciou o jeito de ser de Joaquim, tanto que retornou outras duas vezes a sua loja.

Foi justamente por intermediação de Aigo que Joaquim, em 1964, comprou em Icaraíma 166 alqueires de Antonio Gaspar, dando um valor de entrada e financiando o restante em duas parcelas anuais.

Joaquim fez valer e relembrou das palavras do pai: "Se a casa queimar, a terra fica". E Manuel Martins explicava: "Quem se segura à terra, nunca cai. Terra não apodrece. Pode queimar por cima, mas volta de novo".

Preocupado com as finanças, Joaquim deixou tudo organizado e orientou o irmão José, que estaria à frente dos negócios, para que tomasse conta e administrasse tudo enquanto ele estivesse em Portugal. Até o dinheiro das prestações da fazenda ele deixou programado. E fez o alerta:

– Nosso maior patrimônio é o crédito que conquistamos! Jamais podemos perdê-lo! Não deixe em hipótese alguma de pagar as contas em dia!

Quanto ao Brasil, a situação política estava ainda mais conturbada. Os ideais comunistas de Jango desagradaram aos militares.

Em meio ao conflito, Joaquim ouvia rumores de que os estrangeiros seriam extraditados. Ele até reservou dinheiro para comprar uma casa, pensando que talvez algum dia precisasse voltar a viver em Portugal. Mas tudo que foi dito em relação aos estrangeiros não passou de boatos.

Numa ação efetiva, João Goulart foi deposto e os militares tomaram o poder em 1º de abril de 1964, em ação iniciada no dia anterior, 31 de março, e que ficou conhecida como "Golpe Militar", "Revolução de 1964" ou "Contrarrevolução".

De forma interina, como já havia acontecido após a renúncia de Jânio Quadros, Ranieri Mazzilli presidiu o país por 13 dias, até que o marechal Humberto de Alencar Castello Branco fosse oficializado em 15 de abril como o 26º presidente do Brasil.

## Voltar a cruzar o Atlântico

Muito ansioso, Joaquim ficava emocionado por imaginar que em alguns dias estaria novamente com a mãe, o pai e os irmãos, com os sogros e cunhados, com os amigos. Que estaria de volta a Proença-a-Nova, ao seu Galisteu Cimeiro, a sua terra natal e que tanto adorava!

Tudo definido, Joaquim providenciou as passagens e, assim que tinha tudo confirmado, escreveu para os pais, contando a boa novidade e passando o dia da chegada.

Naquela altura, ele estava bem posicionado, com as lojas de Icaraíma, Porto Camargo, Douradina e Maria Helena, além da recém-adquirida Fazenda 3 Meninas. Havia ainda possibilidade de crescer muito.

Joaquim ficou a pensar por alguns instantes, imaginando o que aconteceria se não tivesse saído de Portugal. E foi realista na análise: "Eu jamais teria em Portugal a mesma oportunidade que tive no Brasil. Nunca conseguiria ter uma rede de lojas em Portugal. Eu tomei a decisão certa! Obrigado, meu Deus, por iluminar o meu caminho".

Ele e a família viajaram de navio para Portugal em classe privilegiada. Na embarcação, Joaquim encontrou com um querido amigo, Manuel Martins, dono da Casa Matos, de Umuarama, que também viajava com a família.

E como gosta de registrar tudo em foto, Joaquim não desgrudava da máquina, ansioso por também poder utilizá-la em Portugal, no reencontro com os pais, os irmãos, os amigos e o amado Galisteu Cimeiro. Como realmente aconteceu! Assim que chegou na casa em que viveu e avistou os pais, Joaquim saiu correndo para abraçá-los. Ele, a mãe e o pai choraram muito... Um choro agora de grande alegria pelo reencontro!

## Ajeitar tudo ao seu modo

Durante a viagem, Joaquim aproveitou para acertar a situação econômica e de saúde dos pais. Pagou as dívidas que Manuel tinha no comércio local, algumas antigas; depois, tratou da saúde física e dental dos pais. Deixou tudo em ordem!

E dali em diante os pais não precisaram mais se preocupar com suas sobrevivências, pois, mensalmente, os filhos mandavam um dinheiro para arcar com todas as despesas deles e da casa.

Em sua passagem pala terra natal, Joaquim fez a alegria do povo do Galisteu ao presentear o pai com um rádio. Até então, não havia nenhum aparelho de rádio na aldeia. Assim, não só os Martins, mas também os vizinhos puderam acompanhar as notícias do país e do mundo. Mais adiante, o mesmo se repetiu com o primeiro televisor da região.

Anos depois, o primeiro carro do Galisteu foi igualmente presenteado por Joaquim, que o deu ao cunhado Carlos Cardoso Ferreira, marido da irmã Maria do Rosário, que ficou com a incumbência de levar os sogros à missa aos domingos e, se necessário, para avaliações médicas. Maria do Rosário Fernandes Morgado era a única entre os irmãos que tinha "Morgado" no sobrenome.

Continuar a viver no Galisteu Cimeiro não estava nos planos do casal. Carlos servira ao Exército e fora enviado para Macau e Moçambique. Ele pretendia sair do Galisteu e ir para uma cidade maior, com sua esposa. Mas Joaquim conversou com os dois e fez um acordo, para que Carlos cuidasse das terras da família e tirasse proveito dos lucros, e Maria do Rosário estivesse próxima e atenta aos pais. O casal receberia ainda um valor mensal para ajudar no custeio e estudos dos filhos. Assim, eles continuaram a viver no Galisteu Cimeiro.

Nos contatos que teve com Joaquim, em suas idas a Portugal, Maria do Rosário pôde conhecer a real essência e o tamanho do bom coração do irmão. Até moradia para ela e sua família Joaquim e José ajudaram a construir. Quando Joaquim saiu de casa, ela tinha apenas 9 anos. Portanto, os contatos e convívio entre eles foram pequenos. Mas ela dizia que Joaquim era o irmão que todos gostariam de ter.

A pedido da mãe, antes da chegada de Joaquim a Portugal, Maria do Rosário, ainda solteira, foi passar uns tempos em Lisboa, com a irmã Maria de Lourdes. Ela cozinhava bem, mas foi aprender pratos novos e mais sofisticados com a irmã, salgados e doces, que pretendia preparar para Joaquim e a família. Entre as novidades culinárias, o prato que Joaquim mais apreciava era "jardineira", carne guisada com feijão verde, legumes e batatas.

Maria de Lourdes também foi alvo das "investidas" de Joaquim para que fosse com o marido, que tinha um bom salário, e o filho Paulo morar no Brasil. Mas ela não se imaginava vivendo fora de Portugal.

A vida de Maria de Lourdes estava relativamente estruturada. Morava em Lisboa e o marido era motorista de uma companhia inglesa de autocarros[12] e tinha um bom salário. Maria de Lourdes estava prestes a começar a trabalhar nos Correios e seguir carreira. Em razão de a família viver uma situação segura, Maria de Lourdes temia pela mudança. Mas a segurança e confiança em Joaquim, assim como a possibilidade de um futuro melhor para o filho, pesaram na decisão de se mudarem para o Brasil tempos depois.

Durante a estada de três meses de Joaquim e da família em Portugal, um dos bons companheiros nas viagens que Joaquim fez pelo país foi o irmão Acácio, treze anos mais novo do que ele. Acácio comentava durante as andanças sobre o impacto positivo que as cartas que Joaquim escrevia causavam nos pais.

Também com Acácio, Joaquim puxou assunto sobre a possibilidade de ele ir trabalhar e morar com ele no Brasil. O irmão vibrou com a chance

---

12  Veículos de transporte coletivo de pessoas.

de isso acontecer. Joaquim também. E passaram então a já traçar alguns planos para o futuro.

## Matar saudades de todos

Estar em Portugal era uma grande oportunidade de rever as pessoas queridas e a quem Joaquim era extremamente grato, como a irmã Maria Rita. Com Adelaide e Maria Goretti, ele foi até o Colégio das Irmãs Missionárias de Maria, em Barcelos, ao norte de Portugal, onde vivia Maria Rita, que era freira.

Outro agradável reencontro foi com o ex-patrão, padrinho de casamento e "professor" de comércio Ezequiel Lopes Ribeiro. Joaquim foi visitá-lo, aproveitando para agradecer-lhe por tudo o que aprendeu com ele e por ter-lhe financiado as roupas e outros produtos de uso pessoal que levou para o Brasil.

Durante a conversa com Joaquim, por várias vezes Ezequiel se emocionou, em especial, por constatar o sucesso alcançado pelo pupilo. E Joaquim ficou feliz ao rever também José Emilio Sequeira Ribeiro, filho de Ezequiel e com quem ele gostava de brincar, agora já um rapaz adolescente, bem como seu irmão Jorge.

A partir de então, todas as vezes que Joaquim retornava a Portugal, era obrigatório fazer uma visita a Ezequiel, o qual sempre o recebeu como um filho. Isso se manteve até 1991, quando, infelizmente, Ezequiel veio a falecer.

■■□■■

Nesta estada de Joaquim em Portugal, ficou definido que o irmão de Adelaide, Abilio Lopes Fernandes, na época com 17 anos, viria para o Brasil. Ele queria escapar do Exército e de ser mandado para as colônias portuguesas, como Angola ou Moçambique.

Sair de Portugal era certo, e pelo fato de receber convite de Joaquim, e de ter a irmã Adelaide e o irmão Luis já no Brasil, o rumo ficou definido.

Quando Abilio chegou ao Brasil, o próprio Joaquim foi buscá-lo no porto de Santos. Marcou para ele a imagem de caminhões do Exército nas ruas, quando passavam pela cidade de São Paulo. Era 1964, ano do Golpe de Estado, e os militares passaram a comandar o país.

Assim que chegou em Icaraíma, e depois conheceu as quatro filiais, Abilio se surpreendeu com e estrutura montada por Joaquim. Inicialmente, Abilio começou a trabalhar em Icaraíma e morava na casa de Adelaide e Joaquim. O rapaz deu conta do recado, tanto que depois foi transferido para Porto Caiuá.

A família continuou a crescer

Depois do primeiro retorno, Joaquim idealizou voltar a Portugal a cada dois ou no máximo três anos. Até pela maravilhosa notícia que de lá trouxeram: da gravidez de Adelaide; era mais uma menina, Sara Regina, que nasceu em 1º de abril de 1965.

O nome das filhas foi escolhido pelos pais: por Adelaide, que batizou a primogênita de Maria Goretti, em homenagem à Santa Maria Goretti, nascida em Corinaldo, na Itália, e Verônica, como lembrança da mulher que enxugou o rosto de Jesus Cristo enquanto ele carregava a cruz. A imagem do rosto de Cristo ficou estampada no pano, conhecido como Santo Sudário. Depois, foi a vez de Joaquim, que apreciava a atuação do ex-presidente brasileiro Juscelino Kubitschek, casado com Sarah, que deu origem ao nome da segunda filha.

Em homenagem às três filhas ficou definido o nome da fazenda que Joaquim havia comprado antes de viajar a Portugal. No retorno, ele batizou a terra: "Vai se chamar 3 Meninas!".

A família continuou a aumentar. Adelaide engravidou de mais uma menina, Márcia de Fátima, que nasceu em 3 de maio de 1966. Uma alegria para a família Martins. A criança tinha sérias dificuldades com a alimentação, rejeitava até o leite da mãe; provavelmente, problemas com lactose. Márcia chegou a ser desenganada pelos médicos por três vezes. Até que uma conhecida sugeriu a Adelaide:

– Minha filha tinha problemas semelhantes e melhorou com água de arroz.

Adelaide experimentou e realmente houve uma evolução no caso de Márcia de Fátima.

Em 1966, empolgado pela viagem de Joaquim, foi a vez de José retornar a Portugal para rever a família. Durante a estada na terra natal, José conversou com os pais de Eugênia Fernandes Mouteiro, prima de Adelaide, e acertou tudo: o namoro e o casamento, que ocorreu tempos depois, também por procuração.

Em 1967, novamente Joaquim recebe de Adelaide a notícia de que estava grávida. Joaquim pressentia algo de diferente naquela gravidez... Até que o choro da criança confirmou: era um menino! E só poderia mesmo ter um nome: Joaquim! Nasceu então, em 22 de dezembro, Joaquim Fernandes Martins Filho, que logo ganhou o carinhoso apelido de "Quim".

O menino era esperto. Com 3 anos, Adelaide colocava Quim na cama, cantarolava e pensava que o fazia dormir. O menino fechava os olhos, fingindo que pegara no sono. Bastava a mãe sair do quarto que a criança acordava e, enquanto Joaquim trabalhava no escritório, o pequeno passava agachado e ia até a loja, onde pegava chiclete, bala ou biscoito. O segredo da peraltice durava até o dia seguinte, quando Adelaide entrava no quarto e encontrava o pacote de biscoitos, o papel das balas e até chiclete grudado nos cabelos de Quim.

O garoto também gostava de estar ao lado do pai enquanto ele falava por rádio transmissor com o pessoal que trabalhava nas filiais de Porto Caiuá, Douradina, Maria Helena e Porto Camargo.

Passados alguns anos, novo choro de bebê na casa dos Martins: era de Elis Magna, a caçula e sexta filha do casal Adelaide e Joaquim! A menina nasceu em 13 de maio de 1972.

Desta vez, a homenageada foi a "Pimentinha", como era conhecida a saudosa cantora Elis Regina, pelas declarações "ardidas" que fazia.

Todos os filhos de Joaquim, que assistiu a cada um dos partos, viveram naquela mesma casa. O imóvel foi ganhando mais estrutura com as reformas programadas. Isso explica o amor que Joaquim tinha por aquele imóvel, onde ficou por treze anos, constituiu e aumentou a família. A casa marcou também por ter sido o primeiro imóvel adquirido por Joaquim;

o segundo foi um terreno em Icaraíma, na saída para Porto Camargo, em loteamento feito pela Companhia Cobrinco.

E foi na casa da família que Joaquim e a esposa tiveram uma importante conversa sobre o futuro dos filhos:

– Adelaide, quero que nossos filhos cresçam e entendam a importância de estudar e de ter uma profissão. Se eles irão ou não trabalhar na empresa, isso só o tempo, a vocação e a vontade deles irão decidir!

## Vida familiar e profissional integradas

Por ser colada à loja de Icaraíma, a casa e o trabalho se misturavam. Isso até incomodava Adelaide, que queria que o marido estivesse mais presente com a família.

Sempre depois do jantar, Joaquim voltava para o escritório e lá permanecia tranquilo, programando os negócios e as ações do dia seguinte até tarde da noite ou mesmo madrugada. Ele gostava de desenhar e utilizava régua, lápis e transferidor para projetar novos negócios. Joaquim dormia algumas poucas horas, pulava da cama cedo e às 7 horas já abria a loja.

Os filhos aguardavam com ansiedade a chegada do horário do almoço e também do jantar, quando era certo ter o pai por perto, na mesa de refeições. Ao menos a proximidade trazia uma certeza para a família: a de ter o pai sempre a vista.

Às vezes, as filhas arriscavam dar um pulo no escritório para dizer um "oi" ao pai, ou mesmo brincar no depósito, em cima dos sacos de café. No quintal da residência, Joaquim construiu uma casa de bonecas, toda "equipada" com mesa, cadeira e uma pequena "geladeira", para diversão das filhas e das amigas. Havia também uma piscina, para refrescar a garotada nos dias de calor.

Uma forma de ter o pai 100% por perto era o período das férias, que Joaquim não abria mão de aproveitar. Ele e Adelaide sempre programavam passeios diferentes, geralmente para praias, uma das paixões de Joaquim.

As crianças aproveitavam para curtir o pai, que até se arriscava a ser mais brincalhão por estar longe do trabalho e perto do mar.

Tudo era bem planejado e a família viajava no carro de Joaquim, que sempre gostou de veículos grandes, como Dodge Dart, Landau, perua Veraneio... Joaquim dirigia durante todo o trajeto e colocava no carro sempre a mesma fita, do cantor Carlos Gardel, que uns afirmavam ter nascido na França, outros no Uruguai... Mas Gardel assim se definia: "Nasci em Buenos Aires, aos dois anos e meio de idade".

E Joaquim cantarolava pela viagem as músicas de Gardel, entre elas, "Por una cabeza": "*Por una cabeza, de un noble potrillo / Que justo en la raya, afloja al llegar / Y que al regresar, parece decir / No olvides, hermano / Vos sabes, no hay que jugar...*" e "El día que me quieras": "*Acaricia mi sueño / El suave murmullo de tu suspirar / Como rie la vida / Ssi tus ojos negros me quieren mirar / Y si es mío el amparo / Dde tu risa leve / Que es como un cantar / Ella quieta mi herida / Todo, todo se olvida*".

Quando a viagem acontecia de Landau, era uma briga da criançada pela disputa do único lugar que sobrava no banco da frente, entre o pai e a mãe. No banco de trás, ficavam os outros quatro filhos. Mas era ali que eles mais se divertiam, pois Joaquim brincava de colocar a mão para trás e pegar a mão de um dos filhos, para depois acertar: "Esta mão é da Márcia!...", "Esta mão é da Goretti!", "Esta mão é da Sara!", "Esta mão é da Magui!", "Esta mão é do Quim!". E a garotada vibrava quando ele acertava, e vaiava a cada erro.

Estar num clima de praia revigorava Joaquim, que alugava uma casa ou ficava em hotéis, onde se mantinha com Adelaide e os filhos por trinta dias. Cada temporada era num lugar diferente: nas praias do Paraná, do Rio Grande do Sul, do Espírito Santo, de São Paulo, do Rio de Janeiro. Até que ele decidiu comprar um apartamento em Balneário Caiobá, no litoral paranaense.

Outro momento especial para a família era quando as filhas, e depois também com o pequeno Quim, iam com o pai visitar as fazendas. Detalhista que é, Joaquim gostava de explicar como tudo funcionava; além disso, a garotada adorava circular pelo gado e outros animais que havia nas terras.

A sustentação do lar era dada pela matriarca Adelaide, mãe e esposa dedicada, mulher trabalhadeira e muito acolhedora, tanto da família quanto dos amigos. A família era grande e a casa vivia sempre cheia de gente, frequentada pelos amigos dos filhos e também por parentes e amigos do casal. Os irmãos solteiros de Adelaide moravam em quartos localizados atrás do armazém, mas faziam as refeições na casa de Joaquim.

Nas comemorações natalinas, Joaquim tinha por hábito montar uma árvore de Natal e um presépio na vitrine da loja de Icaraíma, atividade que, para alegria das filhas, ficava praticamente por conta delas.

As festas de Natal e final de ano eram muito comemoradas pela família Martins. Inicialmente, Joaquim com os irmãos, cunhados e respectivos familiares passavam todos juntos. Anos depois, criou-se o hábito de cada família passar a ceia da véspera nas respectivas casas e de todos se reunirem para o almoço de Natal numa chácara adquirida por Joaquim nas imediações de Umuarama, cujo nome dado foi Recanto do Moinho.

## Ampliar o leque de fornecedores

Com o aumento dos volumes de compras da Casas Martins, a partir de meados da década de 1960, Joaquim teve obrigatoriamente que ampliar a gama de fornecedores. Alfredo Dalla Costa, da Comercial Catarinense, continuava a ser seu principal conselheiro, mas outros ganharam espaço e também a amizade de Joaquim, como Antonio Lourenço Rodrigues, um dos proprietários da Importadora São Marcos, com sede em São Paulo e filial em Maringá, além do gerente João Marques, e de Antonio Cordas, gerente da filial de Maringá da empresa J. Alves Veríssimo.

Como a quantidade de compra era muito grande, além de ser excelente pagador, os atacadistas disputavam os pedidos da empresa de Joaquim com propostas interessantes de melhores descontos e de prazos de faturamento mais longos.

Mas não era só de mercadorias que Joaquim necessitava; ele também precisava de boa mão de obra. Joaquim sabia que muita gente em Portugal gostaria, assim como ele pensara anos atrás, de vir para o Brasil. Então ele convidou mais patrícios para trabalhar com ele na sua ainda pequena, mas produtiva rede de lojas.

Irmãos, primos, tios, amigos, cunhados. Joaquim enviava as cartas e dizia: "Se quiseres viver no Brasil e ter emprego garantido, venha trabalhar comigo". Joaquim queria dar o melhor dele pela família, ou seja, aquilo que ele havia construído.

## O fornecedor e amigo Antonio Lourenço Rodrigues

Um quase vizinho de aldeia, nascido no Pergulho... Mais um português que havia trocado a terra natal pelo sonho de ter uma vida digna no Brasil!

Apesar da vizinhança, Joaquim e Antonio Lourenço Rodrigues não chegaram a se conhecer perto de suas aldeias. Antonio estudou em colégio de padres e era aluno interno, o que não lhe permitia estar sempre na aldeia.

Mas logo, o destino deles se cruzou! Antonio Rodrigues veio para o Brasil quatro anos antes de Joaquim Martins, em 1951, com 18 anos.

Assim que chegou, empregou-se na empresa Dias Martins S/A, do ramo atacadista de cereais. Foi nesse período que conheceu Joaquim, que ainda trabalhava com Alvaro Lopes, então cliente da Dias Martins. Ali Antonio Rodrigues se manteve por dez anos, até que junto a outros cinco amigos, entre eles, um dos sócios da Dias Martins, João Martins, montou em 1960 a Importadora São Marcos.

Quando Joaquim foi trabalhar com Firmino Dias Capela, os contatos ficaram mais constantes. Joaquim passou a comprar inicialmente da Dias Martins e depois da Importadora São Marcos, sendo atendido por Antonio Lourenço Rodrigues. O fornecedor admirava a ousadia de Joaquim nas compras e sua rigidez em relação ao pagamento das duplicatas, sempre feitas rigorosamente nos respectivos vencimentos.

A ousadia nas compras ficou ainda maior a partir do momento em que Joaquim assumiu para si a loja de Icaraíma. Antonio Rodrigues assim definia o negociador Joaquim Fernandes Martins:

– Um homem doce para se lidar, compreensivo, respeitador, probo. O Joaquim costuma dizer que "estamos neste ramo para ganhar dinheiro e quem souber dirigir bem seu negócio, se sai melhor".

Uma das bases da São Marcos, cuja matriz estava em São Paulo, era Maringá, onde ficava Antonio Rodrigues. Sempre que Joaquim passava pela São Marcos e por Maringá, era certo que eles se encontrassem para almoçar, jantar, conversar e fazer bons negócios. As compras lotavam de três a quatro caminhões! Joaquim tinha crédito ilimitado na Importadora São Marcos!

Por um bom tempo, Antonio Rodrigues alojou Joaquim em sua casa em Maringá. Antonio era casado com Maria do Rosário Alves Rodrigues e tinha três filhos; Joaquim adorava brincar com as crianças.

Depois que Joaquim se casou, as esposas deles também se tornaram boas amigas. Maria do Rosário, esposa de Antonio, por ser mais experiente, costumava passar algumas orientações para a mulher de Joaquim, Adelaide, sobre a criação e os cuidados com os filhos. Também Antonio Rodrigues assumiu o papel de confidente de Joaquim. O homem, que quase foi padre, era um bom ouvinte, estudado e bem preparado sobre conceitos de vida. Tanto que, ao aconselhar Joaquim, ele sempre tinha uma história para contar e melhor contextualizar o que queria dizer.

Anos depois, Antonio Rodrigues fixou-se em São Paulo e, com o crescimento dos negócios, Joaquim passou a comprar diretamente das indústrias como Lacta, Unilever, Nestlé, Gessy Lever, entre outras. Os negócios ficaram mais escassos, mas a amizade continuou forte.

## Integrar a comunidade

Em meados de 1960, Joaquim Fernandes Martins passou a participar mais ativamente da comunidade de Icaraíma, assim como das ações sociais, algo que ele nunca mais abandonou por onde passou.

Ele foi um dos moradores do município que ajudou a construir as igrejas de Icaraíma, Santa Elisa, Vila Alta e Vila Rica na época em que era tesoureiro paroquial e participava também ativamente das organizações das festas locais. O primeiro pároco de Icaraíma, André Gutreau, que veio a falecer em 2019, era francês e amigo pessoal de Joaquim.

Em 1964, Joaquim participou da construção da sede do Centro Português de Maringá, onde a comunidade começou a se reunir para práticas esportivas, de lazer e socioculturais. O mesmo voltou a ocorrer mais de uma década depois, com a criação do Clube Recreativo Português de Umuarama, o Crepu, além do Parque de Exposições de Umuarama, onde passaram a acontecer as exposições de pecuária, entre outras.

## Expansão da empresa

Quando a loja de Icaraíma estava bem organizada e produtiva, Joaquim Martins planejou o formato de crescimento dos negócios. O empresário pretendia a cada ano abrir uma filial ou mesmo comprar uma fazenda. Foi mais ou menos assim que aconteceu, e os negócios prosperaram.

Ele então fez jus à razão social da empresa, Casas Martins, no plural. Os pescadores do Rio Paraná, que aportavam no Porto Camargo, não tinham onde comprar mercadorias e mantimentos, e percorriam 18 quilômetros até a loja de Joaquim em Icaraíma. O pessoal então fez um abaixo assinado, para que Joaquim abrisse uma loja no local; ele topou o desafio e, em 1959, inaugurou a filial de Porto Camargo, no Paraná.

Três anos depois, já em 1962, nova investida, agora em Douradina. O projeto de expansão seguiu com as filiais de Maria Helena, no Paraná, em maio de 1963, e de Porto Caiuá, distrito de Naviraí e localizado no então Mato Grosso (com a divisão do estado, em 1977, veio a se tornar Mato Grosso do Sul), inaugurada em julho de 1968. Assim, Joaquim totalizava cinco lojas, sendo a matriz de Icaraíma e quatro filiais.

Era uma firma respeitada, que vendia no varejo e no atacado. Ao todo, a partir de 1968, a empresa tinha vinte vendedores externos e motorizados, que percorriam uma região do Paraná e outra do Mato Grosso do Sul!

# A chegada da irmã e família

Em 13 de maio de 1965, um ano depois da estada de Joaquim em Portugal, a irmã Maria de Lourdes, o cunhado Adelino Farinha e o filho Paulo Nuno Fernandes Farinha, de apenas 3 anos, desembarcaram no Brasil.

Como era costume, Joaquim foi buscá-los no porto de Santos, onde almoçaram. De lá, seguiram viagem para Ourinhos, onde pernoitaram, e rumaram para Icaraíma.

Ao deparar com a imagem local do município, Maria de Lourdes entrou em desespero. Ali só havia casas de madeira, a água era de poço... Tudo muito rústico. Muito diferente das condições em que ela vivia na capital portuguesa, Lisboa.

Na tentativa de animar Maria de Lourdes, Adelaide a levava para passear pelas redondezas. Quanto mais ela via e conhecia, mais se desesperava...

Apesar das dificuldades, Maria de Lourdes estava firme e dizia ao marido:

– Temos um propósito e vamos permanecer no Brasil!

Inicialmente, Maria de Lourdes morou na casa de Joaquim, cuidando do filho e ajudando Adelaide com as sobrinhas e o sobrinho, e nos afazeres domésticos. Mas depois de uns seis meses, ela começou a trabalhar no caixa do armazém, onde Adelino iniciara as atividades logo na chegada. Eles se mantiveram em Icaraíma até 1968, quando Adelino se tornou gerente da loja de Douradina.

Mensalmente, os gerentes das unidades se reuniam em Icaraíma. Maria de Lourdes por vezes acompanhava Adelino, para poder rever o irmão. O modo de Joaquim comandar os negócios encantava Maria de Lourdes. Até o pequeno Paulo, agora com 6 anos e que também acompanhava os pais, notava como o tio era dinâmico e preparado para os negócios. Era um Joaquim completamente diferente daquele de Portugal. O Joaquim empresário era seguro de si, tinha as asas bem abertas e estava pronto para alçar altos voos! Ele sempre dizia para a irmã:

– Vamos abrir mais lojas!

Era hábito também Joaquim visitar as filiais. E sempre que ele ia a Douradina, olhava e falava de tudo: elogiava o que estava certo e pedia para corrigir o que poderia ser melhorado.

Mas a sua grande recomendação era:

– Os clientes não podem entrar na loja sem serem reconhecidos. Você precisa saber algo sobre eles. Clientes na loja precisam se sentir em casa.

## Importante passo da contabilidade interna

– *Como acabou de se formar técnico em Contabilidade, você não quer trabalhar comigo?*

Estávamos ainda em 1965. O jovem Jurandir Andrade Vilela, de 22 anos e natural de Caiapônia, Goiás, mas morador de Araçatuba, em São Paulo, aceitou a proposta.

O que ele fazia em Icaraíma? Jurandir era de uma família de fazendeiros e pecuaristas, e passava férias na casa de Epitácio Ribeiro, amigo dos pais dele. O objetivo era o de retornar para casa, pois pretendia estudar Direito.

Mas num encontro com Epitácio, no qual Jurandir também estava, Joaquim soube que o rapaz era formado em Contabilidade. Como os lançamentos da empresa eram feitos externamente, por Geraldo Portioli, Joaquim, contratou Jurandir.

Ainda inexperiente, Jurandir estagiou em dois escritórios, inicialmente com Portioli, e depois numa empresa de contabilidade em Maringá, assumindo na sequência a função na empresa de Joaquim.

Assim que começou a trabalhar, Joaquim conversou com Jurandir, dizendo a ele sobre a importância de fazer as atividades com atenção, em especial, na área em que ele atuava. Joaquim sempre gostou de tudo certinho, de que as contas batessem até nos centavos.

Aos poucos, Jurandir foi conquistando a confiança de Joaquim e dos outros sócios, chegando a se tornar um deles, e encampou as áreas de contas a pagar e receber, e a contabilidade.

Um fato curioso aconteceu por volta de 1968.

Como Joaquim sempre foi arrojado nas compras, diariamente chegavam caminhões e mais caminhões de mercadorias. Eram cargas fechadas de botinas, rádios, charque, arroz, feijão e muitos outros mantimentos e produtos.

Até que certo dia chegou uma entrega de vinho. O caminhão foi descarregar a mercadoria e o vinho, que estava a granel, deveria ser embalado em garrafas. Mas havia falta de vasilhames. Impaciente, o motorista começou a pressionar e a dizer:

– Se vocês não arrumarem os vasilhames e descarregarem, eu vou embora!

Diante da pressão do motorista, Jurandir foi falar com Joaquim. Da conversa entre eles, veio a solução, à qual Jurandir passou para o piloto da carga:

– Rapaz, não temos como arrumar os vidros, mas tenho uma proposta para lhe fazer: quanto você quer nesse seu caminhão F-8? – o rapaz ficou mudo, e Jurandir continuou: – Vamos lá! Quanto você quer pelo veículo?

Ainda surpreso com o que acabara de ouvir, o rapaz deu o preço, que foi aceito e pago pelo negociador Jurandir.

Praticidade nos negócios é uma das marcas de Joaquim Fernandes Martins!

■■□■■

Em 1965, Joaquim sentiu necessidade de estar oficializado como integrante da sociedade brasileira. Ele era um empresário bem-sucedido e com alguns imóveis registrados. Precisava mesmo estar com a situação perante o país e o fisco regulamentada; uma fixação ao país com Direito de Igualdade.

Foi então iniciado judicialmente o processo, concluído com sucesso:

"Sempre estive integrado aos ambientes e com as pessoas que convivi. Nunca me senti estrangeiro. Agora tenho o Direito de Igualdade. Sou português com direito de votar e de ser votado!" – comemorou Joaquim.

Em relação a Adelaide, percorreu outro caminho. Como o Direito de Igualdade mostrava-se mais burocrático para ela, optou-se então pela Naturalização!

## Negócios, sueca e amizade

Levou um tempo, mas João Fernandes Dias conseguiu vender uma carga de cerveja Caracu para Joaquim. João foi muito festejado na empresa em que trabalhava, porque conseguira "furar o bloqueio" da concorrência e conquistar Joaquim como cliente.

Nascido também em Portugal, João só veio a conhecer Joaquim já estabelecido no Brasil, em Icaraíma. Mas logo eles se tornaram bons amigos e costumavam se reunir com mais dois conhecidos na casa de Joaquim, para jogar sueca, praticado com cartas e em duplas. A sueca é bastante popular em Portugal, Angola e Brasil, e dos 120 pontos em disputa, ganha quem fizer mais de 60. E a diversão maior acontecia se a vitória se dava por bandeira, ou seja, quando uma dupla vence sem que a outra faça um ponto sequer.

Nas conversas entre Joaquim e João, a emoção tocava ambos, principalmente quando relembravam dos tempos da ceifa e que percorriam a pé por mais 110 quilômetros, trabalhavam de sol a sol e dormiam no campo.

Com os olhos marejados, João chegou a dizer a Joaquim:

– Teve um ano que eu só consegui trocar de roupar por três vezes durante os quarenta dias de ceifa. Fazíamos as compras de mercadorias no comércio de Proença-a-Nova, para pagar só depois que viéssemos da ceifa.

Anos depois, eles passaram a se encontrar também em Portugal, e as relembranças ficavam ainda mais vivas.

Desde os tempos de Icaraíma, quando Joaquim demonstrava ser bastante dinâmico, árduo trabalhador, sem hora para encerrar o expediente, João já admirava a capacidade e a inteligência do amigo para o comércio e na administração e visão dos negócios.

Até que certa vez João perguntou ao já bem-sucedido empresário:

– Se um dia você perdesse tudo o que conquistou, o que faria?

Joaquim respondeu com tranquilidade:

– Eu começaria de novo e com certeza reconquistaria tudo o que perdi e ainda mais! – demonstrando autoconfiança, mais uma característica que João admirava nele.

## Outro amigo e conterrâneo

– Ô Izaías!... Somos de Proença-a-Nova e de aldeias vizinhas, e só viemos a nos conhecer no Brasil...

Isso realmente era comum de acontecer, Embora as aldeias deles pertencessem a Proença-a-Nova, pela falta de estradas a locomoção era complexa, feita a pé ou em animais e de carroça. Isso dificultava o encontro das pessoas, que apenas se viam aos domingos na missa. Mesmo assim, Joaquim e Izaías Pereira Dias nunca haviam conversado ou se encontrado.

Outra coincidência: ambos vieram para o Brasil em 1955, embora Izaías tenha recebido a Carta de Trabalho ou Carta de Chamada para se empregar na Dias Martins S.A.. Em 1962, depois de seis anos, Izaías mudou de empresa, indo para a Importadora São Marcos, para ser subgerente de Maringá. Ali ele conheceu Joaquim.

Sempre que Joaquim ia fazer as compras, quem o atendia era Izaías. Joaquim costumava chegar na parte da tarde. Os dois andavam pelo armazém, Joaquim olhava e escolhia as mercadorias, eles fechavam os pedidos e depois iam jantar, onde as conversas eram sempre agradáveis.

O tempo de convívio não foi longo. Izaías trabalhou em Maringá por três anos, mas aprendeu a admirar Joaquim, considerado excelente cliente, não só pela quantidade que comprava, mas também pela pontualidade com que pagava.

Mesmo tão jovem, Joaquim já tinha uma rede de lojas. Tanto que Izaías criou uma frase que expressava bem o estilo do amigo:

– Joaquim, as suas marcas são a inteligência e o trabalho. Com você as coisas acontecem na proporção de cinco por cento de sorte e noventa e cinco por cento de trabalho inteligente! Anos depois, Izaías passou a ser um dos acionistas da empresa Moinhos Anaconda, indústria de farinha de trigo, da qual Joaquim se tornou um bom cliente. Izaías trabalhou na unidade da empresa em Curitiba e depois na de São Paulo, para onde se mudou e trabalhou até fim de 1980. Sempre que possível, Joaquim e Izaías se encontravam e almoçavam em São Paulo. E ainda fizeram muitas viagens juntos, inclusive com as esposas. Algumas dessas viagens aconteceram em congressos de pecuária e Izaías se impressionava pela dedicação de Joaquim ao acompanhar as palestras e atividades dos eventos.

Em várias oportunidades, eles também foram visitar o modelo de comércio de outros países. E quanto mais Joaquim conhecia, mais pensava consigo mesmo e comentava com o amigo:

– Cheguei à conclusão de que comerciante do Brasil pode trabalhar e ter sucesso em qualquer parte do mundo!

## Rever o primo

– Que alegria te encontrar, Alfredo! Saudades dos nossos tempos de Portugal... Do teu pai, o tio Carlos...

O encontro entre os primos Joaquim e Alfredo Martins aconteceu em Porto Alegre, no Rio Grande do Sul. Os pais deles são irmãos e, quando Joaquim soube que Alfredo estava no Brasil, fez questão de visitá-lo.

Em 1957, dois anos depois da vinda de Joaquim para o Brasil, Alfredo seguiu o mesmo rumo. Durante as conversas, eles relembraram dos tempos de Portugal: da vida apertada, da ceifa no campo no Alentejo, do trabalho de sol a sol, do pouco ganho financeiro... Das boas lembranças das missas e dos bailes aos domingos no final da tarde.

Naquela época, Alfredo trabalhava numa fábrica de pêssegos enlatados da empresa J. Alves Veríssimo, do empresário português João Alves Veríssimo. Ali ele fez carreira até se aposentar, tendo trabalhado em Porto Alegre, Goiânia e São Paulo, antes de ir viver no Paraná.

Emocionado pelo reencontro, Joaquim disse a Alfredo:

– O que nos liga é a relação de sangue.

## Acolher o irmão e os pais

Em março de 1968, desembarcam no Brasil Maria da Natividade, Manuel e Acácio, o caçula da família Martins, que chegava para reforçar o time profissional de Joaquim. Maria da Natividade e Manuel ficaram encantados ao ver as conquistas e o sucesso do filho.

As despesas das viagens dos pais e do irmão foram todas custeadas por Joaquim, que disse na carta que escreveu para Acácio: "Venha de peito aberto para o Brasil. Você terá sucesso por aqui. Preciso de você na empresa!". O avião que trouxe os três carregou também, pela primeira vez na história, a imagem de Nossa Senhora de Fátima, para "visitar" o Brasil.

A vinda de Acácio aconteceu estrategicamente naquele momento. A explicação justifica também a vinda dos pais com ele. O rapaz, com 17 anos, tentou conseguir autorização para trabalhar no Brasil, com a Carta de Chamada de Joaquim. Ao apresentar o documento na Câmara de Lisboa, como iria completar 18 anos e estava no período de se alistar e de servir ao Exército, ele não conseguiu autorização. A alegação foi: "Você está prestes a ingressar no Exército!". Caso isso acontecesse, Acácio teria que servir nas colônias portuguesas, que viviam em clima de guerra.

A brecha encontrada na legislação aconteceu quando Joaquim visitou os pais em 1967 e conversou com o professor Antonio da Silva Dario, pedindo a ele que seu filho Antonio, que trabalhava na Câmara Municipal de Proença-a-Nova, pudesse interceder.

Inicialmente, Dario descartou a possibilidade. Mas depois de refletir e de consultar o filho, compartilhou o que fora conversado com o ex-aluno:

– Joaquim, se vocês alegarem que seus pais precisam ir para o Brasil, que, além da Maria do Rosário, todos os outros filhos moram fora e que, portanto, o Acácio, por ser o filho mais novo e menor de idade, precisa acompanhá-los, seu irmão escapa do Exército.

Não era à toa que Joaquim cultivava tanta estima e apreciava a inteligência do professor Antonio Dario. Assim aconteceu e deu tudo certo.

Como havia sido combinado, Acácio veio pronto para viver e trabalhar em Icaraíma. Ele morava num quarto ao lado da casa de Joaquim e fazia as refeições na residência do irmão. No início, Acácio descarregou caminhões por um tempo, até que passou para as vendas de balcão e, seguindo as instruções contidas dentro da embalagem, fez a instalação do primeiro aparelho televisor de Icaraíma, vendido pelo irmão Joaquim a um morador local.

Joaquim não dava sossego ao pessoal da área comercial, dizendo sempre:

– Precisamos de mais vendas, mais vendas!

Mas, além de cobrar, ele dava totais condições para que as vendas aumentassem, pois todas as lojas estavam sempre lotadas de mercadorias. Depois de atuar no balcão, Acácio recebeu convite de Joaquim para gerenciar a filial de Porto Caiuá.

Em Portugal, a convivência entre Joaquim e Acácio foi mínima. Mas, trabalhando juntos no Brasil, Acácio inspirou-se na garra e amor pelo trabalho, na seriedade, ética e na criatividade de Joaquim, sempre pronto a inovar nos negócios.

Outro ponto que Acácio admirava em Joaquim: a obstinação não só pelo trabalho no comércio, mas também na pecuária. Em várias oportunidades, Acácio, que veio também a se tornar sócio nas terras, acompanhou Joaquim em suas idas às fazendas, onde presenciava o alto grau de conhecimento de Joaquim no setor.

Certa vez, numa dessas viagens, durante agradável conversa, Acácio disse ao irmão:

– Eu aprecio a sua personalidade forte. Para vencer na vida, tem que ser assim. Você é cauteloso no uso das palavras. E determinado: quando cria uma meta, segue até realizá-la! Você tem o jeito de ser da nossa mãe!

Os pais de Joaquim ficaram no Brasil, onde moraram com Acácio, por um ano. Manuel esteve ao lado do filho Joaquim por todo o tempo, principalmente nas visitas às filiais e às fazendas. Eles ainda retornaram outras duas vezes, permanecendo por seis meses e depois três meses.

E a cada volta, mais surpreendidos ficavam com o desenvolvimento dos negócios comandados pelo filho Joaquim.

■■□■■

Era comum que Adelaide e Joaquim fossem visitar o casal Maria do Céu Martins e Alvaro Lopes, a tia Céu e o tio Alvaro, no sítio em que moravam. Alvaro adorava contar histórias.

Adelaide irradiava a casa dos tios com sua alegria. Ela adorava brincar de esconde-esconde com os filhos dos tios e os dela. Nas férias, os filhos de Céu e Alvaro iam para a casa de Adelaide, e vice-versa.

Era parentesco com muita amizade!

## Acomodar ainda melhor os pais

Sempre preocupado com os pais, Joaquim e os irmãos Maria de Lourdes, José e Acácio mandavam todo mês um valor em dinheiro para a conta de Manuel. Eles queriam que os pais tivessem uma velhice tranquila.

Como viajava frequentemente para Portugal e a residência dos pais precisava de uma grande reforma, em 1967 Joaquim decidiu construir uma casa para eles. E assim foi feito. A nova moradia acomodava com conforto o casal e também os filhos que iam visitá-los periodicamente.

Como ainda não havia luz elétrica na aldeia, Joaquim custeou a instalação de um motor com gerador para servir a casa dos pais e dos sogros, que eram vizinhos. Assim era possível ter geladeira, televisão e outros eletrodomésticos.

■■□■■

No retorno do casal a Portugal em 1967, Adelaide conversou longamente com a irmã Susana Gonçalves, que queria saber como andava a vida de casada.

Adelaide só tinha elogios para Joaquim:

– Ele é trabalhador, sério, cumpridor das responsabilidades, cuida da família, é bondoso, ajuda as pessoas, tem um grande coração...

Com o tempo, Susana pôde comprovar as palavras de Adelaide, em especial pelos atos e palavras do cunhado, sempre sábias, otimistas e motivadoras.

■■□■■

Em 1970, Joaquim fez um importante investimento em terras, ao comprar a Fazenda Canaã. A propriedade foi adquirida com a intenção de dar oportunidade aos familiares de se preservarem financeiramente, permitindo a cada um que ficasse com uma porcentagem do negócio. Esta foi a quarta aquisição feita por Joaquim; a primeira foi a Fazenda 3 Meninas, seguida pela Chácara Camões e a Fazenda Santa Rita.

Todas as áreas que Joaquim comprou eram de matas virgens e ele se desdobrava para tocar os negócios.

– Precisei desmatar todos os terrenos e colocá-los em produção. Isso começou em 1965. Se precisasse ir a uma das fazendas, eu levantava às 4 horas de domingo e voltava à meia-noite. E na segunda-feira cedo lá estava eu no comércio.

## Um amigo e parceiro

Em 1971, Joaquim foi apresentado a Abílio Martinho, outro conterrâneo e que nasceu em Proença-a-Nova, mas que ele só veio a conhecer no Brasil. Abílio já sabia do potencial comercial de Joaquim desde 1963.

No ano de 1971, Abílio se mudou para Maringá, onde era sócio com o irmão em uma agência de cargas de nome Santa Cruz. Joaquim era cliente deles, estocando mercadorias para serem entregues aos clientes ou mesmo compras que ele fazia e despachava para Icaraíma, Umuarama, Maria Helena, Porto Caiuá, Douradina...

Tempos depois, a partir de 1973, Abílio Martinho passou a viver na capital paulista, onde também tinha uma agência de cargas, e começou a fazer compras para a J. Martins de frutas e verduras no Ceasa de São Paulo. Ele ia de madrugada adquirir as mercadorias, lotava um caminhão e o despachava para as lojas da rede.

Como Abílio também iniciou atividades pecuárias, eles fizeram vários negócios, em especial na compra de bois reprodutores de Joaquim. Além disso, Joaquim foi um grande professor do tema para Abílio.

Admirador da garra do amigo, sempre que se encontravam, Abílio dizia:

– Joaquim, o seu lema é "Trabalho, trabalho, trabalho". Você nasceu para trabalhar!

## O futuro apresentado aos sócios

*Temos uma boa empresa! Vendemos bem e compramos muito! Mas entendo que é hora de entrar mais fortemente no varejo. Aposto numa tendência futura, a dos supermercados. Os clientes estão mais exigentes, querem ter mais opções na escolha de produtos. É o momento ideal de iniciarmos no segmento e de mudarmos de ares, para uma cidade próspera como Umuarama!*

A intenção inicial era a de estrear o supermercado em Maringá, principal centro atacadista e de abastecimento do Paraná, onde já estavam empresas como São Marcos, São Remo, Alô Brasil, entre outras. Graças ao bom relacionamento que mantinha com o pessoal do atacado, Joaquim nunca ficou sem mercadorias, nem mesmo na crise de abastecimento ocorrida nos anos 1964 e 1965.

Em Maringá, Joaquim já havia até comprado um terreno de 2.000 m² numa das avenidas principais, pensando em construir a loja. A mudança também se justificava porque, além de boa praça de comércio, Maringá apresentava opções interessantes de escolas de qualidade para seus filhos e sobrinhos.

Mas Joaquim reavaliou a situação e entendeu que Umuarama estava próxima das cinco filiais, em Icaraíma, Porto Camargo, Porto Caiuá, Maria Helena e Douradina, onde ficava a loja mais forte. Ele sabia da importância de facilitar a logística e que precisava se posicionar num raio de ação perto das filiais. Não havia ainda telefone em algumas localidades e ele deveria se deslocar para conversar com os gerentes, cargos ocupados por Antonio Fernandes, em Porto Camargo, pelo irmão José, em Icaraíma, os cunhados Adelino, em Douradina, Luis, em Maria Helena, e Abilio, em Porto Caiuá, além de outras pessoas de confiança que trabalhavam na empresa.

Nesse ínterim, o trecho de estrada até Umuarama foi asfaltado. Então Joaquim Martins entendeu que o projeto deveria realmente migrar para

Umuarama. Não houve quem contestasse mais uma antevisão dos fatos de Joaquim Fernandes Martins!

Como Joaquim sobrevoava bastante a cidade de Umuarama, nas idas de avião a Londrina e São Paulo, ele aproveitava para observar a cidade pelo alto. Por isso, ele já sabia para onde o município crescia e se desenvolvia e, automaticamente, em quais locais estavam os melhores pontos comerciais da cidade. Como é do feitio dos grandes empreendedores, eles estão sempre atentos às boas oportunidades! Por isso, Joaquim já tinha identificado onde havia um excelente terreno em Umuarama!

E como ele soube da novidade sobre supermercados? A notícia chegou a ele por meio dos vendedores dos atacados e fábricas, que comentavam sobre o tipo de loja que começava a conquistar o gosto da clientela. Informação captada, Joaquim foi conhecer algumas lojas em funcionamento.

A partir de 1970, após sua mudança para Umuarama, Joaquim passou a receber visitas de representantes e a fazer compras direto das fábricas. Praticamente o volume de giro de mercadorias aumentou ainda mais!

Até então, ele era conhecido como "o Joaquim de Icaraíma", mas logo ganharia nova forma de ser chamado: "o Joaquim de Umuarama!".

# CAPÍTULO 4

## Ampliar os negócios

### O primeiro supermercado e a Rede Planalto

Ano de 1970! A ida para Umuarama estava mesmo definida! Mas surgiu um impasse: adquirir um bom terreno para montar a loja e o atacado conjuntamente, além do escritório e do depósito? Se fosse tudo centralizado, o espaço seria de 4 mil metros. Assim como acontecia em Icaraíma, Joaquim pretendia ainda construir a casa para ele e a família morarem, e as de alguns sócios, dentro do mesmo terreno; seriam três apartamentos.

A Companhia Melhoramentos foi responsável por lotear os terrenos da cidade de Umuarama. Mas a empresa só se dispunha a negociar dois lotes por pessoa. Para comportar o projeto, Joaquim necessitava de dez lotes.

Então ele então adquiriu dois lotes e os outros sócios foram adquirindo mais dois cada. Quando Joaquim já tinha garantida a aquisição de nove lotes, iniciou as construções do supermercado e do atacado.

O investimento era enorme. Portanto, era preciso economizar onde pudesse. Por isso, em vez de comprar estruturas metálicas, Joaquim comandou a construção, onde a estrutura da cobertura e o mobiliário foram feitos com madeiras produzidas nas próprias fazendas. Deu tão certo que Joaquim comprou máquinas em São Paulo e montou a própria marcenaria para confeccionar as instalações daquela e das futuras lojas.

## A novidade comercial

A mudança da família Martins para Umuarama trazia muitas novidades. Sair de Icaraíma para viver em Umuarama era como estar num novo mundo. Joaquim adorava Icaraíma e por um tempo manteve a família morando lá por um tempo. Durante a semana ele trabalhava em Umuarama e, aos finais de semana, ia para Icaraíma. Mas as dificuldades de acesso e comunicação do município atrapalhavam a velocidade do crescimento da empresa. Por isso, se posicionar mais centralizado, como em Umuarama, onde outras boas empresas já estavam estabelecidas, era necessário.

Quando Joaquim resolver levar a família para Umuarama, ele alugou um imóvel a quatro quadras do supermercado. Logo houve total integração com a vizinhança. Enquanto isso, Joaquim construía os apartamentos para moradia projetados num espaço que ficava no andar de cima do supermercado.

Mas a principal das novidades era realmente o tipo de negócio no qual Joaquim apostava: transformar as vendas de balcão num sistema de autosserviço, o *self-service* de varejo. Uma mudança que envolvia não apenas investimentos estruturais, mas também tecnológicos.

No Brasil, o primeiro registro de uma loja de autosserviço ou supermercado está datado em 1949, com a criação do Supermercado Americano, do empresário Richard Samuel Roberts, inaugurado em São Paulo.

O setor supermercadista começou a se organizar em 1963, com a criação da Associação dos Profissionais do Comércio Varejista das Empresas de Supermercados do Estado de São Paulo (Apcvesesp). Em 1968, outro passo importante: a criação da Associação Brasileira de Supermercados (Abras), quando se estimava a existência de 1.700 lojas, como Sirva-se, Zaffari, Eletroradiobraz, Bompreço, Casas da Banha, Epa, entre outras.

A ideia inicial de Joaquim para a abertura do novo comércio de Umuarama era a de ser algo de destaque, um atacado e uma loja de departamentos, com áreas de produtos de caça e pesca, material de construção, vestuário, entre outros. Umuarama estava florescendo. Mas ele optou pelo supermercado, apesar de ainda ter certo receio em relação ao nível de aceitação da clientela.

Por isso, Joaquim programou o desenvolvimento da loja e da gama de produtos de acordo com a possibilidade de investimento e da exigência da região. Ele sempre dizia ao seu pessoal:

– O que o cliente pedir, anote que vamos atrás para comprar e colocar na loja.

Se o tipo de negócio já estava definido, era preciso ainda escolher um nome para o supermercado. Alguns deles surgiram: "Primavera", "Bandeirante", "Proença", "Triunfo". Nomes que ele considerava "abertos". Até que Joaquim recebeu em Umuarama o concunhado Albino Gonçalves, que morava na cidade de Lourenço Marques, em Moçambique, na África portuguesa.

Para mostrar um pouco do Brasil e também satisfazer seu desejo, Joaquim levou Albino para conhecer Brasília. Ele ficava a imaginar como seria a capital do Brasil, sua arquitetura, vias, estrutura... Os traçados da cidade.

Depois de conhecê-la, Joaquim se sentiu enamorado por Brasília e com a certeza de que seria um excelente e próspero local para empreender.

Enquanto ele e Albino almoçavam num dos bons restaurantes da cidade, com vista panorâmica, ele ficou a pensar em Brasília, no presidente do Brasil, no Gabinete oficial, no Palácio do Planalto, localizado na Praça dos Três Poderes e construído dentro das iniciativas programadas para a inauguração de Brasília, em 21 de abril de 1960, que passou a ser a capital do país... Palácio do Planalto...

"Planalto! Eis aí um belo nome para o supermercado!" – definiu Joaquim.

Assim que retornou a Umuarama, compartilhou a ideia do nome com os sócios, que concordaram com a escolha.

Loja pronta e nome definido, a inauguração do Supermercado Planalto, que ficou conhecido como Big Planalto, ocorreu em 15 de dezembro de 1972.

## Colaborador e admirador

Em 1972, Joaquim contratou Valdir Gonçalves Alencar para atuar no Departamento Pessoal. O pai de Valdir era eletricista e estava trabalhando nas instalações da primeira loja de Joaquim em Umuarama, na Avenida Paraná. O homem então decidiu perguntar a Joaquim, para saber se havia possibilidade de emprego para o filho. Diante da afirmativa de Joaquim, Valdir se apresentou.

Eles tiveram uma agradável conversa. Joaquim estava com a perna fraturada e contou que havia caído do cavalo na fazenda.

No primeiro contato, Valdir constatou ser Joaquim um empresário arrojado, conhecedor a fundo do próprio negócio e muito objetivo. Tanto que, ao final do encontro, veio a resposta que Valdir tanto aguardava:

– Pode começar amanhã!

A trajetória de Valdir na empresa foi longa, durou dezoito anos, até 1990. Foram muitas situações vividas ao lado de Joaquim. Algumas tristes, como o incêndio que atingiu a padaria e parte do depósito do supermercado. O Corpo de Bombeiros entrou em ação. Mesmo exausto pelo desgaste físico e emocional, Joaquim não arredou o pé do local e procurou atender a todos, demonstrando arrojo e perseverança no comando dos intensos trabalhos.

Mas as situações alegres foram maioria, como uma festa de final de ano, realizada a partir de meados dos anos 1970, em que o cantor José Augusto, grande destaque da época, foi contratado. O *show* foi muito comemorado e teve grande repercussão, em especial quando José Augusto cantou a música "De que vale ter tudo na vida" e que fez grande sucesso:

*Nada mais importa agora*
*Você foi embora*
*E eu fiquei tão só*
*Sigo, sem saber meu rumo*
*Eu não me acostumo*
*Sem você aqui*

*De que vale ter tudo na vida*
*De que vale a beleza da flor*
*Se eu não tenho mais teu carinho*
*Se eu não sinto mais teu calor*
*[...]*

Outro momento comemorado eram as festas portuguesas feitas no Recanto do Moinho, quando Valdir e a esposa se vestiam a caráter, para recepcionar os convidados.

## De 1972 em diante

Não precisou de muito tempo para que o Atacado e o Supermercado Planalto se destacassem, tanto que o faturamento somado de todas as outras filiais era igual ao das lojas de Umuarama.

Um dos fatores que trazia segurança a Joaquim para pensar em crescimento era o competente grupo de trabalho que mantinha em postos de liderança: seus irmãos José e Acácio, os cunhados Adelino Farinha, casado com a irmã Maria de Lourdes, e Abilio, Luis e Jorge, irmãos de Adelaide, além do contador Jurandir, que depois passou para a área comercial. Mas Joaquim nunca abriu mão do comando máximo das ações, posição conquistada e respeitada pelos sócios.

## A próspera década de 1970

Os anos que compuseram a década de 1970 foram muito produtivos. Um crescimento coordenado e ponderado. Todo novo investimento só acontecia depois que o anterior estivesse totalmente estabilizado e que houvesse pessoas preparadas para o próximo passo.

Na década de 1970 surgiu no Paraná e no Mato Grosso o advento da soja, fator que provocou uma verdadeira explosão agrícola e econômica, além do desenvolvimento da pecuária. Já no ano de 1975, aconteceu uma forte geada, conhecida como "Geada Negra", que atingiu as raízes dos pés de café e erradicou o plantio em muitas regiões do Paraná. A produção das fazendas migrou para soja, milho, algodão, mamona e gado.

Umuarama tornou-se um centro de boas escolas e universidades e de hospitais e centros médicos. Além, claro, de passar a ter um comércio ativo e diverso para atender as demandas da população.

Aos poucos, os negócios foram centralizados em Umuarama, onde, inclusive, foi fixada a sede da empresa. Quanto às filiais, nas décadas seguintes foram fechadas ou repassadas. Como a de Douradina, que foi adquirida pela irmã e o cunhado, Maria de Lourdes e Adelino Farinha, e a de Maria Helena, repassada a um funcionário. As lojas de Porto Camargo e Porto Caiuá haviam sido extintas.

## Palavra dada é palavra cumprida!

*"Ninguém é obrigado a aceitar, mas quem aceita é obrigado a cumprir aquilo que combinou numa negociação."*

A frase sempre dita por Joaquim marcou para o amigo e gerente da Importadora São Marcos, João Maria Marques, importante fornecedor da J. Martins.

A amizade deles vinha de longa data, desde os anos 1960, quando, depois de fechar os pedidos, eles iam jantar num restaurante que havia na rodoviária em Maringá. Joaquim ia a Maringá a cada trinta dias e fazia compras reforçadas. Eles discutiam sobre quantidades e condições de preços, sempre encontrando um meio termo que agradasse a ambos.

Foram 22 anos de serviços prestados por João Maria Marques para a São Marcos, período em que atendeu Joaquim. Mas depois disso houve uma grande transformação no segmento, em especial com o aparecimento dos supermercados e hipermercados, o que fez as empresas atacadistas viver grande crise; muitas encerraram suas atividades.

Em 1984, João Maria Marques se desligou da São Marcos e montou uma distribuidora de cervejas da marca Skol. Joaquim foi até consultado pela fábrica sobre a idoneidade de João Maria Marques e, claro, teceu os melhores comentários.

## Receber a irmã

Em 1974, Joaquim teve uma agradável surpresa: a visita da irmã freira. Depois que retornou de missão em Macau, na Ásia, Maria Rita viajou para o Brasil com o objetivo de rever os irmãos Maria de Lourdes, Acácio, José e Joaquim, com quem ela sempre tivera grande afinidade na infância.

Durante o período em que esteve em Umuarama, ela ficou hospedada na casa de Adelaide e Joaquim, e agradeceu ao irmão por tudo que ele vinha fazendo pela família.

– Joaquim, você zela por todos! Meu irmão, você tem o coração do tamanho do mundo!

## Abrir as portas aos parentes da África

*– Se vocês quiserem ou precisarem, eu estou disposto e com possibilidades de vos acolher no Brasil. É um país promissor e onde terão boas condições para cuidar da família. Tenho um atacado, alguns supermercados e trabalho para todos.*

Em 1974, essa foi a garantia que Joaquim deu a alguns parentes, irmão, tios e primos que viviam na África. Joaquim, com Adelaide, o filho Quim e a irmã Maria Rita, estiveram em Angola antes da ida a Portugal.

O que despertou a iniciativa da viagem a Angola foram as preocupantes notícias que Joaquim passou a acompanhar no Brasil, sobre a complicada situação africana; havia risco de guerra civil e se falava na possibilidade de os portugueses serem obrigados a sair do país.

Joaquim então foi ver como estava a vida dos familiares e oferecer guarida, pois eles estavam prestes a levar um "bote". Internamente, nada era divulgado pela imprensa. Mas Joaquim já ouvia os barulhos dos bombardeios ao chegar a Luanda, capital angolana; era o indício do início da guerra civil.

Por isso, Joaquim conversou com os primos José Mendes, Antonio Manuel e Miguel e com os tios Joaquim e José, irmãos de Maria da Natividade, o primeiro com quatro filhos e o outro com dois. A todos disse:

– Caso precisem de mim, estou à disposição no Brasil!

Muitos dos portugueses que lá viviam, como os parentes de Joaquim, tinham situação econômica bastante estável. Possuíam seus comércios, boas casas e bons carros, e tinham juntado um dinheiro importante no banco. Tinham vida estabilizada e tranquila. Portanto, até então parecia que nada justificava aceitar o convite de Joaquim.

Na estada em Angola, Adelaide e Joaquim também reencontraram e conversaram muito com a cunhada Adélia da Conceição Mendes Martins e o irmão Antonio Fernandes Martins, a quem Joaquim não via havia dez anos. Eles foram buscá-los no aeroporto e tinham três filhos: duas meninas, Ana Maria e Maria do Carmo, e um menino, de nome João Mendes Martins. Assim como Adelaide e Joaquim, Adélia e Antonio se casaram por procuração quinze dias antes deles. Eles insistiram para que o irmão e a cunhada viessem com os filhos para o Brasil.

Adélia ainda contou que se lembrava de Joaquim chegando para trabalhar na loja de Ezequiel Lopes Ribeiro, em Proença-a-Nova, para onde ele ia a pé do Galisteu Cimeiro, a uns três quilômetros. Assim que chegava, por ter percorrido estrada de terra, Joaquim se preocupava com a apresentação e se recompunha, tirando a poeira da roupa e penteando-se.

Era comum Adelaide e Adélia trocarem cartas e contarem como andava a vida das famílias. Portanto, Adélia se sentia segura com a possibilidade de um dia ela e a família se mudarem para o Brasil.

Claro, Adelaide e Joaquim levaram vários presentes para distribuir entre os parentes. A filha de Adélia e Antonio, Ana Maria, conhecera o tio anos antes, em Portugal, no casamento da tia Maria do Rosário, quando devia ter uns 5 anos. A imagem que Ana Maria cultivava do tio era a de uma pessoa cativante, encantadora e de sucesso. A menina, agora com 7 anos, ficou maravilhada quando Adelaide entregou-lhe um lindo presente: um conjunto de pulseira com um anel de pérolas.

Também na estada em Angola, Joaquim aproveitou para visitar Maria do Carmo Tomé, a querida professora da primeira e segunda classes e que deu aulas para ele no Caniçal, quando tinha 8 anos. Na conversa, eles relembraram daqueles tempos, e Maria do Carmo registrou:

– O Joaquim sempre foi inteligente, interessado em aprender e se desenvolver.

No período que se manteve em Angola, Joaquim tentou encontrar o amigo de infância Alfredo Farinha; ele se tornou primo, pois casou com a prima de Adelaide. Mas o homem estava em Portugal, onde eles vieram a se encontrar dias depois. Ali Joaquim convidou Alfredo para vir morar e trabalhar no Brasil. Praticamente o convite foi aceito por Alfredo, que chegou a comprar as passagens para ele e a família, mas não as utilizou. Preferiu ficar em Angola, mas teve que sair de lá como todos os outros portugueses, de urgência. Foi para a Costa do Marfim e para Lisboa, voltando depois para Proença-a-Nova, onde abriu um comércio. Alfredo viajou para o Brasil apenas anos depois, em 2006, quando foi a Umuarama visitar Joaquim, que o levou para conhecer as fazendas e as belezas de Foz do Iguaçu.

## Revolução das colônias portuguesas

As colônias portuguesas, que passaram a ser chamadas de Províncias do Ultramar, formadas por Angola, Moçambique, Cabo Verde, Guiné-Bissau e São Tomé e Príncipe, e colonizadas entre os séculos XV e XVI, caminhavam para conquistar a independência. Em 1960, nasceu a Frente Revolucionária Africana para a Independência Nacional das colônias portuguesas.

Em 1974, Guiné-Bissau foi o primeiro dos estados a conquistar a independência. Durante o ano de 1975, Angola, Cabo Verde, São Tomé e Príncipe e Moçambique também se tornariam independentes. Consolidada a liberdade, Angola e Moçambique passaram por sangrenta guerra civil, o que fez muitos portugueses deixar os países em que moravam e voltar para Portugal praticamente com a roupa do corpo; muito se lamentavam pelo fato de Portugal não ter dado guarida ao seu povo.

O processo ficou conhecido como Guerra Colonial ou Guerra do Ultramar, conforme designação portuguesa, ou Guerra de Libertação, segundo denominação africana. Com isso, os nativos praticamente expulsaram os portugueses que viviam nas antigas colônias.

Com os parentes de Joaquim não foi diferente. Também tiveram que abandonar suas casas, negócios e dinheiro no banco e sair do país às pressas. Alguns ainda conseguiam vender certos pertences. E depois de viverem anos de situação tão estável, tiveram que retornar a Portugal sem nada, para recomeçar a vida.

Depois de ter vivido uma dura experiência, aí sim o convite feito por Joaquim meses antes passou a fazer todo o sentido para seus parentes! Muitos portugueses, vindos das antigas colônias de Portugal, tiveram que recomeçar no Brasil, Argentina e Canadá, entre outros países.

■■□■■

Em 1975, a razão social da empresa sofreu alteração. Ao invés de J. Martins & Irmão Ltda., passou a se chamar J. Martins Supermercados Planalto Ltda.

Simultaneamente à alteração, foi integrado à sociedade Abilio, cunhado de Joaquim.

## Nova ida a Portugal

Para Adelaide e Joaquim, estar em Portugal era sempre motivo de grande alegria e de relembrar o passado. E de aproveitar para estarem próximos dos pais, irmãos, parentes e amigos.

Entre os que ficavam ansiosos para receber os tios estavam os pequenos Rogério Morgado Ferreira, José Luis Morgado Ferreira e Margarida Morgado

Ferreira, filhos de Maria do Rosário. Além de poder brincar com os primos, eles sabiam que viriam os presentes, geralmente roupas e chocolates.

Era o tio Joaquim, carinhoso, líder, que unia a família e estava sempre preocupado com todos. José Luis até achava que Portugal ficava perto do Brasil, pois volta e meia Joaquim retornava a Portugal.

À medida que José Luis crescia, mais ele conversava e aprendia com o tio, principalmente sobre sua visão estratégica de futuro.

Certa vez, quando tinha lá pelos seus 18 anos, Joaquim disse ao sobrinho palavras que ele guardou e carregou consigo:

– José Luis, ao caminhar pela vida, devemos ter dois sacos nas costas. Em um colocamos as coisas boas e no outro as más. O saco das coisas más devemos sempre buscar nos livrar dele. O saco das coisas boas deve estar sempre cheio e "pesar" mais nas nossas vidas.

## Socorrer a família

Por carta, Joaquim soube que, em 1975, o irmão Antonio, a cunhada Adélia e os três sobrinhos, o tio José e o primo Rogério com esposas e filhos, o primo José Mendes com a esposa e a filha mais nova, os primos Antonio Manuel e Miguel com a esposa Helena e dois filhos, haviam abandonado tudo que conquistaram em Angola e retornado às pressas para Portugal.

Também por carta, recebeu a confirmação de que, em 1976, todos eles estavam de partida para o Brasil, para Umuarama, com as respectivas famílias.

Coube a Joaquim programar uma caravana para buscá-los em São Paulo e arrumar um jeito de acomodar todos em sua casa. Joaquim ofereceu-lhes trabalho e logo cada um deles foi se ajeitando.

Inicialmente, o irmão Antonio foi instalado em Icaraíma. Mas depois Joaquim o deslocou para gerenciar a filial de Maria Helena. A esposa dele, Adélia da Conceição Mendes Martins, tinha irmãos em São Paulo, mas o casal optou por estar próximo de Joaquim. O filho de Antonio, João, começou a trabalhar em vendas na loja de Icaraíma e ali se manteve por dez anos. Tempos depois, Joaquim o deslocou para Umuarama, onde ele ficou até 1998, atuando tanto no supermercado quanto no atacado, tendo sido subgerente e supervisor de vendas.

Manuel Antonio e Miguel ainda possuíam algum recurso financeiro e um cheque em moeda estrangeira, fruto de uma carga de café que tinham vendido para a África do Sul. Mas nenhum banco aceitava descontar. Em poder do cheque, Joaquim então teve que ir até São Paulo para conversar com um amigo e dono de agência de viagens.

O homem pegou e olhou o cheque, franziu a testa e disse:

– Só conseguirá receber se abrir uma conta bancária nos Estados Unidos. Abra a conta, deposite o cheque e espere a compensação!

Da agência, Joaquim foi procurar outro amigo, Olímpio Nunes Vaz Martins, um grande comerciante da zona atacadista da Rua 25 de Março, no centro de São Paulo. Joaquim pediu a ele que o acompanhasse até Nova York, pois ele falava bem o inglês. Olímpio topou!

Chegando à metrópole, eles foram até um banco, abriram a conta e depositaram o cheque. Dias depois, o cheque foi compensado! O dinheiro estava na conta! Deu certo!

Ao todo, eles ficaram quase dez dias em Nova York, onde aconteceu um fato curioso. Os dois conversavam em português numa das ruas e passou um casal chinês com o filho pequeno. O homem de olhos puxados começou a falar em português. Ele era de Macau, na República Popular da China, mas que havia sido colonizada por Portugal durante mais de quatrocentos anos.

Na conversa, que ficou amistosa, pois o chinês também era comerciante, Joaquim contou que sua irmã Maria Rita, religiosa, havia participado de missão em Macau. Pois o homem disse eufórico:

– Eu conheço a senhora Maria Rita! Ela deu aulas para o meu filho! – e a conversa ficou ainda mais descontraída.

Depois de tudo resolvido nos Estados Unidos, Joaquim e Olímpio aproveitaram para descansar um pouco mais, e seguiram viagem para a Europa, onde estiverem por três semanas, sendo uma em Lisboa, outra em Londres e mais uma em Paris.

Assim que retornou ao Brasil, Joaquim acertou as contas com Manuel Antonio e Miguel, e pagou em cruzeiros o valor correspondente ao do cheque compensado em dólares.

Uma das primas de Joaquim, Maria do Céu Farinha Fernandes, filha de Palmira e José Fernandes, irmão da mãe de Joaquim, logo começou a trabalhar na loja de Icaraíma. Maria do Céu, que tinha visto Joaquim pela primeira vez em Portugal em 1964, se formara como professora do ensino primário ainda em Angola.

A moça comentou com Joaquim que quando ele estivera em Angola, em julho de 1974, convidando o pessoal para vir morar no Brasil, ela sabia exatamente o que o primo pretendia expressar. Naquela oportunidade, Maria do Céu encontrou Joaquim e depois foi dar aulas na região ao sul de Angola, em Vila Roçadas, para fazer capacitação de professores. O processo acontecia duas vezes por ano, sempre nas férias escolares. Assim que ela chegou, logo se hospedou numa casa com outros dez colegas. Mas começaram os rumores de que a cidade seria invadida. Foram três semanas muito tensas, pois eles tiveram que ficar escondidos no sótão da casa e dormir no sistema de rodízio.

Mas como internamente as notícias não eram divulgadas, a população, em especial os portugueses, entre eles os pais de Maria do Céu, não tinha a real noção dos riscos que corria; um conflito com *status* de guerra civil estava prestes a estourar.

Muito emocionada, Maria do Céu contou toda essa passagem para Joaquim, além do período de fuga da família de Angola. Em 1978, dois anos depois da sua vinda para o Brasil, ela começou a dar aulas para crianças do período pré-escolar.

Outro que saiu de Angola e veio viver e trabalhar em Umuarama foi José Mendes da Silva, casado com Maria do Carmo Fernandes, prima de Joaquim. José Mendes é natural de Relva da Louça, aldeia de Proença-a--Nova, e primo de segundo grau de Joaquim.

Em 1949, José Mendes foi para Angola junto com o irmão mais velho de Joaquim, Antonio. Ali eles trabalharam, prosperaram, constituíram suas famílias e patrimônios. Em razão dos problemas na África, retornaram no mesmo período para Portugal e decidiram vir para o Brasil, onde Joaquim deu-lhes emprego.

Depois de alguns anos, quando Joaquim abriu o hipermercado, em 1982, José Mendes foi promovido a gerente da loja, onde se manteve por 17 anos. Na sequência, foi transferido para a loja Planalto da Avenida Castelo Branco, ficando ali por oito anos e até se aposentar, em 2013.

■■□■■

Quando Joaquim foi conhecer Foz do Iguaçu, em 1976, a Usina de Itaipu estava em início de construção e a cidade começava a receber grande fluxo de pessoas que pretendiam morar no local, antevendo a explosão de oportunidades de trabalho que se apresentava.

Em torno de 300 quilômetros separavam Umuarama de Foz do Iguaçu. Joaquim então idealizou montar um supermercado em Foz do Iguaçu e criar uma rede de comércio com unidades espalhadas entre os dois municípios. Ele apostava tanto no desenvolvimento local que a ideia era a de, no futuro, fixar a matriz em Foz do Iguaçu.

Encantado e visionário, Joaquim compartilhou com os sócios aquilo que vislumbrava para alguns anos depois. Mas nem todos tinham a mesma forma de pensar e a maioria optou por manter as futuras lojas num raio mais próximo, dentro de Umuarama.

Contrariamente ao que queria, Joaquim aceitou a posição da maioria e desistiu do projeto. Ficou tão chateado que a partir dali evitou ir a Foz do Iguaçu. E o dinheiro que pretendia investir lá utilizou para comprar mais uma propriedade rural, a Fazenda Reserva, no município de Iguatemi, no Mato Grosso do Sul.

## A pequena Magui

A caçula da casa dos Martins, Elis Magna Fernandes Martins, apelidada de Magui, chegou em Umuarama em 1972 com três meses. A diferença de idade entre ela e os irmãos era grande. Antes dela, havia nascido

Quim, em 1967, que estava, portanto, com 5 anos. Em relação às outras irmãs, a diferença era ainda maior, tanto que Sara era quem ajudava Magui com as tarefas da escola.

Como eles moravam em cima da loja, onde havia três apartamentos que serviam de residência para as famílias dos tios e funcionários, ela sempre brincava com as crianças que lá havia, sendo algumas primas e primos. Uma determinada área do supermercado e do estacionamento virava o *playground* da garotada.

Mas Magui às vezes aparecia no escritório, fazia suas travessuras e assustava o pessoal: ela soltava biriba ou estalinho, tradicional nas casas de fogos de artifício e nas festas juninas, e que faz barulho ao se chocar com o chão. Joaquim se divertia com aquilo, mas logo pedia para ela voltar para casa.

Magui adorava ver o pai subindo os degraus da escada que havia e sempre cantando a mesma música, "Índia", versão brasileira escrita por José Fortuna, sendo a letra original composta por dois paraguaios, o músico José Asunción Flores e o poeta Manuel Ortiz Guerrero:

*Índia, teus cabelos nos ombros caídos*
*Negros como a noite que não tem luar*
*Teus lábios de rosa para mim sorrindo*
*E a doce meiguice desse teu olhar*
*Índia da pele morena*
*Tua boca pequena eu quero beijar*
[...]

Outro momento que Magui e os irmãos curtiam acontecia no almoço de domingo, quando Joaquim contava passagens de Portugal e pegava o dicionário, abria aleatoriamente nas páginas e perguntava aos filhos o significado das palavras.

■■□■■

Comprar terra era um negócio; ter capital para abrir as fazendas e desmatar as terras era outro bem diferente e complicado!

Inicialmente, Joaquim partiu para a aquisição de boas áreas rurais. Paralelamente, reservou capital para investir, abrir as fazendas e criar gado e explorar um pouco da agricultura.

O momento de começar a comprar gado para engorda aconteceu em 1975. Joaquim entendia muito de comércio e pouco de pecuária. Mas o trato da terra estava na sua essência, o acompanhava desde Portugal. Além disso, como é de seu feitio, ele pesquisou, estudou e viajou em busca de conhecimento, e passou a dominar o tema!

## Investir no lazer familiar

Em 1976, Joaquim comprou uma área para lazer nas imediações de Umuarama, que veio a se chamar Recanto do Moinho. Lá ele construiu uma réplica do Moinho de Vento. Foi uma homenagem prestada ao sogro, José Fernandes, que tinha em sua propriedade do Galisteu um moinho de vento e era moleiro, nome dado a quem mói o pão, serviço pelo qual cobrava 10% de "maquia", comissão paga em produto, para fazer a farinha.

Sempre pensando coletivamente, Joaquim imaginava a chácara como espaço de união, lazer e comemoração das festas e encontros da família.

Por vezes, Joaquim caminhava pelo terreno com a prima Céu. Eles observavam que ali havia muitas árvores de quiri, soja ou feijão plantadas e, inclusive, uma mina-d'água no fundo do terreno. Céu até duvidada que Joaquim transformasse a propriedade numa chácara com área social e de lazer incluída, mas em seis meses estava tudo construído e pronto!

Joaquim também incentivava que os sobrinhos, como Ana Maria, filha do irmão Antonio, que depois se casou e ganhou o sobrenome Rahal, participasse da montagem do Recanto. Tanto que ela, acompanhada de primas e primos, ia plantar sementes, em especial, de flores.

Assim como idealizava Joaquim, os familiares e parentes passaram e ter o Recanto do Moinho como um centro de convivência. As famílias iam crescendo, tendo filhos, noras, genros, netos… Em algumas festas, chegaram a se reunir em torno de cem pessoas. Cada família levava um prato de doce ou salgado, e as despesas de bebidas, frutas, entre outros, eram divididas entre elas. A esposa Adelaide participou ativamente, projetando os espaços, os canteiros e as plantações do Recanto do Moinho.

## Família unida trabalha unida

Como já é sabido, a família Martins nasceu dentro do comércio de Joaquim e, automaticamente, vivia intensamente o negócio. Um exemplo era Joaquim Fernandes Martins Filho, o Quim, que a partir dos 10 anos de idade ajudava no supermercado nas férias, com a missão de dobrar e ajudar na distribuição de panfletos, além de colaborar no setor que embrulhava as compras dos clientes para presente.

Eram selecionados 20 produtos promocionais com fotos e preços para constar nos panfletos, que seriam entregues nas casas acompanhados de uma carta, onde o Supermercado Planalto desejava Feliz Natal e um Próspero Ano Novo.

O período era também propício para as vendas das cestas de Natal. Adelaide e as filhas participavam na montagem das cestas.

Quando completou 14 anos, Quim efetivamente começou a trabalhar na empresa, inicialmente nas fazendas. Após alguns anos, ele assumiu a área de compras de produtos para as terras da família. Seu pai já se notabilizava nacionalmente como criador do gado Chianina.

Depois, ele se mudou para Curitiba, onde foi cursar o ensino médio. No último ano, Quim teve longa conversa com o pai. Registrou o interesse em ser veterinário, paixão que se acentuou quando trabalhou nas fazendas da família. Joaquim disse que respeitaria a decisão que o filho tomasse, mas pediu que ele avaliasse as necessidades da empresa:

– Quim, o que precisamos aqui é de administradores para as lojas e para as fazendas. Digo isso porque os nossos veterinários são excelentes, mas todos contratados e prestadores de serviços. São profissionais que não precisam viver o dia a dia do negócio, já o administrador sim.

Sabedor da intenção do pai em buscar o melhor para o filho e para a empresa, Quim reconsiderou e decidiu prestar Administração de Empresas. Em 1987, o rapaz começou a cursar faculdade em São Paulo. Não precisou de muito tempo de aulas para Quim envolver-se com o curso e poder dizer a Joaquim:

– Pai, com a sua experiência de vida o senhor estava cem por cento correto. Hoje entendo perfeitamente aquilo que o senhor tentava me transmitir. Realmente, optar por Administração de Empresas foi o melhor caminho, a melhor decisão.

Na época, ele passou a trabalhar no escritório de compras da J. Martins Supermercados Planalto Ltda., situado na capital paulista, na Rua Mauá, no centro da cidade, e a cursar faculdade à noite. A Rua Mauá era uma área de concentração de empresas atacadistas, muitas delas de portugueses.

O escritório foi aberto para receber representantes e vendedores das muitas indústrias e atacados de São Paulo, e que não ofereciam seus produtos na região de Umuarama, entre eles, especiarias. Joaquim costumava ficar uma semana por mês despachando no local. Pode-se dizer que Quim herdara do pai as virtudes da inquietude e da curiosidade, por querer aprender e saber sempre mais sobre todos os assuntos.

Ali havia também uma agência de cargas, do empresário Manuel Martinho e do irmão Abílio. As compras feitas por Joaquim e Quim eram armazenadas na agência e depois despachadas para Umuarama.

Quando começou a cursar o terceiro ano de faculdade, Quim arrumou estágio não remunerado no Supermercado Eldorado, onde trabalhava à tarde. Quim passou por todos os departamentos da empresa, que representou para ele uma grande escola na prática e que o ajudou muito na sequência da carreira.

## A irmã Maria do Rosário

*– Eu assistia na TV e lia nos jornais sobre o Brasil dos prédios bonitos e das avenidas largas. Agora tenho a oportunidade de ver tudo isso de perto. Por mais que eu tentasse, jamais conseguiria imaginar o Brasil que encontrei...*

Assim Maria do Rosário definiu o Brasil que conheceu em 1978, quando visitou Joaquim e os outros irmãos na companhia dos pais.

O que ela também encontrou foi Joaquim como um empresário bem-sucedido. Ao conhecer apenas uma das fazendas, eles percorreram por muitas horas a cavalo, circulando em várias das áreas da propriedade rural. Oito anos depois Maria do Rosário retornou ao Brasil, desta vez na companhia do marido, Carlos.

## Carinho de rotariano

Em 1979, assim que chegou para morar em Umuarama, vindo de Londrina, o advogado Edison José Cazarin ingressou no Rotary Club de Umuarama. Numa das primeiras reuniões ele foi apresentado a Joaquim, nascendo ali uma amizade que depois se transformou também numa relação comercial. Cazarin passou a advogar para a rede Planalto em ações trabalhistas.

Dentro do perfil traçado sobre o amigo e depois cliente, Cazarin avaliava Joaquim como um empresário firme, honesto, que sempre dizia:

– O que é do outro não é meu!

Além disso, para o advogado, Joaquim é um amigo prestativo, pronto a ajudar, muito humano e caridoso.

A própria atuação participativa de Joaquim no Rotary, onde o objetivo principal é a prestação de serviços para a comunidade, comprova o lado humano e caridoso de Joaquim; ser rotariano acarreta a atuação em inúmeras ações e campanhas sociais. Era comum encontrá-lo nos eventos fazendo várias atividades com humildade, como estar na recepção, servir as pessoas, entre outras.

Mais um ponto da admiração de Cazarin em relação a Joaquim era o trato dele com as fazendas. Cazarin dizia:

– Suas fazendas são organizadas, bem administradas e rentáveis. São de tirar o chapéu!

Adelaide atuava no grupo de Senhoras dos Rotarianos, participando de doações para o então Lar Rotary, que cuida de crianças carentes.

Mas um momento inesquecível aconteceu quando Cazarin e a esposa foram visitar o filho que mora na Itália. Quando contou para Joaquim sobre a viagem, ouviu dele:

– Cazarin, por que vocês não vão nos visitar em Portugal? Estaremos lá nesse período. Eu irei buscá-los no aeroporto.

E assim aconteceu. Quando o casal Cazarin saiu da sala de embarque, lá estavam Adelaide e Joaquim. Inicialmente, Joaquim hospedou-os em um hotel. Depois, levou os dois para conhecer vários pontos turísticos e, à noite, para jantar onde havia um belo *show* de fado.

Nos dias seguintes, mais passeios por Coimbra, Serra da Estrela e uma parada obrigatória para saborear o pastel de Belém ou pastel de nata.

Foram quatro dias de convívio e passeios. E quando Cazarin foi encerrar a conta do hotel, nova surpresa: já estava paga pelo *gentleman* Joaquim!

## A perda de um dos braços direitos

*– Joaquim, o Jorge sofreu um acidente de carro. Infelizmente foi muito grave.*

Estávamos em março de 1979! Cunhado de Joaquim, Jorge Lopes Fernandes, irmão de Adelaide, era um dos seus homens de confiança e ia de carro para as fazendas fazer os pagamentos dos funcionários. Ele estava no banco da frente, do passageiro, e outro rapaz pilotava o carro, que se chocou com a traseira de um caminhão. Joaquim socorreu Jorge, comandou a transferência dele para o hospital e fez tudo o que pode, mas o acidente o vitimou.

A notícia deixou Joaquim extremamente abalado. Além da convivência profissional, Joaquim sentia grande carinho por Jorge.

O cunhado cuidava também das fazendas e dos negócios particulares de Joaquim. Jorge era responsável pela contratação de pessoal, acompanhava Joaquim nos abates do gado e nas vendas dos tourinhos reprodutores. Até tirou brevê para pilotar o avião que viria a ser adquirido por

Joaquim e visitar as fazendas, ganhando tempo e evitando algumas viagens de carro; até então ele alugava o avião de alguns amigos.

Entre os que se consternaram com o falecimento de Jorge estava Valdir Gonçalves Alencar, colaborador da área de Recursos Humanos. Valdir era muito próximo de Jorge, que o convidou para viajar naquele fatídico dia. Como a filha de Valdir nascera dias antes, tinha poucos meses de vida, ele decidiu ficar em casa, para ajudar a esposa nos cuidados com a criança. Infelizmente, Valdir também recebeu a dura notícia, ficando a imaginar o que teria acontecido se tivesse acompanhado Jorge na viagem.

## Novidades com a década de 1980

O interesse por ampliar a atuação em áreas ligadas ao comércio varejista e atacadista prosseguia. Tanto que, em 1980, Joaquim inaugurou a distribuidora de bebidas dos produtos Skol, para atender com exclusividade a região de Umuarama. Simultaneamente, foi iniciada a Juriti Transportes.

O sucesso do resultado do trabalho eficiente foi tão grande que a empresa chegou a ser premiada pela fábrica como a melhor distribuidora regional da Skol!

Também em 1980, Joaquim promoveu uma mudança de cargos. O comprador, Jurandir Andrade Vilela, assumiu a área comercial, fixando-se no setor por dez anos. Em 1990, já como acionista da empresa, Jurandir migrou para a área administrativa, ficando o também sócio Abilio Lopes Fernandes com a diretoria comercial.

■■□■■

Naquele mesmo ano, Joaquim convidou o irmão caçula de Adelaide, José Emanuel Lopes Fernandes, para visitar o Brasil. Quando Adelaide se casou e mudou de Portugal para viver com Joaquim, José Emanuel era bebê.

O primeiro contato marcante que ele teve com a irmã foi em 1967, quando Emanuel tinha 4 anos. Na oportunidade, o casal viajou para Portugal

Secular casa em que viveu a família Martins e onde nasceram Joaquim e seus sete irmãos

O casal Maria da Natividade Fernandes e Manuel Martins, pais de Joaquim

Vista panorâmica da Vila de Proença-a-Nova

Aos 13 anos, Joaquim entre os colegas de escola: Daniel Fernandes (esq.) e Antonio Luis Morgado

Maria do Rosário Lopes e Joaquim Dias, primeiros patrões de Joaquim no Caniçal

Primeiro registro Sindical de Joaquim Martins

Os amigos Joaquim (dir.) e Alfredo Farinha, funcionários do comércio de Ezequiel Lopes Ribeiro

Primeira iniciativa empreendedora de Joaquim, ao organizar excursão para Fátima, Praia de Nazaré e outras localidades

Em 1955, Joaquim (dir.) com os pais e irmãos, dias antes da saída para o Brasil

Joaquim (agachado, terceiro da dir. para a esq.) cercado pelos amigos do Galisteu

Joaquim momentos antes de embarcar com destino ao Brasil

Navio Louis Lumière, que trouxe joaquim Martins para o Brasil em 1955

Os casais Maria do Rosário e José Lopes, e Maria do Ceu (vestida de noiva) e Alvaro Lopes, que acolheram Joaquim no Brasil

Joaquim Martins em frente à casa em que morou em Loanda (PR)

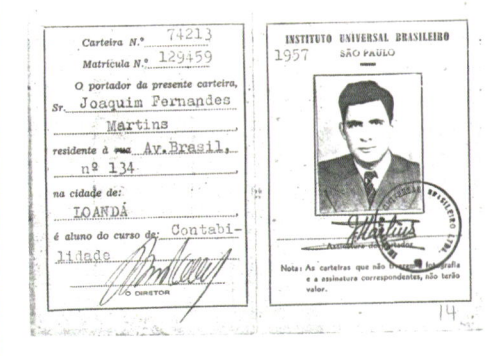

Carteira de estudante de Joaquim no curso de contabilidade

Loja da Casas Dias em Querência do Norte, onde Joaquim foi gerente do empresário Firmino Dias Capela, em destaque

Joaquim (dir.) com o irmão José, quando este chegou ao Brasil

O empresário Joaquim Martins estabelece a primeira loja em Icaraíma, em 1959, e dois anos depois amplia o estabelecimento

A ousadia e o arrojo de Joaquim sempre o fez comprar grandes volumes de mercadorias

Joaquim com seus funcionários em Icaraíma e o primeiro carro adquirido pelo empresário

Primeira filial da Casas Martins em Porto Camargo

Adelaide e Joaquim trocavam fotos e cartas no período de namoro

Casamento de Adelaide e Joaquim, que foi representado pelo sogro por procuração

Adelaide e Joaquim, enfim juntos no Brasil

Casa que Joaquim construiu para poder casar e morar com Adelaide em Icaraíma

O casal com a primeira filha Goretti, nascida em 1962

Em 1964, Joaquim retorna pela primeira vez a Portugal e busca o aconchego da família

Adelaide e Joaquim em momento festivo com os parentes, vindos de Portugal para trabalharem no Brasil

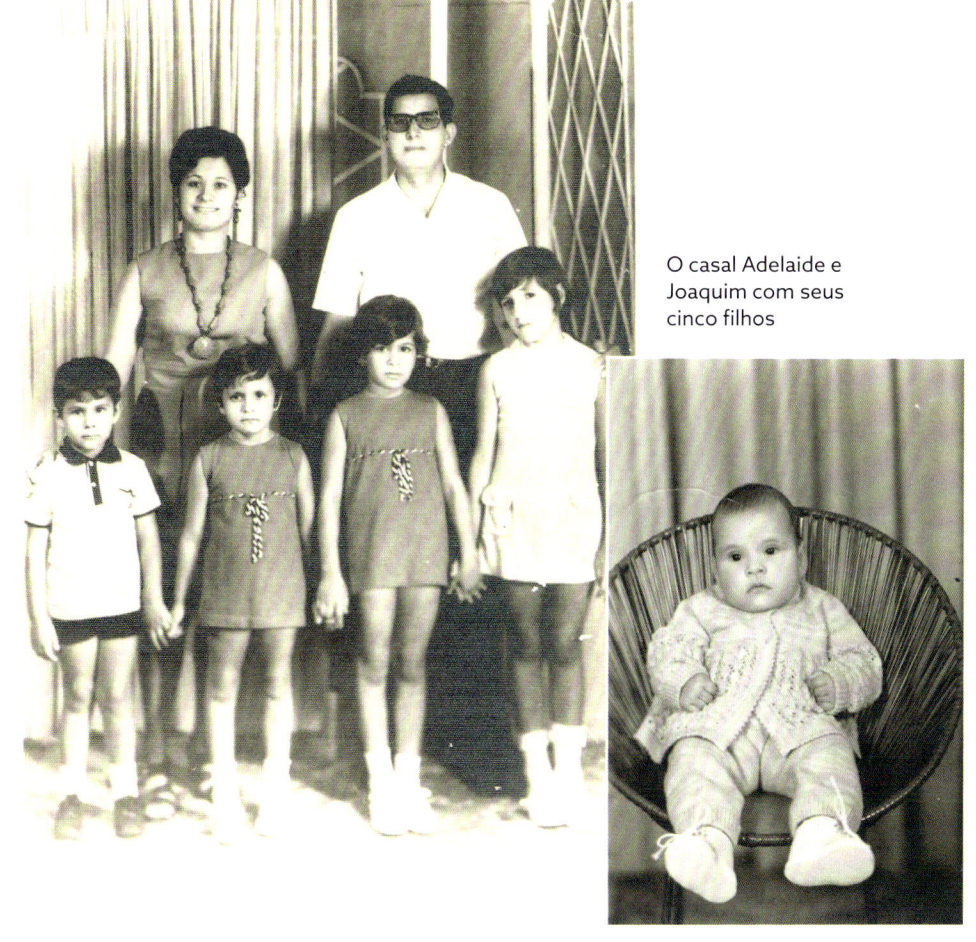

O casal Adelaide e Joaquim com seus cinco filhos

Construção da loja matriz do Supermercado Planalto em Umuarama, em 1970

Equipe de trabalho da J. Martins

Armazém com mercadorias na nova loja em Umuarama

No dia da inauguração da loja matriz em Umuarama, Joaquim Martins discursa e recebe convidados

Joaquim Martins e Izidoro Sanches, construtor das primeiras lojas da Rede Planalto

Equipe uniformizada de funcionários da primeira loja Planalto de Umuarama

Interior da loja na inauguração da matriz

Fachada da matriz na Avenida Paraná

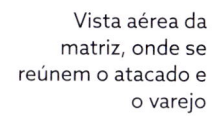

Vista aérea da matriz, onde se reúnem o atacado e o varejo

Familiares de Joaquim Martins ao chegarem da África

O sucesso da inauguração da matriz se repetiu nas aberturas das lojas futuras da Rede Planalto

Momento de grande emoção de Joaquim ao receber o ex-patrão Firmino Dias Capela, que presenciou em 1982 seu crescimento empresarial na inauguração do hipermercado

A família sempre prestigia os eventos da Rede de Lojas Planalto

Inaugurações mais recentes das lojas da Rede Planalto

e o menino passou uns dias com a irmã e o cunhado na praia de São Pedro de Moel, pertencente à freguesia e concelho da Marinha Grande, distrito de Leiria, e considerada uma das aldeias mais lindas do litoral português.

Na estada de Emanuel no Brasil, ele constatou não só o sucesso profissional de Joaquim, mas sua atuação destacada como líder, empresário e na sociedade de Umuarama. Outro ponto que chamou a atenção do cunhado foi a forma de Joaquim atuar em diferentes frentes, como atacado, varejo, fazendas e mercado imobiliário, entre outras.

Como Joaquim disse e brincou com Emanuel:

– Eu não coloco todos os ovos na mesma cesta...

## Amizade com negócios à parte

– *Augusto, manda então uma carreta de mercadorias, entre elas, de cerveja Caracu.*

Assim começou, em 1980, a relação comercial entre Joaquim e Augusto Rodrigues da Purificação, representante da empresa João Dias Ltda.

Assim que chegou ao escritório com o pedido, o gerente comercial perguntou ao representante:

– Augusto, como foi que você conseguiu vender uma carga de cerveja para o Joaquim?

A resposta foi óbvia:

– O Joaquim compra muito, é um homem honesto. Ele é comprador e eu sou vendedor. Preciso oferecer as mercadorias e saber argumentar para fazer negócios.

Dali em diante, os pedidos de mercadorias começaram a ser constantes. E surgiu uma amizade entre Joaquim e Augusto, que também nasceu em Portugal, mas em Fátima. Foram várias às vezes em que eles se encontraram em Portugal, inclusive em algumas festas organizadas por Joaquim. Como na comemoração das Bodas de Ouro dos pais de Joaquim, onde ele estava extremamente feliz.

Aconteceu ainda uma situação que marcou a relação entre eles. Quem lida com o comércio está sujeito a levar alguns "canos". Por vezes, Augusto acompanhava Joaquim para tentar recuperar mercadorias em determinado cliente.

Em uma dessas oportunidades, os dois foram até o bar de um rapaz que tinha comprado produtos, mas não havia pagado. Eles simularam a compra das mesmas mercadorias e carregaram o caminhão. Na hora do pagamento, Joaquim se apresentou como o dono da empresa fornecedora, a J. Martins, na qual o rapaz havia dado o calote. O cliente caloteiro ficou sem jeito e aceitou a devolução sem contestar.

Quis o destino que eles também criassem laços familiares. A filha de Augusto, Izilda Maria da Purificação, veio a se casar com o cunhado de Joaquim, Abilio, e assim os encontros ficaram ainda mais constantes.

Apesar de anos depois Augusto deixar de ser representante da João Dias, eles continuaram a fazer negócios, mas na pecuária. Assim como Joaquim, Augusto passou a ter fazenda e a criar gado, e por isso a parceria comercial seguiu firme.

## As Bodas de Ouro dos pais

Uma festa de se tirar o chapéu! Assim foram as comemorações dos 50 anos de casamento de Maria da Natividade e Manuel, que aconteceram no Galisteu, no ano de 1981.

Para forte registro da data, Joaquim fez questão de providenciar uma linda reunião e marcante homenagem aos pais em Portugal, e contou com a colaboração dos irmãos Maria Rita, Maria de Lourdes, Maria do Rosário, Antonio, José e Acácio.

Muitos foram os convidados. Ali estavam os irmãos com as respectivas famílias, assim como todos os tios, primos e sobrinhos, além de muito amigos. Amigos do festivo casal Maria da Natividade e Manuel também se fizeram presentes. O Galisteu estava em festa!

Joaquim ainda fez surpresa ao levar do Brasil dez casais de amigos dos pais e os tios Palmira e José Fernandes, irmão da mãe dele. José, com 60 anos na época, foi um dos que veio da África na década de 1970, e trabalhou com Joaquim até os 83 anos. Foi o primeiro retorno a Portugal de Palmira e José depois da mudança deles para o Brasil.

## Aumentar a rede

No ano de 1982, outro importante passo: a abertura de mais uma loja em Umuarama, o Hipermercado Planalto. A construção aconteceu num terreno que já era dos irmãos José e Joaquim, que antevira que ali seria um bom ponto para supermercado. Os outros sócios compraram a ideia de Joaquim.

Foi uma iniciativa arrojada. Era uma época de economia difícil, com alta inflação e muitas dificuldades de mercado. Mas o empreendedor aposta no *feeling* e enxerga oportunidades nas crises; foi o que fez Joaquim.

■■□■■

Em 1982, Adelaide e Joaquim voltaram a Portugal. O casal foi visitar Susana Lopes Fernandes, irmã de Adelaide, que morava no Porto.

Entre as principais características de Joaquim está justamente a de se preocupar e visitar as pessoas do seu círculo familiar e de relacionamento. Independentemente da distância, ele sempre arruma um jeito para dar um "alô".

Na época com 14 anos, Marco Roque Gonçalves, filho de Susana, admirava a calma e a tranquilidade do tio Joaquim, e seu estilo paternal. Além disso, Marco observava com atenção como Joaquim, independentemente da alta posição social que ocupava, conversava com todos, sempre protagonizando um bate-papo agradável. E era também motivo de satisfação para Marco presenciar a alegria da tia Adelaide e do tio Joaquim, além do exemplo de vida, o de manterem uma linda relação e um casamento sólido.

## A composição societária

Como vimos, com o passar do tempo, Joaquim pensou em comprometer ainda mais a atuação de alguns funcionários e parentes no seio da empresa. A solução encontrada foi a de fazê-los participar do quadro acionário.

Dessa forma, os cunhados Luis, irmão de Adelaide, e Adelino Farinha, marido da irmã Maria de Lourdes, se tornaram sócios. Quanto aos irmãos, Acácio também se tornou acionista; José já tinha participação do negócio desde que Joaquim assumiu o comando da Casas Martins, em 1960.

Outro que apesar de não ser parente também passou a participar da sociedade foi o colaborador Jurandir Andrade Vilela, contador de excelentes serviços prestados à J. Martins.

Além deles, compunham o quadro Joaquim, acionista majoritário, e o também cunhado dele, Abilio.

■■□■■

No final de 1984, os filhos de Joaquim, Márcia e Quim, além do sobrinho Luizinho, filho do cunhado Luis, foram morar e estudar no Colégio Marista, em Curitiba. Com eles estava também a prima de Joaquim, Maria do Céu Farinha Fernandes; ela deixou de dar aulas em Umuarama e passou a lecionar em um colégio de Curitiba.

Depois de um tempo, Márcia e Quim prestaram vestibular em São Paulo. Ele entrou em Administração de Empresas e ela em Direito, mas Márcia não concluiu o curso e se formou tempos depois em Artes Visuais e Computação Gráfica na capital paranaense.

# CAPÍTULO 5

## Confiança e perseverança em tempos difíceis

### O governo Sarney e as ações da Rede Planalto

A década de 1980 marcou por significativas mudanças nos rumos da política e da economia do Brasil.

Depois de um ciclo de 21 anos do militarismo à frente do comando do país, iniciado em 1964, a Presidência da República voltou a ser ocupada por um civil. Em 15 de janeiro de 1985, Tancredo Neves foi eleito presidente brasileiro.

Mas a eleição ainda não pôde ser realizada dentro daquilo que vislumbrava o povo, pelo voto direto. A vitória de Tancredo Neves, do Partido do Movimento Democrático Brasileiro (PMDB), contra Paulo Maluf, do Partido Democrático Social (PDS), aconteceu em votação do colégio eleitoral, composto por deputados federais e representantes das Assembleias Legislativas dos estados. Tancredo, que havia prometido ter sido aquela a última eleição indireta no Brasil, o que veio mesmo a se confirmar, recebeu 480 votos, contra 180 de Maluf.

Em 14 de março, véspera da sua posse, Tancredo foi internado em estado de saúde grave; no dia 15, o posto foi assumido pelo seu vice, José Sarney.

O presidente eleito foi submetido a várias cirurgias, mas não resistiu. Em 21 de abril de 1985, foi noticiado o falecimento de Tancredo Neves. José Sarney foi oficializado como presidente do Brasil.

Em uma das primeiras medidas do governo dele, em 8 de maio, a emenda constitucional que determinou eleições diretas para presidente, prefeitos e governadores teve aprovação.

Outro passo importante foi a realização de uma nova Constituição, em substituição à que estava em vigor desde 1967. Assim, em fevereiro de 1987 foi instaurada no Congresso Nacional, em Brasília, a Assembleia Nacional Constituinte, responsável pelos estudos e formação da nova Constituinte, instituída em 1988.

Já a grande adversária do governo era a inflação, da ordem de mais de 240% ao ano. Isso desencadeou uma sequência de planos econômicos. O primeiro deles destituiu a moeda vigente, o cruzeiro, e instituiu aquela que levou o mesmo nome do plano anunciado em primeiro de março de 1986: o cruzado. Os salários foram congelados e só seriam reajustados por gatilho salarial, no caso, se a inflação atingisse os 20%.

Os efeitos do Plano Cruzado foram positivos, tanto que incentivaram o alto consumismo, que provocou falta de mercadorias e a prática de ágio para alguns produtos, e se tornaram a grande alavanca e "palanque eleitoral" que fizeram o partido de José Sarney, o PMDB, vencer as eleições de 1985 em praticamente 80% das prefeituras das capitais brasileiras. Nas eleições do ano seguinte, o partido elegeu governadores em todos os estados, com exceção de Sergipe. E fez ainda maioria no Congresso, tanto na Câmara dos Deputados quanto no Senado.

Paralelamente a isso, os empresários, em especial do comércio varejista, principalmente dos supermercadistas, como Joaquim, sofriam nas negociações com os fornecedores, pela falta na reposição de mercadorias e, principalmente, para respeitar e manter o congelamento de preços.

Parte da população brasileira optou pelo embate e muitos se autointitularam e se assumiram como "fiscais do Sarney", pois fiscalizavam para se certificar de que os preços não eram majorados. Abusos aconteceram de parte a parte.

Como alguns fatos ocorridos nas lojas Planalto, apesar da política adotada pela empresa de respeitar o congelamento e de não majorar os preços. Um dos funcionários foi etiquetar os preços de uma mercadoria que acabara de chegar, processo que era feito manualmente. Por engano, ele colocou preço diferente em apenas uma das escumadeiras, dentre as dezenas de peças expostas. Pois um dos clientes fez a denúncia e, mesmo tendo sido constatado que aquilo era resultado de um erro humano e não de má-fé do estabelecimento e dos seus dirigentes, o gerente da loja foi preso.

Outro caso envolveu um cliente e promotor de justiça que foi comprar cerveja. Como ele não encontrou o produto desejado, perguntou se havia no estoque. Ao receber a informação de que não havia nada guardado para ser reposto, o homem duvidou e começou a afirmar que o pessoal da loja estava escondendo a mercadoria. A fiscalização foi acionada e tudo esclarecido: realmente, havia falta de cerveja no mercado.

Mas todos os sonhos e lutas foram em vão. Depois das eleições de 1986, foi lançado o Plano Cruzado II e a inflação ultrapassou a casa dos 20% ao mês. A solução foi um novo plano econômico em junho de 1987: o Plano Bresser, com mais um congelamento de preços e salários, além de uma sequência de medidas.

A alta inflação e a troca de ministros da Fazenda continuavam. Depois de Dílson Funaro e Luís Carlos Bresser Pereira, foi a vez de Maílson da Nóbrega assumir como ministro e, em 1989, lançar o Plano Verão.

Além da nova moeda, o cruzado novo, o Plano Verão continuou a empurrar o país para a recessão econômica. José Sarney chegava ao final do governo com inflação que atingia a desastrosa marca dos 1.970% ao ano!

Efetivamente, a segunda metade dos anos 1980 foi historicamente um dos períodos políticos e principalmente econômicos mais conturbados da história do Brasil.

A solução encontrada por Joaquim e os sócios foi uma só: trabalhar mais! Havia muita incerteza e dias de grande indecisão sobre o melhor caminho a seguir. Muitas vezes, Joaquim ficava no escritório até de madrugada, pensando e repensando na situação. Ele tinha consciência de que não poderia esmorecer, principalmente perante os sócios e os colaboradores; ao invés disso, ele sabia que deveria transmitir ânimo e mostrar a todos suas capacidades e qualidades de trabalho.

O grupo se reunia constantemente e conversava sobre como enfrentar e vencer as dificuldades criadas pela sequência de medidas decretadas, tabelamentos e congelamentos, e a alta inflação.

Quanto mais se vendia, mais se perdia dinheiro, pois, mesmo aplicando a margem de lucro, em algumas situações nem se conseguia repor as peças. Em várias oportunidades Joaquim viajou na madrugada de ônibus para São Paulo, onde fazia as compras. Logo cedo ele já estava nos fornecedores, fechando os pedidos e, muitas vezes, constatava negociar por preços acima do que as mercadorias eram vendidas em suas lojas. À noite ele pegava o ônibus de volta e, antes mesmo de ir para casa, seguia direto até a matriz para acertar as condições de vendas das mercadorias defasadas pela alta inflação.

Adelaide ficava penalizada e levava o café da manhã para que o marido pudesse se alimentar no escritório. Só na hora do almoço é que Joaquim conseguia ir para casa, para refazer-se da viagem e saborear um bom prato de comida preparado pela esposa.

Os preços eram ajustados diariamente; impostos e inflação minavam a rentabilidade do negócio. Mesmo a contragosto, Joaquim e os sócios tiveram até que atrasar os pagamentos de alguns impostos. Era preciso colocar tudo na balança para garantir a continuidade do negócio. Muitas empresas não suportaram e ficaram no meio do caminho.

Joaquim contou com o apoio irrestrito da equipe de trabalho e dos parceiros e fornecedores. Não houve quem virasse as costas. E, claro, um dos pontos de maior sustentação para conseguir suportar as dificuldades e resolver os problemas estava centrado em estratégias de gestão sempre adotadas por Joaquim: a de estar muito bem estocado, de permanecer junto aos clientes e de nunca se afastar dos negócios, para estar atento com possíveis e frequentes mudanças de regras.

## Viagem para a Austrália

Em 1985, como um dos grandes pecuaristas brasileiros e criador de gado da raça Chianina, Joaquim viajou para a Austrália e a Nova Zelândia, onde participou de um congresso mundial para criadores da categoria. Ali ele visitou e conheceu, além das tribos aborígenes que habitam o continente australiano e as ilhas adjacentes, as maiores fazendas da Nova Zelândia e a cadeia completa dos processos que envolvem as tecnologias sobre animal, como alimentação, genética, tratamento da carne, distribuição.

A raça Chianina, que começou a ser criada no Brasil na década de 1950, teve origem no Vale de Chiana, situado nas províncias de Siena e Arezzo, na Itália, sendo considerada uma das mais antigas do país, com registros de 1.500 a.C.

Havia a Associação Internacional de Criadores da Raça Chianina e Joaquim fez várias viagens com o grupo associado à entidade para outros países, como Canadá, Estados Unidos e Itália. Mas a própria Itália deixou de subsidiar o negócio e vários empresários perderam o interesse, levando à diminuição da representatividade da raça Chianina no Brasil nos anos 2000. O espaço foi preenchido pelo gado da raça Aberdeen Angus.

A viagem para Austrália e Nova Zelândia foi extremamente proveitosa para Joaquim, não só pelo congresso, rico em conteúdo e contatos, onde ele levantou informações atualizadas sobre o sistema e as áreas de informática e administrativa praticadas por outros criadores, mas por conhecer um país modelo da Oceania[13], repleto de belezas naturais e de áreas de desertos, florestas, praias...

A esposa Adelaide iria acompanhá-lo na viagem para a Austrália. Era parte das comemorações dos 25 anos de casados. A passagem estava até comprada, mas na véspera da viagem a mãe dela, Maria de Lourdes Lopes, que não estava bem de saúde, veio a falecer. Por isso Adelaide não viajou com o marido.

Assim que se encerrou a turnê pela Austrália e Nova Zelândia, Joaquim seguiu para Portugal, onde foi ao encontro da família dele e da esposa.

---

13 A Austrália tem o segundo melhor Índice de Desenvolvimento Humano (IDH) do planeta, perdendo apenas para a Noruega. Criado pela Organização das Nações Unidas (ONU), o IDH representa uma medida comparativa entre os países, sendo analisados fatores como riqueza, alfabetização, educação, expectativa de vida e natalidade.
Anos depois dessa viajem de Joaquim, passou a haver uma grande discussão sobre a divisão do mundo em seis continentes: América, África, Ásia, Europa, Oceania e o sexto, formado pela Austrália e ilhas associadas.

Como registro, nesta mesma viagem Joaquim realizou o sonho de adquirir seu primeiro automóvel da marca Mercedes-Benz. A compra foi feita de uma empresa espanhola, que despachou o carro diretamente da fábrica da montadora na Alemanha para Portugal, onde Joaquim utilizaria o veículo durante suas estadas.

## O adeus a Manuel Martins

– *Joaquim, nosso pai não está nada bem de saúde.*
Ano de 1987! A ligação da irmã Maria do Rosário transmitia a seriedade do estado de saúde de Manuel Martins. Joaquim, que estava em viagem pelo norte do Brasil, retornou a Umuarama, arrumou as malas e seguiu para Portugal, na companhia da irmã Maria de Lourdes.

Assim que chegou à terra natal, Joaquim seguiu para Castelo Branco, onde o pai estava internado. As condições oferecidas pelo hospital não eram tão boas e Joaquim conversou com um primo médico, morador de Coimbra, que acertou tudo para que Manuel fosse transferido para o Hospital de Coimbra, bem mais estruturado.

De carro, os irmãos Maria Rita, Maria de Lourdes e Joaquim seguiram a ambulância em que estava o pai. Assim que Manuel foi acomodado no hospital e avaliado, o médico passou o quadro clínico para Joaquim:

– Seu pai é um homem que tem um coração forte e sempre gozou de boa saúde. Mas está com pneumonia e isso pode agravar o estado clínico, levando-o a ter sérias consequências.

Sabedor da gravidade do caso, Maria Rita, Maria de Lourdes e Joaquim se mantiveram ao lado do pai; eles resgataram uma tradição dos tempos de infância e adolescência, de rezar com Manuel, homem bastante católico, religioso, e que, quando Joaquim viajou para o Brasil, em 1955, disse a ele: "Vá com Deus, meu filho!".

Mesmo cercado de cuidados, Manuel ainda resistiu por algum tempo, vindo a falecer três dias depois, em Coimbra. O corpo dele foi levado inicialmente para o Galisteu e depois para Proença-a-Nova, onde foi velado e sepultado. Joaquim carregava consigo não só as boas lembranças e o amor pelo pai, mas a certeza de nunca tê-lo envergonhado.

## Um doutor na família

– *Olá, sobrinho, estou em São Paulo. Vamos nos encontrar.*
Sempre que Joaquim estava na capital paulista, geralmente a negócios, ele ligava para se reunir e conversar com Paulo, filho da irmã Maria de Lourdes.

Paulo cursava Medicina, e Joaquim sabia como era difícil aquele momento da vida do sobrinho, por querer seguir uma carreira que tanto exigia dele e pela distância da família. Por isso, os encontros se transformavam em sessões de aconselhamento:

– Paulo, esteja bastante firme nos teus propósitos. A vida não é fácil para ninguém, muito menos para quem quer ser médico.

Estar com o tio era relembrar um pouco dos momentos agradáveis em que a família se reunia, tanto em Icaraíma quanto em Douradina e Umuarama. Ali estavam os tios e primos, todos trabalhando e se divertindo juntos. Joaquim fazia questão de ter as pessoas por perto, unidas e com suas trajetórias profissionais seguras.

Paulo sempre dizia ao tio:
– O senhor conseguiu construir uma história de progresso financeiro, ético e moral. Ampliou os horizontes e deixa um grande legado para as gerações futuras.

## O primeiro casamento entre os filhos

Em 18 de outubro de 1986, aconteceu o primeiro casamento entre os filhos de Adelaide e Joaquim. A primogênita passou a se chamar Maria Goretti Fernandes Martins Morgado Riback ao se casar com Pedro Paulo Riback.

Eles se conheceram quando Goretti cursava o último ano da faculdade em Londrina; Pedro Paulo era executivo de um banco na cidade. Entre namoro e casamento, não levou muito tempo, em torno de um ano. Joaquim, ao ser comunicado, concordou. Já Adelaide, como gostava de fazer, demonstrou apoio ao escrever uma carta para a filha. Em temas especiais, ela preferia se expressar por palavras escritas ao invés de faladas.

No dia do casamento, Quim dirigiu o carro que levou a irmã para a igreja. Joaquim esperou a filha na entrada, levando-a até o altar.

Logo Goretti e Pedro Paulo, que moravam em Londrina, se mudaram para Curitiba, para onde ele foi transferido. Meses depois, o casal teve a primeira filha, Nicole.

Sempre que eles iam visitar os pais de Goretti, Adelaide e Joaquim ficavam muito felizes e ele sondava Pedro Paulo e a filha para saber se estavam bem em Curitiba e se o genro gostaria de trabalhar com ele, na parte financeira da J. Martins.

Depois de um tempo, Pedro Paulo aceitou o convite e buscou a melhor adaptação na mudança relativa de área, de uma instituição bancária para uma empresa familiar.

■■□■■

Ainda na segunda metade da década de 1980, o cunhado Luis Gonzaga Lopes Fernandes decidiu sair da sociedade. Ele pretendia estabelecer-se em Naviraí, onde imaginava montar um supermercado.

Por entender que a saída dele do negócio seria um erro, Joaquim tentou demovê-lo. Quanto a Luis, se manteve firme em seu propósito, mesmo porque esse era também o grande desejo de seus pais, o de vê-lo empreender de forma independente. As tratativas seguiram e o valor referente à parte dele foi acertado por Joaquim em moeda corrente.

Mas as coisas não andaram como Luis esperava, e tempos depois ele teve nova conversa com Joaquim, desta vez sobre a possibilidade de retornar à sociedade. Joaquim ponderou que o havia alertado no passado, mas ele e os outros sócios o aceitaram de volta.

Para retornar à sociedade, Luis deu em troca das ações o supermercado que havia aberto em Naviraí. A loja foi passada adiante. No negócio, o comprador propôs colocar uma fazenda. Joaquim foi ver a propriedade e, mesmo sem gostar muito, aceitou recebê-la, para acertar a volta do cunhado Luis à sociedade.

## Fatalidade com o irmão Antonio

Em janeiro de 1988, outra grande perda para os Martins. Antonio, o mais velho dos irmãos, estava na loja de Maria Helena, onde era o gerente, e foi atender a solicitação de uma cliente. A mulher comprara um registro de botijão de gás e retornou à loja dizendo que estava com defeito.

Sempre atencioso, Antonio foi testar a peça na cozinha do mercado. Assim que ele acendeu a boca do fogão, havia gás no ambiente e as roupas dele pegaram fogo, tudo muito rápido. Imediatamente, Antonio foi levado ao hospital local, e de lá encaminhado para outro hospital com mais estrutura, em Curitiba. Foram 15 dias de tratamento intensivo. Joaquim e a irmã Maria de Lourdes acompanharam cada momento ao lado da cunhada, Adélia, e dos sobrinhos Ana Maria, Maria do Carmo e João.

Mas, infelizmente, Antonio não resistiu e veio a falecer. Depois do sepultamento de Antonio, Joaquim providenciou a mudança da cunhada e dos sobrinhos de Maria Helena para Umuarama. Ele havia perdido não só um irmão, mas também um grande amigo.

## Outra batalha política e econômica pela frente

– *Meu compromisso na Presidência da República é realizar um governo digno nas melhores qualidades da nação. Um governo capaz de reerguer o Brasil à altura do valor da sua gente e do lugar que merece.*

Esse foi o trecho final do discurso de Fernando Collor de Mello, o primeiro presidente brasileiro eleito pelo voto popular depois da redemocratização e do governo militar. O povo brasileiro encheu-se de esperança com a fala forte e as propostas de um presidente de 40 anos e cheio de vitalidade.

Collor, do Partido da Reconstrução Nacional (PRN), foi eleito ao derrotar no segundo turno o candidato do Partido dos Trabalhadores (PT), Luiz Inácio Lula da Silva.

O longo discurso de Fernando Collor tratou também do nacionalismo do povo, da capacidade produtiva e de crescimento do país, da política interna e externa, da dívida e da abertura das fronteiras nacionais para outras economias.

Logo após assumir o posto, Fernando Collor anuncia o primeiro plano econômico, o Plano Brasil Novo, que ficou conhecido como Plano Collor. Entre as medidas, além do confisco financeiro da população para depósitos bancários superiores a Cr$ 50.000,00 por dezoito meses, estavam o enxugamento da máquina pública, a troca da moeda, de cruzado novo para cruzeiro, ampliação da atuação do Imposto sobre Operações Financeira (IOF), e corte dos incentivos fiscais para algumas áreas, entre elas, agricultura e computadores.

Não há como negar que a população foi pega de surpresa com muitas das medidas. Os empresários, que foram prejudicados, também!

Diferentemente do Plano Sarney, apesar de seguir o caminho dos planos ineficientes, pois foram ainda criados o Plano Collor II e o Plano Marcílio, a economia padeceu no governo Collor, mas ajustou-se mais rapidamente. A abertura comercial do país para a entrada de multinacionais e de produtos estrangeiros incentivou a concorrência e abriu novas possibilidades de mercadorias e de negócios.

Mas Joaquim e os sócios não caíram na empolgação da eleição de Fernando Collor, e o confisco pouco mexeu com os recursos da empresa. Numa antevisão dos fatos, Joaquim havia conversado internamente e definido que melhor do que deixar dinheiro parado no banco com o novo governo, o de Collor, seria estar estocado de mercadorias. E a escolha foi acertada!

Como ele dizia:

– Mercadoria está no meu domínio. Eu sempre fui de comprar, vender e ter estoque!

E como um grande comprador, Joaquim soube se beneficiar da abertura de mercado, que permitiu a entrada no país de mercadorias qualificadas e diversas com preços mais baixos, o que pressionou a indústria nacional a elevar sua qualidade produtiva e ponderar nos preços.

Quanto ao governo de Fernando Collor, ruiu pelas medidas tomadas e pela recessão econômica, além da inflação que atingiu 1.200% ao ano. Além disso, o golpe fatal foram as fortes denúncias de corrupção a partir de meados de 1991.

O então presidente foi alvo de *impeachment*, processo de impugnação de mandato. A turbulência continuou até setembro de 1992, quando a Câmara dos Deputados votou pelo *impeachment* de Collor e o afastou da Presidência. Seu vice, Itamar Franco, assumiu o comando do país.

Mas antes mesmo de o *impeachment* ser aprovado pelo Senado, Collor, que ficou inelegível por oito anos, renunciou ao posto em 29 de dezembro de 1992.

■■□■■

No ano de 1991, Joaquim viajou com um grupo de amigos para os Estados Unidos. O objetivo era participar de um evento ligado à Associação dos Criadores de Gado Chianina. Nem todos do grupo que acompanhou Joaquim eram pecuaristas. Entre eles estava Antonio Lourenço Rodrigues, sócio da importadora São Marcos.

Durante a viagem, Joaquim e Antonio dialogaram bastante. Além das conversas diversas, Rodrigues queria entender um pouco mais sobre gado e a raça Chianina, tema que Joaquim tão bem domina. E num desses bate-papos de fim de noite, Antonio expressou toda a admiração que tem por Joaquim:

– Entre tantos aprendizados, Joaquim, um dos maiores que adquiri com você é ser sempre otimista naquilo que se fala e se faz. Você sabe respeitar o próximo. Eu o considero um grande exemplo de ser humano e de empreendedor a ser seguido.

E Joaquim retribuiu a gratidão, por sempre ter-lhe fornecido mercadorias de forma irrestrita, o carinho e as palavras do patrício de freguesia em Portugal:

– Caro Antonio, você é um querido companheiro, professor e conselheiro, acolhedor, de excelente caráter, um pai de família exemplar! Tenho grande honra e orgulho de tê-lo como amigo!

## O Brasil de cara nova

*– Prometo manter, defender e cumprir a Constituição. Observar as leis, promover o bem geral do povo brasileiro, sustentar a União, a integridade e a independência do Brasil.*

Esse foi o compromisso lido por Itamar Franco, que antes entregou sua declaração de bens, sob os aplausos do Congresso, seguido da cantoria do Hino Nacional.

Em maio de 1993, Itamar Franco oficializou Fernando Henrique Cardoso como ministro da Fazenda. Novamente, a hiperinflação era a grande vilã.

Depois de montar uma super-equipe de economistas, foi anunciado o Plano Real. Os efeitos do plano foram eficazes e imediatos, promovendo significativa baixa da inflação e elevação do consumo e do nível de vida da população.

A popularidade de Fernando Henrique Cardoso se fortaleceu perante a nação, tanto que ele saiu candidato nas eleições presidenciais de 1994, sendo eleito e quatro anos depois reeleito Presidente da República.

Com a redução brusca da inflação e a estabilidade dos preços, o barco do comércio varejista voltou a navegar em mares calmos e em alta velocidade. A população se via estimulada a comprar e o nível de consumo gerava qualidade de venda e melhoria nos lucros.

Em relação à rede de lojas Planalto, foi um período de alto fortalecimento do grupo, que compreendia atacado, varejo e fazendas, entre outros investimentos. Joaquim, dentro da política de estar sempre bem estocado e capitalizado, comandou um período de tempos áureos, assim como foi para a grande maioria das empresas.

A mesa do brasileiro ficou mais farta e isso pôde ser constatado pelos produtos que eram ou passaram a ser adquiridos pela clientela da rede Planalto. As diversificações de fornecedores e da gama de produtos foram incrementadas no costume diário do consumidor, como de frios e laticínios.

No período, ainda para sanar as dificuldades oriundas do governo de José Sarney, que provocou atraso no pagamento de alguns impostos, Joaquim viabilizou a quitação deles por meio de incentivos apresentados pelo governo de FHC no Programa de Recuperação Fiscal, o Refis.

## Outra filha formada

Na década de 1990, assim que terminou o ensino médio, Elis Magna, a Magui, prestou e entrou na faculdade de Arquitetura. Magui havia feito alguns testes vocacionais que confirmaram sua opção pela carreira.

Quando se formou, Magui se tornou prestadora de serviços da J. Martins para as lojas Planalto. O primeiro trabalho envolveu a reforma da padaria do hipermercado.

Ali nasceu uma relação profissional de Magui com Joaquim e os diretores da J. Martins. Na empresa, a arquiteta se reportava ao pai e aos tios como clientes e não como familiares. Aos poucos, ela foi se adaptando a essa mudança na relação e entendendo a forma de pensar da diretoria.

O trabalho dela conquistou a todos, tanto que Magui assumiu depois os projetos das reformas, com obras supervisionadas pelo irmão Quim, e acompanhou a padronização das lojas já existentes e a construção e a decoração das novas lojas, como as filiais de Icaraíma e Planalto Tiradentes, em 1990, e a Planalto Castelo, em 1999. Anos depois foram ainda inauguradas as lojas Planalto Atacarejo, com a primeira farmácia da rede, em 2018, e a Planalto Anchieta, em 2019.

## O casamento de Sara

Em 14 de maio de 1993, outra filha de Adelaide e Joaquim se casou. Era Sara Regina, que contraía matrimônio com Odair José Gaiari. O rapaz foi bem recebido na família e, após o pedido de casamento formal, Joaquim teve uma conversa com a filha, dizendo:

– Sara, a vida é mesmo assim... Construa agora a sua família. Eu torço para que você, o Odair e os meus futuros netos sejam muito felizes!

Emocionada, Sara deu um abraço e um beijo no pai, e lhe agradeceu:

– Obrigada por tudo que o senhor, "seu Juca", e a "dona Dedé" fizeram e fazem por mim. Eu amo vocês – disse ela, brincando com os apelidos do pai e da mãe.

Filho de fazendeiro, Odair já conhecia e tinha conversado com Adelaide e Joaquim. O pai de Odair já havia dividido as terras entre os filhos. Odair, mesmo já tendo sua propriedade rural, aceitou o convite de Joaquim para trabalhar em suas fazendas.

Apesar de ser grande conhecedor de fazendas, Odair aprendeu muito com Joaquim, além de aplicar nas terras do sogro no Mato Grosso aquilo que já conhecia. Em 2010, Odair passou a tomar conta das fazendas do Paraguai, onde estão algumas das maiores áreas rurais da família. Em determinadas fazendas, tanto os produtos quanto o gado só chegam de barco. São 17 quilômetros de navegação para atravessar o Rio Paraguai.

■■□■■

No mesmo ano, nasceu a unidade empacotadora de cereais, grãos e temperos em geral. Componentes certos na cesta básica do brasileiro, os itens mais representativos na linha produtiva própria, que alcançou mais de quarenta produtos, são o arroz, o feijão e o açúcar, e que ajudam a completar a gama de cereais comercializada nas lojas dos Supermercados Planalto.

A marca da linha de mercadorias, que leva o nome de Sara, uma homenagem que Joaquim fez à terceira filha, pode ser encontrada em todas as lojas da rede e ganhou volume de negócio com o tempo. Principalmente porque passou a ser oferecida a outros comerciantes da região do segmento atacadista.

Como em tudo que administra, Joaquim periodicamente costuma visitar a empacotadora para constatar se todos os métodos produtivos correspondem às exigências de qualidade determinadas.

## O amigo abençoado

Em 1994, Joaquim apadrinhou mais um companheiro rotariano: o religioso Monsenhor José Dantas de Sousa, também com ascendência portuguesa, mas nascido na Paraíba, e que chegou a Umuarama em 1974, tendo sido ordenado e depois pároco em Icaraíma, em 1975. Posteriormente, José Dantas retornou a Umuarama para participar da construção da Catedral do Divino Espírito Santo, onde tomou a frente das obras até a instalação da Diocese de Umuarama.

Logo que se conheceram na década de 1970, José Dantas já traçou o perfil de Joaquim: homem de hábitos simples, centrado, trabalhador, que sabe definir e alcançar aquilo que busca e que preserva os valores éticos e morais.

Daí em diante, a relação deles se estreitou. Nas reuniões às segundas-feiras, é certo que Joaquim e José Dantas, que chegou a ser governador de distrito do Rotary, se encontrem e conversem sobre os mais diversos temas.

## Mais uma "filha" na família

– Mãe, pai, quero que vocês conheçam a Simone, minha namorada. Já nos relacionamos há alguns meses.

O primeiro contato entre Adelaide, Joaquim e Simone, após a apresentação feita pelo filho Quim, aconteceu no Recanto do Moinho, em Umuarama, durante as comemorações do Natal de 1994. Depois, aos poucos, Simone foi sendo apresentada aos tios, primos e amigos de Quim; ao todo, deveria haver mais de 80 pessoas naquele almoço de Natal em família.

Como Quim costuma dizer sobre o pai, da habilidade dele para conversar e conhecer a essência das pessoas, não faltou oportunidade para que Joaquim logo começasse a "tirar a pinta" de Simone numa conversa agradável e recheada de perguntas sobre a origem da família, valores, estudos, ideais, projetos futuros.

Depois de algum tempo de bate-papo, Joaquim gostou do que ouviu. A moça era batalhadora, cursava a faculdade de Direito, vindo a se formar ao final de 1997; em março de 1998 ela passou no exame da Ordem dos Advogados do Brasil (OAB) e montou um escritório de advocacia com uma amiga e um ex-professor. Nesse meio tempo, Simone estagiou nos departamentos jurídicos do Banco do Brasil e da Caixa Econômica Federal em Umuarama.

Quatro anos depois que se conheceram, Simone e Quim se casaram, em 5 de setembro de 1998. A moça tinha 22 anos e ele 31. Como presente de casamento, Adelaide e Joaquim compraram um terreno e construíram uma casa para o filho e a nora; o projeto de arquitetura foi feito por Magui. A mãe de Simone se prontificou a arcar com parte do investimento da festa, mas Joaquim não aceitou e bancou sozinho todos os custos.

Em 1999, Simone passou a prestar serviços advocatícios para a J. Martins. A demanda foi resolvida com eficiência e, assim, no ano de 2000, Joaquim convidou a nora para trabalhar na empresa. Simone então aceitou a proposta do sogro e saiu da sociedade do escritório.

■■□■■

Em outubro de 1995, o colaborador Edilson de Amorim Cassita inicia na empresa. Natural de Icaraíma, Joaquim e o irmão José conheciam bem o avô de Edilson, a quem atendiam no balcão da loja ainda na década de 1960.

Além de cliente, Joaquim comprava mercadorias produzidas na propriedade do homem, como feijão, milho e café, e muitas vezes eles faziam permuta de produtos. A confiança entre eles era tão grande, que algumas vezes o avô de Edilson pagava as compras feitas na loja da Casas Martins só após a colheita da safra.

Mas quando Edilson cresceu e precisava trabalhar, a propriedade ficou pequena para comportar as necessidades de toda a família, e ele então foi procurar emprego na J. Martins. O rapaz começou como empacotador; dias depois foi transferido para o setor de abastecimento, onde fazia a reposição das mercadorias na loja e ajudava na conferência.

Passado um ano e meio, nova transferência; Edilson foi submetido à seleção interna, comandada por Goretti, filha de Joaquim, psicóloga e que atuava na área de recursos humanos, e migrou para o setor de faturamento do atacado, até que chegou à Tesouraria.

Como Joaquim não é de se esquecer das origens, sempre que ele encontra Edilson comenta dos tempos de Icaraíma e do avô dele. Isso torna o ambiente da empresa ainda mais familiar. E Edilson observa como, mesmo com o passar do tempo e de ter alcançado grande destaque empresarial, Joaquim mantém os hábitos simples e o mesmo jeito humanitário que o caracteriza.

## O querido primo Fernando

Em 1997, Fernando Miguel Lopes veio visitar a prima Adelaide e Joaquim, que lhe haviam feito o convite para rever os parentes que viviam em Umuarama.

Quando eles se casaram por procuração, Fernando tinha 15 anos e esteve presente nos três dias de festa. Fernando só veio a conhecer Joaquim em 1964, quando ele retornou pela primeira vez a Portugal, depois de se mudar para o Brasil em 1955. A partir daí, sempre que Joaquim ia a Portugal, visitava Fernando, filho da tia Céu e do tio Bernardino, e a quem chamava de "primo industrial".

Assim que Fernando chegou ao aeroporto de Maringá com a mulher e os filhos, lá estava Joaquim para buscá-los. Foram três semanas de convívio e passeios nas fazendas e em Foz do Iguaçu, Curitiba, São Paulo e

Santos. Fernando ainda reviu outros primos e conviveu dias agradáveis com todos os familiares.

Nessas três semanas, Fernando conheceu outras competências de Joaquim, com a de antever os fatos, a de ter memória fabulosa e a do empreendedor focado e extremamente trabalhador. Joaquim é também um excelente conselheiro, conforme Fernando constatou nas questões em que consultou o primo. Além do fato de ele saber como se cercar de pessoas do bem.

## Desfalque na sociedade

Depois de atuar por trinta anos com Joaquim e de ser sócio da empresa, na qual tinha 5% de participação e era o diretor financeiro, Acácio pediu para ter uma conversa reservada com o irmão.

– Joaquim, quero vender as minhas ações da empresa. Penso em me mudar para Cuiabá e montar meu próprio negócio! Terei meu cunhado como sócio.

Sem dúvida, a colocação pegou Joaquim de surpresa. Ele então perguntou:

– Você está certo disso Acácio? Não quer repensar, rever a posição?

Diante da manutenção da postura de Acácio, Joaquim pediu para que fosse levantado o valor e comprou as ações dele, pagando parte em dinheiro e parte em mercadorias. Acácio idealizava montar lojas em Cuiabá, capital do Mato Grosso.

Assim ele o fez, não se dando bem com o ramo. Anos depois, Acácio iniciou um negócio de andaimes para a construção civil. Vez por outra Joaquim visita o irmão em Cuiabá.

# Casamento em família

*– Eu os declaro marido e mulher. Pode beijar a noiva.*

Assim se encerrou a cerimônia do matrimônio do casal Simone Laís de David Fernandes Martins e Joaquim Fernandes Martins Filho, o Quim, em 5 de setembro 1998.

Mas o fato curioso é que a missa, realizada em Umuarama, na Catedral do Divino Espírito Santo, foi celebrada pelo padre José Luis Morgado Ferreira, sobrinho de Joaquim, filho da irmã Maria do Rosário e, claro, primo dos noivos. José Luis veio de Portugal especialmente para realizar o casamento e, assim, comemorar o momento especial com a família.

Aos 10 anos José Luis se tornou seminarista e desde então idealizou seguir o sacerdócio. Já como padre, os encontros de José Luis com Joaquim se davam em Portugal, onde ele sempre presenciava o tio viver de forma intensa, com muitos projetos realizados e uma porção de outros para serem colocados em prática. Tanto que ele costumava dizer quando se encontravam:

– Tio, o senhor demonstra ter sede de viver, de construir as coisas e de fazer o bem e criar oportunidades a todos que estão a sua volta. O senhor é para nós um grande exemplo de vida e de postura humana.

Além daquela oportunidade, José Luis retornou a Umuarama anos depois, na primeira metade dos anos 2010, para realizar o casamento da prima Elis Magna com Fábio Vinícius Rocha.

Assim como já tinha feito na primeira vinda ao Brasil, José Luis constatou o modo de vida de Joaquim, com muito trabalho e cercado de familiares, parentes e amigos. Outro ponto observado foi a respeitabilidade que o tio tem perante a sociedade de Umuarama, em função dos conceitos éticos e morais praticados.

Era comum que, enquanto estivesse em Portugal, Joaquim acompanhasse o sobrinho em suas atividades, muitas vezes em cidades portuguesas ou mesmo na Espanha. José Luis era o diretor de sua congregação, que abrangia Portugal, Espanha e as ilhas Cabo Verde e São Tomé e Príncipe. Eles iam de carro e tinham oportunidade de conversar por horas.

■■□■■

Em 24 de setembro 1999, sob o Projeto de Decreto Legislativo n. 25, Joaquim é agraciado com o título de Cidadão Honorário de Umuarama; a solenidade de entrega ocorreu em 13 de junho de 2008. A homenagem a Joaquim foi um reconhecimento pelos bons serviços prestados à comunidade do município.

A menção honrosa foi proposta durante o mandato do prefeito Antônio Fernando Scanavaca e aprovada por unanimidade pelos 19 membros da Câmara dos Vereadores, presidida na época por Gilberto Balan.

## Adeus, mãe...

A matriarca dos Martins Maria da Natividade Fernandes era uma mulher forte. Não sabia ler, mas tinha pensamentos e palavras sábias. Até ter a saúde mais abalada, com alguns problemas cardíacos, morava sozinha. Mas a família estava sempre por perto. A filha Maria do Rosário passava com a mãe boa parte do dia e a neta Margarida dormia na casa da avó.

Dia 20 de outubro de 1999, ela estava na casa de Maria do Rosário. Antes de dormir, ela tomou um copo de leite e foi se deitar. Faleceu na madrugada, enquanto dormia, aos 92 anos.

Maria da Natividade teve oito filhos. Todos eles foram se despedir da mãe. Além de Maria do Rosário, a primeira a chegar foi Maria Rita, que estava em Barcelos. Do Brasil partiram Maria de Lourdes, Joaquim, José e Acácio. Antonio já havia falecido.

Joaquim ficou a olhar para a mãe, com lágrimas nos olhos, acariciando seu rosto. Ele e os irmãos procuraram amparar os pais em tudo que precisavam; Joaquim comandou a construção de uma boa casa para os pais com toda a infraestrutura, com luz elétrica, poço artesiano... e Maria da Natividade falava para todos:

– O Joaquim faz tudo por nós!

Joaquim se lembrou das palavras que Maria da Natividade disse momentos antes de ele partir para o Brasil:

– Filho, seja sempre honesto, trabalhador, obedeça aos seus patrões e respeite as pessoas. Vou orar dia e noite para que Deus te acompanhe e abra os teus caminhos – e se derramou em lágrimas.

■■□■■

## Gente do time

*– Mauro, gostaríamos que você assumisse a gerência da unidade de empacotamento. Você construiu uma sólida carreira na empresa. Confiamos muito no seu trabalho.*

Assim foi a conversa entre Joaquim e Antonio Mauro Lepre, que desde 20 de novembro de 1985 trabalhava na Rede Planalto. A unidade empacotadora de alimentos Sara, criada em 1993, produz para atender a rede de lojas Planalto de atacado e varejo, além de outros clientes.

O rapaz havia sido contratado inicialmente como ajudante de motorista e passou por vários setores até chegar à gerência.

E Antonio Mauro agradeceu ao voto de confiança:

– Seu Joaquim, registro aqui minha gratidão por tudo que o senhor e a empresa fizeram por mim e pela minha família. Alguns parentes meus, como tio, primo e irmãos, trabalham ou já trabalharam para o senhor.

Trago do convívio e das conversas e viagens que fizemos juntos um aprendizado importante, tanto sobre gestão do negócio quanto da vida pessoal.

Antonio Mauro destaca ainda a forma com que o casal Adelaide e Joaquim cuida dos colaboradores:

– Do funcionário mais antigo ao mais novo, todos recebem tratamento atencioso. É uma grande família! A dona Adelaide tem estilo de mãezona e seu Joaquim de paizão.

## Os queridos netos

Assim que entrou em Veterinária, Igor Fernandes Martins Riback, o segundo neto de Joaquim, filho de Goretti e Pedro Paulo, fez questão de contar ao avô (a primeira neta é a irmã de Igor, Nicole, que seguiu a carreira de fisioterapeuta). A conversa foi bastante agradável e o rapaz relembrou dos tempos de infância:

– Vô, eu sempre fico olhando as fotos e recordando dos tempos em que, aos finais de semana, o senhor levava a mim e aos meus primos para as fazendas, principalmente a Canaã. Eu adorava acompanhar as reuniões de trabalho que o senhor fazia com a equipe.

E Igor ainda reconheceu o esforço de Joaquim para poder, de algum modo, estar com os seus:

– O senhor sempre foi um homem de negócios com agenda atribulada, mas nunca deixou de curtir a nós, seus netos. O senhor arrumava um jeito e encontrava espaço nas noites da semana e aos sábados e domingos para curtir a família.

Após estar formado, Igor se pós-graduou em Gestão Empresarial e, depois de alguns estágios, passou a trabalhar no Frigorífico Astra.

A conversa se encerrou com um carinhoso abraço. Igor havia sido preciso nas palavras. Realmente, Joaquim tinha que se dividir para poder tocar a intensa agenda de trabalho e curtir alguns momentos com os filhos e netos.

■■□■■

Outro neto que se lembra das idas às fazendas e à Chácara Recanto do Moinho com Joaquim é Leonardo Martins Gaiari, filho de Sara e Odair. Havia também os encontros na chácara com toda a família, onde os primos ficavam reunidos, jogando futebol.

Quando tinha uns 10 anos, em um dos passeios à fazenda, Leonardo foi convencido pelo avô a andar a cavalo. Ele não queria, mas concordou. Pois o animal, que era manso, estranhou e saiu em disparada; foi um custo até conseguir pará-lo. Para complicar, Leonardo ainda levou um tombo. Graças a Deus não aconteceu nada de grave e Joaquim tentou de alguma forma consolá-lo:

– Você ainda é novo... Até crescer passa..." – disse Joaquim, sob o olhar desconfiado de Leonardo e para diversão dos outros netos.

Mas a grande recompensa era no retorno dos passeios, quando Joaquim levava os netos Igor, Leonardo e o irmão Gustavo à lanchonete da loja Big Planalto. Ali eles se deliciavam com batatas fritas e sucos, e saboreavam as conversas com o avô, que contava seus "causos" de Portugal e de quando chegara ao Brasil.

Os netos sabiam que com Joaquim tudo que ele faz tem que misturar lazer com trabalho. Tanto que, enquanto a garotada se divertia, fosse na fazenda ou no Big, ele aproveitava para trabalhar, circulando pelas terras ou loja. Era normal também Joaquim convidar os netos para, durante as férias, empacotarem as compras, pagando para a garotada o dia de trabalho. Era uma forma de comprometê-los e de trazê-los para dentro da empresa.

E nos momentos em que estava com os netos, Joaquim sempre mandava seus recados:

– Vocês sabem que nossa família é muito religiosa. Tenham fé e sejam sempre honestos.

## Aceitar o desafio

*– Devanir, eu gostaria que você assumisse a área de compras de cereais empacotados. Você aceita?*

A resposta de Devanir Barroso, conforme esperava Joaquim, foi positiva e seguida de um pedido do patrão:

– Devanir, procure sempre os melhores negócios e que sejam bons para os nossos consumidores e para a nossa empresa.

Estávamos no início dos anos 2000 e Devanir já trabalhava com Joaquim desde 1987, quando iniciou na filial da distribuidora de bebidas da Skol, a Juriti Transportes, que pertencia ao Grupo J. Martins. Ali Devanir ficou por oito anos, passando por alguns postos da empresa. Depois, ainda atuou no atacado e nas lojas com tecnologia da informática (TI), para informatizar e automatizar a empresa, até chegar ao setor de compras. O setor dele compreende em torno de 5.000 itens, como linhas de cereais, molhos de tomate, conservas, maioneses, castanhas, sobremesas, entre outros; por isso, o departamento de compras está dividido em quatro áreas.

Nesses anos de convívio, Devanir aprendeu a admirar Joaquim. O patrão mantém seu jeito carismático, educado, moderado e atencioso, mas sabe exigir profissionalismo e repreender, além de também elogiar. Se há algo que incomoda Joaquim? Devanir responde: "Erros por omissão".

Nas conversas reservadas, Devanir gosta de ouvir a história de vida de Joaquim, principalmente da chegada ao Brasil e do início da trajetória empreendedora em Icaraíma:

– Eu pegava o caminhão e ia sozinho fazer compras em São Paulo. – conta ele.

Devanir Barroso construiu uma linda trajetória na empresa, que ultrapassou os trinta anos de casa.

## Crer para ver

*– José Luiz, avise ao pessoal que trabalha com você que a partir de hoje a empresa passa a ser J. Martins Supermercados Planalto Ltda., e que todos continuam a trabalhar normalmente. E peço que você negocie os pagamentos com os fornecedores da antiga empresa. Vamos acertar tudo, pagar a todos.*

Diante das dificuldades financeiras pelas quais passava a rede de supermercados Casas Moreira, para quem a área de atacado da J. Martins fornecia e na qual José Luiz Leandro era gerente e trabalhava havia 24 anos, em 2000 Joaquim Martins negociou com a empresa a compra da loja de Umuarama.

Mesmo sendo concorrentes, Joaquim conhecia José Luiz, com quem gostava de trocar ideias e cuja forma de trabalhar admirava. Tanto que transmitiu a ele a responsabilidade de negociar com os fornecedores do antigo patrão.

A admiração era recíproca. José Luiz conhecia o alto conceito de Joaquim em Umuarama e no setor empresarial. Quando soube que Joaquim negociava a compra da empresa, inclusive com o prédio da loja, ele passou a torcer pela realização do negócio, que veio mesmo a se concretizar. E Joaquim cumpriu tudo que prometeu, comprovando seu caráter.

Depois do negócio concluído, José Luiz conversou com Joaquim e quis deixá-lo à vontade para colocar alguém de sua confiança na gerência, dizendo:

– Seu Joaquim, se preferir, pode trazer alguém da sua equipe, que já trabalha na J. Martins há mais tempo.

Com seu jeito simpático e com sorriso no rosto, Joaquim disse:

– Tenho certeza de que você sabe o que deve ser feito e como fazer. Então, eu não preciso de outro.

Aquele foi um grande voto de confiança dado a José Luiz. Logo ele começou a se movimentar e as pendências com fornecedores e colaboradores foram sendo acertadas. Foi feito um balanço e a loja ficou trinta dias fechada, enquanto era feita uma reforma e a nova documentação da empresa; os funcionários entraram em férias.

A relação profissional de José Luiz com a J. Martins ficou estreita, tanto que ele construiu uma carreira de mais de vinte anos na empresa – em 2019, ele gerenciava a filial Big Planalto.

Entre tantas passagens vividas ao lado de Joaquim, a mais significativa envolveu a compra da casa própria pelo gerente. José Luiz negociou e adquiriu um imóvel, mas faltava uma pequena parte para a quitação. O corretor disse que só após o pagamento integral da casa José Luiz poderia fazer a escritura. Claro, ele queria receber o dinheiro antes.

Indeciso em fechar a compra naquela condição, José Luiz recorreu à experiência de Joaquim. O patrão ouviu e disse:

– Eu conheço o corretor. Marque uma reunião com ele aqui no escritório.

No dia seguinte, lá estavam reunidos o corretor, José Luiz e Joaquim, que disse ao vendedor do imóvel:

– O valor que falta não é grande. O José Luiz só comprará a casa se você fizer promissória, que ele assinará e eu serei o avalista, mas a escritura precisa ser passada na assinatura do contrato. Se o José Luiz não pagar, pago eu!

Estava resolvido! O aval de Joaquim Fernandes Martins era como um cheque visado pelo banco! O corretor ficou feliz e José Luiz mais ainda. Afinal, constatou toda a consideração que Joaquim tinha por ele.

## Inovar sempre nas prateleiras

*– Nós temos que ter em nossas lojas produtos que os clientes procuram e também as novidades, para que possamos oferecer algo diferente e que eles não vieram buscar. Isso cria na clientela a vontade e o desejo de consumir o que não conhecem.*

A conversa entre Joaquim e Alessandro Mendes da Silva aconteceu em 2001, quando ele entrou na empresa na área de compras. Inicialmente, o departamento era dividido em duas áreas, mas foi desmembrado para quatro setores. Depois de passar por alguns departamentos, Alessandro fixou-se nas compras de quatro ou cinco linhas, como higiene e limpeza, bazar e açougue, além de participar da aquisição de equipamentos.

A participação de Joaquim nos pontos de vendas é bem ativa. Joaquim gosta de circular pelas lojas para ver a exposição das mercadorias nas gôndolas e em setores específicos e que são diferenciais nas lojas Planalto, como padaria, confeitaria e açougue, onde confere também a confecção dos produtos e os cortes das carnes.

Incentivador da importação de mercadorias, Joaquim foi um dos defensores da abertura e intensificação de divisas com alguns países. Ele e integrantes da equipe viajaram para China, Chile, Argentina, Paraguai e Portugal, entre outros, de onde passaram a trazer mercadorias que são oferecidas na Rede Planalto.

Mas o que Alessandro gosta de ouvir são as histórias contadas por Joaquim, como uma passagem ocorrida em 1970:

– Eu estive em São Paulo e comprei um caminhão lotado de rádios. Posso dizer que foi uma ação ousada para a época. Era 1970, o ano da Copa do México. Pois de São Paulo a Icaraíma, eu ia passando pelas cidades e oferecendo os rádios nos comércios. Conclusão: quando cheguei em casa, não havia sobrado nem um aparelho no caminhão para contar a história. Depois eu voltava e carregava calçados e roupas, e vendia tudo de novo... – e gargalha, comemorando o feito!

A respeitabilidade de Joaquim como empresário e homem sério e honesto é admirada não só por quem trabalha com ele, mas também pelo pessoal de fora. Como quando Alessandro conversava com uma pessoa que acabara de conhecer e, ao saber que ele trabalhava para Joaquim Martins, disse:

– O senhor Joaquim é uma pessoa de grande caráter, cumpridor da palavra. Um modelo e exemplo de ser humano e empresário. Queria estar no seu lugar... Conviver com o senhor Joaquim é como cursar uma faculdade: se aprende muito. Eu que gostaria de estar perto dele para absorver os ensinamentos que transmite.

Alessandro agradeceu e confirmou as palavras, dizendo:

– É um grande privilégio poder conviver e estar ao lado do senhor Joaquim.

■■□■■

No ano de 2002, após longas conversas com a advogada e nora Simone Laís de David Fernandes Martins, Joaquim decidiu reestruturar a composição dos negócios particulares, criando então uma *holding* e colocando debaixo desse "guarda-chuva" todos os bens pessoais e familiares, distribuindo cotas de participação aos filhos.

Desde então, Joaquim e os filhos integrantes da *holding* vêm se reunindo duas vezes por ano para tratar dos assuntos de interesse da entidade gestora dos negócios. Ao término das reuniões, Joaquim sempre tece algumas palavras sobre a importância de estarem e de se manterem juntos, finalizando com a frase:

– A união faz a força!

Como é de seu feitio, de partilhar com as pessoas próximas tudo que entende ser bom para ele, Joaquim comunicou sua decisão aos sócios, para que seguissem o mesmo caminho. Uma empresa de Londrina foi contratada para operacionalizar o processo.

## Novo rumo político no país

Em 2002, novas eleições presidenciais definiram Luiz Inácio Lula da Silva como presidente do Brasil. Lula, do PT, e que foi reeleito quatro anos depois, derrotou no segundo turno José Serra, do PSDB, com pouco mais de 61% dos votos.

De certa forma, pode-se dizer que a economia do país alcançou índices importantes. A população passou a ter melhores condições de aquisição, estabilidade de emprego, o que fez a economia deslanchar.

O varejo em geral, incluindo os supermercadistas, foi um dos beneficiados com a situação. O *ticket* médio se elevou e as margens de crescimento das empresas alcançavam a casa dos dois dígitos, algumas da ordem de 20% ao mês.

A J. Martins aproveitou-se muito bem das oportunidades apresentadas pelo mercado. Ampliou o faturamento, construiu e abriu novas lojas,

Joaquim adquiriu fazendas... Sempre capitalizado, para não sofrer com os altos e baixos do mercado.

Politicamente a situação perdurou por oito anos, até que, em 2010, a candidata indicada por Lula, Dilma Rousseff, foi eleita, também pelo PT. Dilma tornou-se a primeira mulher presidente do Brasil ao derrotar José Serra (PSDB) no segundo turno. Quatro anos depois, mesmo com gestão questionada, Dilma foi reeleita, ao vencer, também no segundo turno, Aécio Neves (PSDB).

E daí por diante, foram tempos duros, difíceis...

# CAPÍTULO 6

## Pecuária, crescer e gerar riqueza

## AS FAZENDAS
### Aquisições

*Eu gosto de terra. Eu amo até hoje o trabalho nas fazendas. A qualidade da terra brasileira é fantástica, é pura, não tem pedras. Hoje bem menos, mas no passado havia muita terra boa que estava improdutiva. Achava um desperdício. E na terra o capim que crescia, morria e ninguém aproveitava. Em Portugal, qualquer capim era ceifado e feito feno. O que se perde à beira das estradas no Brasil dava para servir Portugal o ano inteiro. E eu fui educado a aproveitar tudo, a não deixar que algo se perca.*

Foi com essa mentalidade da sua essência de vida em Portugal que Joaquim aprendeu a avaliar uma propriedade rural pelas árvores ali existentes, pelo clima local, pela existência de nascentes de água, pela conformação do solo.

Mas o caminho que o fez se tornar um dos importantes pecuaristas do Brasil foi e tem sido árduo, de muito investimento estrutural e estudos sobre cultivo de pastos e das raças de animais e seus cruzamentos.

Quem conhece o alto nível das fazendas de Joaquim nos dias atuais não imagina o volume de trabalho desenvolvido para abrir a mata e as estradas, semear pastos, construir cercas, vivendas e currais, selecionar o gado... Nas terras de Joaquim, se cria apenas gado bovino e muares, ou seja, burros e mulas, além de cavalos.

No início, não havia maquinário apropriado e a abertura das fazendas foi feita à base de foice e machado. Eram necessários de 80 a 100 homens para roçar e derrubar a mata, pois cada qual em média derruba um alqueire por semana.

Valeu transformar o sonho em realidade, a selva em campo produtivo! A história do desenvolvimento de Joaquim com as fazendas e as aberturas e formações para a produção merece ser contada!

O primeiro investimento, em 30 de junho de 1964, foi na Fazenda 3 Meninas, em Icaraíma. Como dissemos, Joaquim investiu na fazenda preocupado com que algo pudesse dar errado com o comércio da matriz de Icaraíma e as três filiais de Porto Camargo, Douradina e Marina Helena durante a viagem de três meses que faria a Portugal com a família.

Mas ele retornou e estava tudo indo bem. Assim, ficou com as lojas e a fazenda, e depois passou a trabalhar nela e a torná-la produtiva.

Pouco mais de um ano depois, em 28 de janeiro de 1966, Joaquim fez nova investida em terra: desta vez, na Chácara Camões, também em Icaraíma.

Dois anos e meio se passaram até a terceira aquisição, a Fazenda Santa Rita, em 10 de julho de 1968. A propriedade era mais um investimento que Joaquim fazia em Icaraíma.

Após dois anos, em 2 de setembro de 1970, Joaquim fez nova compra, a Fazenda Canaã, estreando fora do Paraná, em Iguatemi, no então Mato Grosso, vindo depois a fazer parte, com a divisão do estado, do Mato Grosso do Sul.

Outra terra adquirida no Mato Grosso e que passou a contar na área do Mato Grosso do Sul foi a Fazenda Panasqueira, em Naviraí, em 30 de dezembro de 1974. O nome teve a sugestão dada por Manuel Martins, que estava no Brasil. Panasco é uma erva que tem em Portugal, um tipo de capim que dá em terra ruim. Mas a Fazenda Panasqueira de ruim não tinha nada, sendo uma excelente propriedade rural. Mas tinha um capim nativo, parecido com o panasco de Portugal.

Nessa altura, Joaquim já estava estabelecido com a J. Martins em Umuarama. E foi ali que ele partiu para mais uma propriedade rural em 24 de agosto de 1976, desta vez com a compra de uma área para lazer, a Chácara Recanto do Moinho.

Como a história confirma, praticamente a cada dois anos Joaquim ampliava a rede de propriedades rurais. Isso novamente aconteceu em 24 de agosto de 1978, quando ele adquiriu a Fazenda Reserva, em Iguatemi, já no estado do Mato Grosso do Sul[14].

Curiosamente, o nome foi dado justamente porque o valor pago por Joaquim na fazenda era o equivalente à reserva de dinheiro que ele havia guardado para adquirir um terreno em Foz do Iguaçu, no qual tinha intenção de abrir supermercado. Como não deu certo, a "Reserva" virou fazenda!

O próximo e ousado passo foi adquirir terras no Paraguai. Antes de pensar nisso, Joaquim queria conhecer Assunção, capital do país. Certo dia, passou na loja dele um brasileiro que morava no Paraguai, de nome Fachini del Vini. Eles começaram a conversar e Joaquim soube que o homem estava com dificuldade para realizar o serviço de conserto do carro, pois o dono da oficina não aceitava o cheque dele. Joaquim prontificou-se a ajudar e disse ao mecânico, pessoa do seu convívio:

– Se o cheque voltar, eu pago!

O recém-conhecido ficou muito grato e nasceu ali uma boa amizade entre eles. Tanto que o homem convidou Joaquim para passar alguns dias na casa dele, que ficava justamente entre a fronteira do Brasil com o Paraguai, à beira do caminho que leva até Assunção.

Ali Joaquim conheceu outro brasileiro, um gaúcho, que queria vender a fazenda de 4 mil alqueires. Joaquim achou interessante e adquiriu a metade da propriedade, que veio a ser a Fazenda São Joaquim, em 12 de março de 1980. O gaúcho vendeu o restante para um médico cardiologista, que atendia diretamente o Presidente, o general "ditador" Alfredo Stroessner.

Chegando a Umuarama, Joaquim ofereceu parceria aos sócios. A maioria não demonstrou interesse. Apenas o cunhado Abilio e os irmãos José e Acácio toparam, mas optaram por partes menores; Joaquim ficou com o maior percentual. Logo depois da compra, Joaquim começou a abrir a fazenda, mas teve que enfrentar muitos problemas. O médico que adquiriu

---

14 Em 11 de outubro de 1977, o então presidente Ernesto Geisel assinou a Lei Complementar de nº 31, que dividia o estado do Mato Grosso e criava o Mato Grosso do Sul.

os outros 2 mil alqueires usava da influência para chantagear Joaquim, conforme confidenciou-lhe um general paraguaio. Certamente, ele queria comprar a parte do empresário brasileiro.

Mas as ameaças cessaram em 1989, quando depois de sete mandatos e de 35 anos como presidente paraguaio, posto que ocupava desde 1954, Stroessner foi destituído do poder por meio de um Golpe de Estado, comandado pelo general Andrés Rodríguez. Expulso do Paraguai, Stroessner viveu exilado no Brasil até sua morte, em 2006, aos 93 anos. Quanto ao médico, sem o "padrinho", teve os bens tomados pelo governo. Os 2 mil alqueires dele foram a leilão em Assunção. Joaquim não desperdiçou a oportunidade e arrematou o lote em hasta pública!

Novamente Umuarama foi o município escolhido para a nova compra de propriedade rural, a Fazenda Primavera, incorporada em 30 de dezembro de 1981. Passado um ano a investida aconteceu no Mato Grosso, em 22 de outubro de 1982, quando Joaquim compra a Fazenda Capa, no município de Aripuanã, com 35 mil hectares e escriturada em nome de cada um dos 17 sócios. Tanto a fazenda quanto o município ganharam novos nomes: ela passou a ser chamada de Reunidas, e ele, Colniza.

Depois de alguns anos sem novidades, em 16 de maio de 1990, a relação cresce com a chegada da Fazenda Chianina, localizada em Umuarama.

Em outra oportunidade, um grande fazendeiro de Araçatuba importou da Índia para o Brasil os primeiros bois da raça Nelore. Com isso, a raça teve elevação de qualidade da espécie. Pois foi do próprio que, em 27 de dezembro de 2001, Joaquim comprou a Fazenda Cancha de Gallo, no Paraguai, com extensão de 5 mil hectares.

Mas um fato preocupava Joaquim: os comentários de que no futuro iria faltar água no planeta. Ele começou a se preocupar com isso. Surgiu então a oportunidade, em 10 de março de 2009, de ele comprar a terceira propriedade em terras paraguaias, a Fazenda Pantanal, na beira do Rio Paraguai, em cima do Aquífero Guarani, que é considerado o maior do mundo e compreende, além de boa parte do Brasil, territórios do Uruguai, da Argentina e do Paraguai.

A bela propriedade de 12 mil hectares foi adquirida por Joaquim com bom preço e a prazo. A fazenda vinha sendo mal administrada e ele teve que investir pesado para abrir as terras e montar a estrutura para criação de gado.

Outras duas compras em Amambai, no Mato Grosso do Sul, aconteceram simultaneamente, em 12 de junho de 2015. Uma delas foi a Fazenda Juma; a outra foi a Fazenda Nossa Senhora de Fátima – perfazendo atualmente a Fazenda Juti.

## O processo

Pode-se dizer que Joaquim é um dos grandes *experts* e um dos principais criadores da pecuária no Brasil, com um rebanho de mais de 35.000 cabeças de gado. Um exímio conhecedor de terras, pastos, mangueiras, divisões, raças, modo de tratar o gado, abate, gado puro e mestiço, qualidade de sêmen e reprodução de animais... A equipe de Joaquim inseminou em suas terras em torno de 12 raças, mas as que prevalecem são: Nelore, Aberdeen Angus e Brangus.

São muitos anos de traquejo, muita vontade e dedicação para buscar conhecimento e adquirir informações, muitas pesquisas e viagens ao exterior. Algumas fontes foram agrônomos, fazendeiros e outros entendidos. E uma sequência de boas conversas com gente experiente nos temas.

Como dito, para Joaquim o grande marco no negócio de criação de gado foi a viagem realizada para a Austrália e a Nova Zelândia, em 1985, junto com a associação que reunia os criadores da raça Chianina.

A Associação ainda realizou nova excursão aos Estados Unidos, em 1991, onde Joaquim e o grupo de criadores percorreram oito estados, acompanhados por uma equipe técnica.

Eles visitaram fazendas, escolas técnicas e frigoríficos para conhecer o trabalho da criação do gado e trato das carnes após o abate, e conversaram com pecuaristas, professores e gestores das empresas. Joaquim aproveitou bastante os contatos, procurando se informar de tudo um pouco.

Todo esse conhecimento Joaquim procura escoar para os colaboradores das fazendas e compartilhar com o filho Quim, que cuida das fazendas do Brasil, e o genro Odair, que comanda as terras do Paraguai.

Depois de se tornar o maior criador da raça Chianina no Brasil, Joaquim fez várias experiências até trabalhar com as raças Nelore, Aberdeen Angus e Brangus. Foram muitas viagens de avião e de carro, diurnas, noturnas e solitárias, para rodar por suas propriedades rurais. E muito trabalho para transformar as fazendas, que eram basicamente florestas improdutivas, em campos de produção, emprego e fonte de proteína para o mundo. O gado que sai das fazendas de Joaquim e dos seus sócios é padronizado e abastece suas lojas, além de ser exportado para Inglaterra, França, Estados Unidos e vários países árabes.

As fazendas produzem e engordam animais para o consumo nos supermercados da Rede Planalto. O gado é entregue em determinados frigoríficos, que fazem o abate e depois mandam a carne para as lojas Planalto. Assim, Joaquim garante uma alta qualidade do produto em seus açougues, que se torna um ponto forte do seu comércio.

Em algumas fazendas, como na Canaã (MS) e na São Joaquim, no Paraguai, Joaquim trabalha, além de pecuária, com agricultura, de plantações de soja e milho. A soja é negociada com as cooperativas e o milho utilizado para consumo interno das fazendas, na produção de ração animal; fábricas de ração estão prospectadas em todas as suas propriedades rurais.

Cada fazenda tem sua peculiaridade na criação do gado e produção. Como exemplo, nas fazendas Reserva e Pantanal só há fêmeas para cria. Nas fazendas 3 Meninas, Primavera e Juti, só machos para engorda. Já a Canaã e a São Joaquim concentram gado misto; ali se criam, recriam e engordam os animais.

A ordem hierárquica das fazendas apresenta: o administrador, responsável pelo comando da propriedade; o capataz, que comanda os peões da fazenda; e os peões, funcionários que atuam no trato do gado, sendo que cada um deles tem um arreio para montar os animais e é responsável por cuidar de aproximadamente 1.000 cabeças de gado. Todos os funcionários trabalham devidamente uniformizados e atuam com equipamentos corretos e necessários para o bom exercício das funções.

# O manejo do gado

*Assim que entram ou nascem em nossas fazendas, os animais ganham em seus corpos a marca JM, de Joaquim Martins, a data de nascimento, o número que representa o pai e a raça, e o grau de sangue que possui. Qualquer animal no pasto nós conseguimos identificar sua procedência, raça e idade.*

O cuidado com o gado é intenso. Uma das atividades das fazendas de Joaquim é a inseminação das vacas, cuja gestação leva nove meses até o nascimento dos bezerros. Cada vaca tem no registro a raça e qual touro forneceu o sêmen.

O gado é inseminado no curral, onde também são feitas as vacinações, pesagem, cirurgias e outras ações no animal. Entre elas, a pulverização, para eliminar os insetos no corpo; só depois de pulverizado é que o rebanho vai para o pasto.

A construção de um curral exige cuidados; os currais e as cercas são construídos com madeiras extraídas da própria fazenda. Os modelos dos currais permitem facilitar as ações práticas e o manuseio do gado. As fazendas normalmente têm corredores, que projetam caminhos que conduzem o gado até a mangueira, onde acontece o tratamento dos animais, e ao tronco, onde o animal é imobilizado para ser inseminado, vacinado ou castrado.

Desde que passou a comprar e a investir em fazendas, coube a Joaquim as incumbências de escolher e comprar as terras, abrir suas áreas para torná-las produtivas, comprar e selecionar o gado, engordar o rebanho e depois vendê-lo. Assim, Joaquim tornou-se um grande pecuarista, detentor de milhares de cabeças de gado de cria, recria e engorda, além de produtor de touros para reprodução, tanto para serem utilizados em suas fazendas quanto para vender a terceiros.

Além das vacas e dos touros, há criação de cavalos e éguas, basicamente utilizados para a locomoção dos funcionários no trato do rebanho. Nas fazendas também há criação de ovelhas e cabras, destinadas quase que exclusivamente para consumo próprio.

## Técnicas de trabalho

São muitos os detalhes que envolvem o bom trato do gado; a aplicação de todos eles é uma das fortes exigências de Joaquim à sua equipe. Principalmente porque se o animal não for bem cuidado quando nasce, o umbigo ficará infectado de berne, larvas de moscas que se desenvolvem no tecido subcutâneo. Cabe então ao materneiro ser zeloso e acompanhar de perto os bezerros.

O parto geralmente é natural, mas, conforme a raça do animal, a vaca pode ter dificuldades ao parir. Cabe então ao capataz ajudar a mãe no parto com vários processos. Em alguns casos, o capataz efetua cesariana, a fim de facilitar o nascimento do bezerro.

Há fazendeiros que preferem comprar os bezerros e engordá-los, ao invés do processo de criar e cuidar dos bezerros até a desmama, quando estão com 8 ou 9 meses. Alguns pecuaristas optam por criar e depois vender os bezerros assim que são desmamados; já o processo de quem compra os bezerros se chama recria ou engorda.

O alimento básico do gado criado nas fazendas de Joaquim e dos sócios é o capim. O gado é criado solto no campo, não há confinamento. Por isso, há uma constante preocupação em acompanhar os desenvolvimentos de produtos nutricionais para o gado.

Estrategicamente, as áreas da fazenda são escolhidas e reservadas para determinados fins: pasto para a maternidade, para a desmama e recria e, finalmente, os pastos com as praças de engorda.

A área da fazenda é modulada em partes. Geralmente, se faz quatro divisões de pastos, com as praças de alimentação, onde há água de poços artesianos e uma composição suplementar de sais minerais, para compor o que a terra não transmite para a vegetação. As manadas passam semanalmente por rodízio nos pastos. Todos eles possuem entradas para um caminho único que leva o gado para o centro da praça de alimentação. A pecuária moderna inova na qualidade dos capins, mais volumosos e de melhor qualidade nutricional.

Assim como tem acontecido em todos os segmentos, as mudanças na agricultura e pecuária têm acontecido com muita velocidade, conforme registra Joaquim:

– Estamos competindo num mercado muito ágil. Tenho visitado fazendas e conversado com técnicos. Inovações aparecem todos os dias. Precisamos estar atentos! Vale ressaltar o excelente trabalho desenvolvido pela Embrapa[15], que tem dado total suporte a quem trabalha e investe no campo.

Como reforço às palavras de Joaquim, há alguns anos o animal precisava de quatro a cinco anos para atingir entre 450 e 480 quilos, ponto ideal para o abate. Atualmente, de dois a três anos o gado pode ser levado ao abate e com ainda mais peso – alguns atingem até 550 quilos! Depois de abatido o animal e desossada a carne, o volume para ser comercializado no açougue, é de pouco mais de 50% do peso.

As inovações e melhorias das raças e do solo representam um conjunto de ações e são apresentadas ao mercado gradativamente. Sempre há novidades, o que torna o processo dinâmico e vibrante. Além da importância da experiência e dos conhecimentos adquiridos com os anos sobre gado, lavoura, maquinário, técnicas e outros procedimentos.

Nas fazendas de Joaquim se faz a inseminação artificial em massa. Ao todo, Joaquim já inseminou e cruzou inúmeras raças, até desenvolver o trabalho com os gados Nelore e Angus, de carne mais saborosa, por conter frações de gordura na musculatura e também ser mais precoce; além de criar a raça Brangus, derivação do cruzamento do gado Angus com Brahman, e de produzir touros reprodutores para o uso de suas fazendas e para vender a outros criadores.

A compra de sêmen é feita pelo próprio Joaquim. Ele seleciona sêmens de centrais mundiais de inseminação. Na decisão da escolha pesam a imagem, por foto e vídeo, o biotipo, como ganho de peso pelo tempo de vida, a *performance*, a parte física, o comprimento, o peso e formato traseiro e dianteiro, a árvore genealógica... Esses são dados que fazem Joaquim se definir pela compra do sêmen daquele que melhor preencher os requisitos.

---

15 Empresa Brasileira de Pesquisa Agropecuária.

Em algumas fazendas, há também plantio de soja e milho, no sistema de plantio direto, onde não se mexe com as terras e a própria palhada serve para enriquecer e proteger o solo, que em algumas oportunidades também precisa ser corrigido.

Seja na agricultura ou pecuária, é na terra que, conforme projeta Joaquim, estão as oportunidades de se produzir alimentos, que têm consumo cada vez mais crescente.

– A população mundial vem crescendo. Para alimentar toda essa gente, precisamos cada vez mais de grãos e de muita carne. Nas duas frentes, tanto agricultura quanto pecuária, tem muito trabalho a ser desenvolvido e muitas terras a serem incluídas na produção!

E Joaquim vai ainda mais além em sua reflexão:

– Na terra estão as árvores utilizadas nas construções civis, no desenvolvimento das cidades... Na terra você planta, cria animais e produz cereais... Meu pai, Manuel Martins, dizia: "A terra tudo dá e tudo leva". A terra é algo sagrado... A natureza é Deus!

## Empreender com humildade

Em 2003, Arlete Friedrichsen Marques foi promovida a contadora. Ela havia iniciado na J. Martins em dezembro de 1987, como auxiliar da área.

No início, Arlete, por se reportar diretamente aos diretores Abilio e Jurandir, teve pouco contato com Joaquim; eles apenas se cumprimentavam diariamente, mas ela sabia da respeitabilidade do patrão. Aos poucos, as conversas ficaram mais constantes, e ela participava de todas as festividades promovidas pelo grupo. Ali sempre estavam Joaquim e a esposa, sorridentes e solícitos.

Assim como outros colaboradores, Arlete gosta de ouvir as passagens narradas por Joaquim, em especial, uma que muito o emociona:

– Cheguei ao Brasil com uma malinha que guardo até hoje em casa. Este país é tão maravilhoso, tão repleto de oportunidades, que tudo que consegui e construí aqui jamais caberiam dentro dessa pequena mala – conta ele, com os olhos marejados.

A forte e respeitada imagem que as pessoas têm de Joaquim, a funcionária confirma nas conversas com os colegas de trabalho e pelas ruas. O patrão gosta de dar atenção e de falar com as pessoas. Certa vez, Arlete foi fazer compras na loja Castelo do Supermercado Planalto e estava acompanhada da mãe. Por coincidência, Joaquim estava na loja. Assim que as avistou, Joaquim foi ao encontro delas e bateu um longo papo; a simplicidade dele deixou a mãe de Arlete encantada.

Outro ponto de encontro entre Joaquim e Arlete é o Rotary Club de Umuarama. O marido de Arlete é rotariano e ela costuma acompanhá-lo nas atividades. Ali também Arlete presencia todo o envolvimento de Joaquim em tudo que faz. Ele colabora no que for preciso: carrega mesas e cadeiras, está presente nas festividades, desempenha os mais diversos papéis.

Constatadamente, o Brasil é um país cuja história apresenta oscilações econômicas. Muitos foram os momentos de tempestade, mas também os de bonança. Independentemente da fase, Joaquim sempre se mostrou corajoso para seguir adiante, criando sonhos e realizando metas e objetivos.

Por estar num setor de importância na empresa, Arlete acompanhou de perto todas essas fases e também a capacidade produtiva e a de reinventar o negócio de Joaquim.

## Negociar com o coração

Em 2004, Joaquim encontrou os amigos e irmãos Manuel e Abílio Martinho. A reunião aconteceu no escritório deles, em São Paulo, na Agência de Cargas Santa Cruz.

Como comerciante, Joaquim era cliente dos irmãos Martinho, estocando mercadorias que seriam enviadas para Umuarama; como pecuarista, Joaquim era fornecedor de bois reprodutores para as fazendas dos irmãos Martinho.

Abílio era dono de uma fazenda em Primavera do Leste, no Mato Grosso, e estava praticamente começando no ramo. Joaquim estava ali para vender seus touros. Ao passar as condições de preço do gado, pegou Abílio de surpresa:

– Manuel e Abílio, vocês são amigos queridos. Manuel, você é um pecuarista forte, já cria gado há mais tempo. O Abílio está começando agora. Então, nesta negociação, vou fazer uma condição especial para o Abílio: darei a ele 30% de desconto. Mas você Manuel, terá que pagar o preço cheio.

Ao ouvir aquilo, Abílio ficou muito emocionado. Ele sabia que a atitude de Joaquim era a de preservar um amigo. E Manuel também gostou do que ouviu, pois foi uma demonstração de carinho com o irmão. Realmente, Manuel não precisava daquele desconto. Mas para Abílio, que tinha menos posses, a condição especial foi providencial!

Abílio sempre teve o irmão e Joaquim como grandes referências de vida. Ele admirava a forma como Joaquim diversificava os negócios em várias áreas, como atacado, varejo, fazendas e setor imobiliário.

## Um brasileiro

Em 2005, Joaquim Fernandes Martins completou 50 anos de Brasil. Um jantar foi organizado com vários convidados.

Como era de se esperar, Joaquim teceu algumas palavras para os presentes e, emocionado, fez um breve resumo da vida que levava em Portugal, da escolha do Brasil como sua nova terra, da constituição da família e daquilo que viveu em solo brasileiro.

Foram palavras que o emocionaram, assim como a todos os presentes.

## Um futuro genro

*– Mãe, pai, quero que vocês conheçam o Fábio, meu namorado.*

Assim Fábio Vinícius Rocha foi apresentado aos pais de Magui. O primeiro contato do rapaz com Adelaide e Joaquim foi muito amistoso. Fábio já o conhecia de vista, das lojas e dos leilões de gado. E sabia que ele era um grande empresário e pecuarista.

A família de Fábio tem fazendas e trabalha com gado. O avô dele abriu algumas fazendas na década de 1950. A tradição seguiu para os pais de Fábio e também para a terceira geração, da qual Fábio participa.

Mas Fábio, à medida que passou a frequentar a casa, surpreendeu-se ao conviver com os Martins e perceber como Joaquim era o alicerce de todos, além de ter bom coração, ser prestativo e muito ligado à família. E, claro, um grande trabalhador e empreendedor, muito ativo, pensando continuamente em produzir mais e crescer.

Em algumas oportunidades, Joaquim e Fábio viajaram juntos.

Quando estão em viagem Joaquim está ligado em tudo e habitualmente telefona para falar com o pessoal da matriz, de quem recebe um "raio-x" das lojas. Mas nas viagens a lazer, Fábio percebeu e admirou a forma como ele se desliga totalmente dos negócios e foca no passeio e nos familiares.

E tanto nas viagens a trabalho como nas de lazer, Joaquim é um historiador. Fábio adora aprender com Joaquim, que conta detalhes e dados históricos, assim como absorver ensinamentos com sua visão dos negócios.

Fábio costuma dizer:

– O seu Joaquim sabe como resolver as coisas de modo fácil. Ele conhece os caminhos que levam aos melhores resultados.

Numa das viagens em que o acompanhou a Portugal, Joaquim fez questão de contar a ele e a Magui todos os detalhes e preparativos de sua vinda para o Brasil. E foram até o ponto em que partiu o navio francês Louis Lumière, no qual viajou de terceira classe.

A fala mais impactante de Joaquim contou sua preocupação em reforçar a bagagem, pois não sabia se passaria necessidades no Brasil:

– Comprei produtos para utilizar por longo tempo, talvez anos. Foram caixas de gilete para fazer a barba, três pares de sapatos, roupas, escovas de dentes... tudo em quantidade! E enquanto o navio partiu, eu via minha mãe de longe, cada vez numa imagem menor, acenando... – fala que emocionou

Joaquim, Magui e, principalmente, Fábio, que ficava a imaginar as dificuldades enfrentadas por ele.

Fábio também admirava como Adelaide e Joaquim, muito católicos, dinâmicos, se completavam. E quando algum dos filhos sugeria "Vamos nos reunir?", os pais eram os primeiros a topar o encontro.

O coração do empresário é do tamanho do sucesso alcançado por ele. Joaquim não guarda mágoas das pessoas, mesmo tendo motivos para isso. Fábio o presenciou dizer em várias situações:

– Deixa pra lá. Vamos em frente. Deus nos ajuda.

## Para conquistar Umuarama

"É daqui, é do coração da gente."

Nascia na mente de Joaquim o *slogan* que caracterizaria as lojas Planalto como uma empresa genuína de Umuarama. O empresário buscava uma frase que tocasse todos os moradores do município.

Naquela altura, algumas importantes redes de supermercados de fora haviam instalado filiais no município. Por isso, Joaquim entendeu ser importante dizer à população que a rede Planalto era nativa, criada para servi-la!

O sentimento de algo familiar, com proximidade de casa, foi reforçado pela escolha da imagem de um cachorrinho como mascote. O capricho e a qualidade nos setores de panificação e açougue reforçam o tom da familiaridade, do gosto caseiro. Um dos produtos de destaque é o pastel de Belém ou pastel de nata, tradicional em Portugal. Joaquim acompanhou diretamente os experimentos até que o doce ficasse na mesma textura daquele feito em terras portuguesas.

Quem participou ativamente dessa construção foi o publicitário Leonardo Revesso; ele prestou serviços de marketing para a J. Martins de 2006 a 2013.

Assim como Joaquim, que se solidificou no Brasil e iniciou a trajetória empresarial em Icaraíma, Leonardo ali nasceu e conhecia de longa data a história do empresário e a importância dele para o município.

Antes de se aproximarem, Leonardo imaginava ser Joaquim um empresário apenas focado em crescer e desenvolver os negócios, mas conheceu um homem simples, humilde, muito ligado à família e buscando sempre o bem dos amigos. Por meio do convite de Joaquim, Leonardo Revesso ingressou no Rotary de Umuarama, sendo o primeiro integrante solteiro a participar do grupo.

Outra característica de Joaquim apreciada por Leonardo é o fato de ele entender de todos os setores da empresa, suas virtudes e possíveis deficiências, estando pronto a melhorá-las e repará-las. Semanalmente, Joaquim, acompanhado de Leonardo, visitava loja por loja, e o olhar clínico do empresário detectava tudo de importante que havia para ser observado.

Também toda semana aconteciam as reuniões estratégicas, com as participações dos diretores, compradores, gerentes e Leonardo Revesso, pelo marketing. Eram reuniões densas, onde se discutia sobre tudo. As aberturas e fechamentos dos encontros eram feitos por Joaquim, sempre com uma palavra otimista, estrategista e de união da equipe.

Como grande característica dos varejistas de sucesso, com Joaquim, o que é combinado não é caro; ele é pontual e honra seus compromissos, não falha.

Outro ponto: a objetividade de Joaquim. Leonardo desenvolvia os textos das campanhas e passava para Joaquim avaliar. Ele fazia observações pontuais, todas pertinentes, e muitas vezes utilizava frases menores e mais impactantes.

Mais um aspecto que impressionava era a memória e o volume de informações que ele guardava consigo. Certo dia, o grupo estava em reunião e Joaquim recebeu uma ligação do administrador de uma de suas fazendas. Certamente, era algum pedido de peça ou produto. O homem disse o que estava faltando e Joaquim rebateu na hora:

– Nós temos isso aí na fazenda. Procure no curral, atrás de onde o gado é pesado, que você irá encontrar.

E realmente lá havia um bom estoque da mercadoria que o administrador disse estar faltando na fazenda.

Por isso, quando perguntado, Leonardo sempre definia desta forma Joaquim:

– Ele é um ser humano maravilhoso e um trator para trabalhar. O seu Joaquim pensa muito à frente. Enquanto todos estão falando do Natal, ele já está focado na Páscoa.

## Integrantes da família rotariana

Eles já se conheciam desde 1998, quando José Angelo Antoniassi, ao fazer compras com a família na loja do Supermercado Planalto, foi gentilmente recepcionado por Joaquim. Antoniassi trabalhou por quase três décadas na Companhia Paranaense de Energia, a Copel.

Mas foi a partir de 2008, no Rotary, que a amizade deles ficou estreita. Antoniassi veio a ser presidente do Rotary Club Umuarama, pertence ao distrito 4630, no biênio 2013-2014.

As atividades do Rotary são constantes e intensas, além de anualmente ser realizada a conferência mundial. Joaquim participa da grande maioria das atividades e a forma colaborativa dele, independentemente do tipo de ajuda necessária, inclusive com patrocínios da Rede Planalto, representa para Antoniassi um belo exemplo de companheirismo.

As festas do Rotary ajudam a levantar recursos para investir em ações sociais; algumas delas, contam com participação da Fundação Rotária e o empresário norte-americano Bill Gates é um grande participante e companheiro contribuinte.

■■□■■

Outro amigo feito no Rotary Club de Umuarama é Valdir Beleze Furtado. O contato teve início em 2008. Em 2009, Valdir se tornou tesoureiro e, nos anos de 2014 e 2015, quando aconteceu a 106ª Convenção Internacional do Rotary, em São Paulo, era o presidente. Na oportunidade,

Joaquim e Valdir participaram da caravana de rotarianos que compareceu ao evento.

Mas a ligação de Valdir com a história de Joaquim é antiga. Ambos têm origem humilde. Valdir contou a Joaquim que chegou a Umuarama com 4 anos. A família, onde na casa moravam a mãe, o pai, a avó e o seis irmãos, vivia da lavoura.

Depois de trabalhar em algumas atividades, Valdir passou a dirigir caminhão boiadeiro, carregando gados das fazendas de Joaquim. Alguns irmãos dele trabalharam na matriz da J. Martins ou nas lojas Planalto.

E ainda lembrou:

– Eu era cliente das lojas Planalto e anotava tudo nas fichas, para pagar no final do mês. Agora está mais fácil: pago no cartão!

E Joaquim brincou:

– É... Eu sou o pai do fiado...

■■□■■

No ano de 2009, a J. Martins Supermercados Planalto Ltda. cumpriu um ciclo importante: os festejos pelos 50 anos de atividades!

Muitas foram as iniciativas, entre elas, a criação do selo comemorativo de 50 anos de fundação da rede de lojas Supermercados Planalto, que conquistou Umuarama!

## Desde os bancos da escola

*– Ô, José Pereira, você não quer ser meu comprador de frutas e verduras no Ceasa de Curitiba?*

Como rejeitar o convite de um empresário como Joaquim? Como rejeitar o convite de um amigo como Joaquim?

Claro, a resposta foi positiva. Joaquim e José Dias Pereira são conhecidos desde Portugal, quando ambos estudaram juntos na primeira e na segunda classes, no Caniçal.

Desde aquele tempo, quando ainda eram crianças, Joaquim marcava pela coerência no que dizia.

Ambos vieram para o Brasil com diferença de dois anos: Joaquim em 1955 e José Pereira em 1957, tendo trabalhado até 1962 na empresa atacadista Dias Martins. Depois, José foi para a Importadora São Marcos, onde se manteve até 1990 na filial de Curitiba.

Eles ficaram algum tempo sem manter contato. E voltaram a se ver quando José Pereira recebeu a ligação de Joaquim e foi até Umuarama para acertar os detalhes da contratação.

No reencontro, eles ficaram a relembrar dos tempos de Portugal, das aulas, do início no Brasil, do desenvolvimento dos negócios.

José Pereira até contou ao amigo uma passagem que ouviu sobre ele:

– Você sempre foi ousado nas compras, apostava em volumes. Pois o Antonio Rodrigues me contou que em 1964, quando houve um tabelamento de azeite, o preço ficou muito baixo e você comprou a mercadoria que tinha na praça. Arrematou umas cinco carretas e vendeu tudo rapidinho. Fez um grande negócio!

Marcou também para José Pereira a principal orientação que Joaquim lhe deu quando o contratou para as Compras em Curitiba:

– José, foque primeiro na qualidade da mercadoria e depois no preço.

Dali em diante, os encontros e as conversas telefônicas passaram a ser constantes. E, quando se despedem, Joaquim costuma brincar com o amigo:

– José... A vida passa mais rápido do que a gente gostaria... – e ambos riem.

## Outro neto querido

*– Vô, você é meu mestre! O senhor sabe tudo sobre história, geografia, política, economia, negócios... além de ser bom companheiro.*

Uma fala tão carinhosa como essa balança qualquer avô!... Um avô que sempre tem uma palavra motivadora, de vocabulário rico, que planeja o futuro e que, como diz Gustavo, "tem como *hobby* o trabalho!".

Uma das alegrias de Joaquim sempre foi sair para passear, como ir ao Recanto do Moinho, comer cachorro quente e tomar sorvete, ou ir para as fazendas, com os netos Igor e os irmãos Leonardo e Gustavo, que, quando tinha lá pelos seus 12 anos, passava para visitar o avô no escritório. De lá era certo que saísse com um trocado, suficiente para pagar a porção de batatas fritas e o refrigerante.

Quando tinha 18 anos, assim que terminou o segundo grau e entrou na faculdade, Gustavo quis trabalhar. Como era regra na família, Joaquim disse:

– Tem que começar de baixo, passar por vários departamentos.

Foi uma decisão acertada, pois, além de toda a parte teórica de Administração de Empresas, Gustavo cursava outra faculdade na prática, com o dia a dia de trabalho no Supermercado Planalto, da filial Castelo Branco.

Ali ele ficou por quatro anos, tempo de se formar em Administração de Empresas. Depois, foi trabalhar na fazenda do pai, Odair José Gaiari. Mas sempre que encontrava o avô, ele perguntava:

– Quando você vai voltar para o supermercado?

Realmente, os convites de Joaquim surtiram resultado e Gustavo retornou para a empresa, para trabalhar na loja do atacado.

Bastante divertido, quando encontra os netos Joaquim brinca e provoca:

– Toma aqui esses 10 reais. Assim você coloca crédito no seu celular e pode me ligar...

Joaquim é também muito companheiro. Às quintas-feiras, Gustavo vai ao Recanto do Moinho com os amigos, onde acontecem encontros de jovens para fins religiosos. E quando Gustavo não o convida, ele encena estar bravo e ameaça:

– Vou mandar descontar um dinheiro do seu salário! – e ambos caem na risada.

## O falecimento do cunhado

Em 2008, Joaquim recebeu outra triste notícia: "Seu cunhado Adelino Farinha faleceu".

Assim que soube do ocorrido, Joaquim procurou dar assistência à irmã Maria de Lourdes e aos sobrinhos. Suas histórias estavam interligadas. Joaquim foi o mentor da vinda da irmã, do marido e do filho Paulo para o Brasil ainda na década de 1960.

A própria Maria de Lourdes levou um tempo para se adaptar. Mas quando já tinha um casal de filhos, que estava na escola, ela entendeu toda a preocupação do irmão de trazê-los ao Brasil. E ficou a relembrar da chegada da família a Icaraíma, quando ela e Adelino trabalhavam muito, e depois da ida para Douradina.

Joaquim gostava tanto da forma empenhada de atuar da irmã que dizia a ela:

– Eu prefiro trabalhar com você ao invés de vinte homens!

Fala que representou para Maria de Lourdes uma grande demonstração de carinho e confiança.

Além da dor da perda, havia toda a burocracia documental com o falecimento de Adelino. A missão ficou por conta do filho dele, Paulo.

E Paulo recorreu à experiência do tio e também ao socorro dele. Havia um alto valor de imposto a ser pago. A família tinha recursos, mas o dinheiro estava "preso". Era preciso fazer inventário. Joaquim então se colocou à disposição para quitar a pendência e resolver a situação. Depois de tudo solucionado, Paulo devolveu o dinheiro ao tio.

Além disso, Joaquim conversou bastante com Paulo, passando a ele, como único homem da casa, as responsabilidades que ele teria de assumir perante a mãe e a irmã. Era o modelo da época.

Mas Paulo, que era médico, também aproveitou para aconselhar o tio, preocupado com a intensidade de trabalho na rotina diária:

– Tio, veja o que aconteceu com o meu pai. Peço ao senhor que se cuide. Que tome cuidado com a sua saúde e que trabalhe menos e descanse mais.

Joaquim abraçou o sobrinho. E cumpriu parcialmente as recomendações. Quanto à saúde, ele realmente tomou mais conta dela. Mas quanto a trabalhar menos e descansar mais...

## Associação Amigos do Galisteu

Em seu íntimo, Joaquim idealizava um local onde o povo do Galisteu Cimeiro pudesse se reunir em datas festivas. Com a intenção de doar um terreno para este fim, ele buscou com o sobrinho, Rogério Morgado Ferreira, o espaço ideal.

Foram três anos de espera. Mas como diz o ditado popular: "Quem espera sempre alcança!".

Estávamos no final dos anos 2000. Joaquim aguardou todo esse tempo até que o dono de um terreno vizinho com a "eira", no Galisteu, Joaquim Cristóvão, filho de Luiz Cristóvão, de Lisboa, resolvesse vendê-lo.

O homem segurava o terreno, na possibilidade de ter que construir uma casa para a filha morar. Como a moça não se decidia, ele optou por vender, mas por um bom dinheiro: 5000 euros!

Além da boa causa para a utilização do espaço, havia um valor sentimental para Joaquim. Era ali que seu pai, junto com alguns moradores, malhavam o pão. O pessoal levava o trigo e o centeio, e tirava os grãos das espigas com uma ferramenta artesanal, construída com dois paus, chamada mangoeira.

A construção do edifício, que levou mais de um ano, foi inaugurada com uma bela festa em 2011. A verba para sua edificação foi doada pelos moradores locais. O primeiro presidente foi o próprio Rogério Morgado Ferreira; um reconhecimento ao seu comprometimento à causa, para que o objetivo pudesse ser concluído. O sobrinho de Joaquim coordenou toda a parte social integrando os dois Galisteus, Cimeiro e Fundeiro, para então formar a "Associação dos Amigos dos Galisteus". Rogério ainda formulou os estatutos e administrou a obra contando com a participação de todos os moradores e com a ajuda da Câmara Municipal, na pessoa do seu presidente, o amigo João Paulo Catarino.

Na Associação, como forma de agradecimento, foi colocada uma placa com os seguintes dizeres:

*Amigos dos Galisteus,*

*Este edifício foi construído para os povos dos Galisteus, com especial agradecimento ao filho da terra Joaquim Fernandes Martins e Câmara Municipal de Proença-a-Nova, e inaugurada pelo presidente da Câmara, engenheiro João Paulo Catarino, em 30 de julho de 2011.*

A rivalidade dos alunos da escola que outrora existia entre o Galisteu Cimeiro e o Galisteu Fundeiro foi deixada de lado quando foi construída a sede da Associação e a boa amizade floresceu.

A partir de então, muitos casamentos, batizados, aniversários e outras comemorações foram ali realizadas, além da tradicional festa anual, que reúne os moradores das duas povoações e seus convidados.

## As Bodas de Ouro

Em 2010, quando Adelaide e Joaquim completaram 50 anos de casados, Bodas de Ouro, muitas festividades aconteceram, tanto em Umuarama quanto em Portugal.

Em ambos os locais, o casal estava extremamente feliz. Havia mutuamente a certeza de que Adelaide e Joaquim firmaram uma linda trajetória: constituíram uma família consolidada, uma casa onde imperavam o amor e o respeito; ela se impôs como matriarca e esteio do lar, ele como um homem de sucesso e esteio da família.

Tanto em Umuarama como em Portugal, o casal foi muito festejado pelos convidados. Joaquim relembrou do amor silencioso que curtiu por Adelaide desde a infância, até que a pedisse em namoro e, em 1960, em casamento. Já Adelaide narrou como foi receber a carinhosa carta com o pedido de namoro e depois com o de casamento, que aconteceu por procuração, sem a presença do noivo.

E divertiu a todos ao contar a passagem ocorrida no desembarque no porto de Santos, do alerta que teve que fazer:

– Eu estava na varanda do barco. Lá de baixo, ele olhou para mim e não me reconheceu. Eu comia uma laranja e tinha umas cascas na mão. Não tive dúvida: taquei e acertei nele um pedaço da casca, e gritei: "Joaquim! Estou aqui! Joaquim!" – e todos gargalharam, inclusive Joaquim, com feição saudosista.

## Cuidar do condicionamento físico

Em 2010, por meio da indicação de um amigo, Joaquim, interessado em fazer do esporte uma ferramenta de cultivo à saúde, procurou Matheus Bertoli, fisiologista e *personal trainer*, para se exercitar sob orientação profissional.

Mas o primeiro contato foi, digamos, familiar! Eles já se conheciam havia alguns anos, desde o início da década de 1990, quando Matheus foi morar em Umuarama, para cursar faculdade. Matheus era cliente do supermercado e, sempre que ia fazer compras e Joaquim estava na loja, eles conversavam. A preocupação de Joaquim era saber se Matheus encontrava todos os produtos que procurava.

Depois que se formou, começou a dar aulas e montou a própria academia, Matheus reuniu um bom número de alunos que são empresários em Umuarama. Assim, era também uma oportunidade de os empreendedores conversarem, se divertirem e trocarem ideias.

A relação com Joaquim ficou estreita. O modo de ser, pensar e agir, além dos inúmeros empregos que gerou, se tornaram um exemplo de conduta para Matheus, que cresceu na carreira. Ele começou com uma bicicleta ergométrica, desenvolveu o negócio e montou uma bela academia, com centro de reabilitação e uma equipe com dez professores. Joaquim era um estimulador para que o rapaz seguisse em frente:

– Não tenha medo de crescer e de enfrentar e vencer os problemas.

A dedicação, pontualidade e determinação de Joaquim na academia são de se admirar. Ali ele se coloca como aluno, pronto a aprender com as orientações. Três vezes por semana, das 7 às 8 horas, Joaquim frequenta a academia e faz atividade sob acompanhamento de Matheus. Depois volta para casa, toma banho, toma café da manhã reforçado, com cereais, mel, frutas e vitaminas, e sai para o trabalho.

Mas também Joaquim não desliga da missão de empresário que busca sempre agradar aos clientes. Sem que Matheus soubesse, alguns dos seus professores foram comprar pão numa das lojas Planalto para o café da manhã, mas naquele dia específico não gostaram do produto. E um deles comentou com Joaquim, preocupado em alertá-lo. No dia seguinte, lá estavam os professores reunidos pela manhã quando chegou um padeiro, vestido a caráter, carregando um saco cheio de pães quentinhos e outras delícias. O homem se apresentou e disse:

– Eu trabalho no supermercado Planalto. O senhor Joaquim pediu para entregar os pães para vocês, para que saboreiem os nossos produtos.

Essa atitude mostrou ao pessoal o respeito que Joaquim tem pelos seus clientes.

## Bronca de amigo

*– Joaquim... Você não tem mesmo juízo!*

A fala em tom divertido, mas também de bronca, é sempre repetida pelo amigo de longa data, Izaías Pereira Dias. O alerta é para que Joaquim reduza a carga de trabalho, que continua bastante intensa, e curta mais a vida.

E a resposta dele não convence:

– Fique tranquilo! Estou com o pé no freio...

E Izaías retruca:

– Está nada!... Você conhece aquele ditado: "Não se muda um velho... Joaquim, você está é com o pé no acelerador! – e ambos caem na risada.

Mas Izaías sabe das dificuldades de um empreendedor tão bem preparado como Joaquim desacelerar.

Quando estão reunidos, costumam relembrar da viagem que fizeram para a Austrália, em 1985.

Como Izaías foi a passeio, na condição de turista, ele se separou do pessoal, pegou um avião e foi conhecer Sidney. Pois bem cedinho, lá de Sidney, Izaías ligou às 6 horas para o quarto de Joaquim, acordando-o e dizendo:

– Ó Joaquim, alma de um raio! Acorda que o sol já está com mais de duas aguilhadas de altura! Levanta-te, homem! – e caíram na gargalhada.

O amigo Izaías também fez parte, ao lado de Joaquim, da caravana de pecuaristas que viajou para os Estados Unidos.

Eles também conversam bastante sobre negócios e sucessão familiar. Certa vez, Joaquim e Izaías foram consultados por familiares de um amigo querido recém-falecido, que queriam conselhos de dois empresários tão experientes quanto eles.

Ali nasceram frases que ambos levaram para si: "Quanto mais distante estiver da data da morte de meu pai, menos valem os conselhos dele" e "Ninguém queira fazer leis para depois de mortos".

Isso ajuda a explicar porque algumas famílias não conseguem manter patrimônios que deveriam durar gerações.

## Viagens internacionais

Viajar é um dos prazeres da vida de Joaquim. Adelaide costumava acompanhá-lo nessas andanças pelo mundo. Joaquim conheceu dezenas de países, como Estados Unidos, Canadá, França, Espanha, Egito, Inglaterra, Alemanha, Itália, Polônia, China, Angola, Austrália, Nova Zelândia, entre tantos outros.

Em muitas dessas viagens, Joaquim esteve com a família e mesclou lazer e negócios. Na China, em Guangzhou, Joaquim e seus companheiros de viagem, entre eles, Olímpio Nunes Vaz Martins, amigo e confidente de longa data, acertaram um contrato de importação de três contêineres de mercadorias quando ainda pouco se comentava sobre a potência econômica e produtiva daquele país asiático.

Nas três vezes em que esteve na Itália, Joaquim foi com a Associação de Criadores de Chianina. O mesmo se repetiu na Austrália, Nova Zelândia e nos Estados Unidos, onde ele circulou com o grupo de ônibus passando por 14 estados, para visitar e conhecer o processo produtivo e de criação nas fazendas locais, trazendo novidades para aplicar em suas terras e nas suas criações.

Da mesma forma que Joaquim viajou por muitos países, ele circulou por todos os estados do Brasil e conheceu quase todas as capitais. Só não esteve em duas delas: Boa Vista, em Roraima, e Rio Branco, no Acre.

Claro, Portugal ele conhece como a palma das mãos. Do país ele sabe tudo sobre geografia e história. Conhece cada lugar e o que ele representa no contexto do país.

Mas é certo que, sempre que passa pela terra natal, Joaquim esteja por algumas horas em Fátima. Ele é devoto de Nossa Senhora de Fátima. É ali também que o empresário compra as lembranças, como imagens da santa, canetas, chaveiros, pulseiras, entre outros, para presentear familiares, colaboradores e amigos, atitude que encanta a quem recebe o mimo.

Na empresa, Joaquim passa nas salas da sede e em algumas de suas lojas, e entrega um pacotinho, dizendo:

– Eu me lembrei de você na viagem!

E quem não gosta de ser lembrado? A atitude é muito marcante para os colaboradores, que ficam a pensar: "Poxa, o senhor Joaquim viajou para Portugal e lá longe, curtindo seu lazer, ele se lembrou de me trazer um presente!".

Joaquim também aprecia relembrar das falas do pai sobre as repercussões no Galisteu do milagre do aparecimento da Virgem Maria na Cova da Iria, na freguesia de Fátima, em Portugal. Manuel contava:

– Estávamos no Galisteu e, em 13 de maio de 1917, dia da aparição, fazia um sol bonito e começou a chover torrencialmente; e em 13 de outubro, última aparição de Fátima, o meio do dia ficou noite por alguns instantes.

Quanto aos outros países, uma das suas viagens mais marcantes foi a primeira ida a Roma, em 1967. Joaquim e Adelaide, grávida do filho Quim, estavam em Portugal e foram convidados pelo primo Fernando Lagrifa, que trabalhava na secretaria da organização do Santuário de Fátima, a integrar a comitiva oficial que o governo português enviou a Roma, como forma de agradecimento à ida do Papa a Portugal, nas comemorações dos 50 anos da aparição de Nossa Senhora em Fátima.

A comitiva era composta de oito bispos, 20 freiras, 15 padres e alguns convidados, formada ao todo por mais de 80 pessoas, e circulou pelas ruas de Roma em carros oficiais.

A viagem, de Lisboa a Roma, aconteceu de trem e eles se divertiram muito. No trajeto, a comitiva parou em algumas belas cidades francesas, como Marselha e Bordeaux, onde conheceram áreas de plantações de flores e algumas indústrias de perfumes.

Assim que chegaram ao Vaticano, eles foram recebidos numa grande sala, junto com outras duas delegações, em audiência com o Papa Paulo VI. O pontífice teceu algumas palavras e abençoou o grupo. Aquela representou para Joaquim uma das passagens mais marcantes e emocionantes de sua linda trajetória. Como recordação, cada um dos participantes ganhou um diploma assinado pelo papa Paulo VI. Do Vaticano, eles fizeram um passeio pelos principais pontos turísticos e religiosos de Roma.

Outra bela passagem, ocorrida em 1990, foi a estada na Alemanha e a visita ao local onde até um ano antes havia o Muro de Berlim (1961 a 1989). Joaquim, que lá esteve quando a demolição do muro ainda estava em execução, levou consigo um pedaço daquele importante marco da história mundial.

Na mesma viagem, um dos principais momentos emotivos que Joaquim vivenciou em sua trajetória: a estada em Auschwitz, na Polônia, palco de uma das maiores barbáries acontecidas na história da humanidade, o holocausto, que vitimou mais de 6 milhões de judeus. Joaquim sentiu-se muito entristecido com as imagens que presenciou e ficou a relembrar dos respingos da Segunda Guerra Mundial no Galisteu Cimeiro e depois no Caniçal, onde morava e pastoreava cabras quando ocorreu a derrota alemã e tudo terminou. Ainda na Polônia, em Varsóvia, visitou a casa em que morou o papa João Paulo II, ora canonizado.

Registro também para a estada no Egito e a visita às milenares pirâmides, a maioria já em ruínas, às catacumbas no Vale dos Reis, e às diversas cidades destruídas nas margens do Rio Nilo.

No Egito, Joaquim foi conhecer outros pontos turísticos: onde estavam as múmias dos faraós, os camelos no deserto, o Rio Nilo, com suas margens repletas de plantações, com o milho, batata, cebola e hortaliças em geral, com seus coqueiros altos e floridos, tamareiras, árvores de papiro, com folhas tão longas e fibrosas, um pouco semelhantes às folhas de cana-de-açúcar, de onde fizeram os primeiros papéis para escrita, as inúmeras igrejas, que, várias vezes ao dia, tocavam seus sinos, convocando o povo a orar.

É normal perguntarem a Joaquim: "O senhor conheceu vários países e modelos de comércio. O senhor acredita que em algum outro país conseguiria ter o mesmo sucesso alcançado no Brasil?".

E Joaquim responde convicto:

– O varejo dos Estados Unidos é muito dinâmico, mas o nosso segue o mesmo caminho. O Brasil é o melhor país do mundo para se viver e trabalhar! Precisamos é resolver definitivamente os problemas políticos e de corrupção do país. O brasileiro tem bom coração, é trabalhador. Tenho muitos amigos em outros países que vivem bem, mas que não têm as mesmas oportunidades de empreender e crescer que o Brasil oferece! Estamos num país abençoado por Deus!

## A dor de perder Adelaide

– *Pai, vamos ter esperança, mas o caso da mãe é grave.*

A notícia caiu como uma bomba! Adelaide foi diagnosticada com câncer de mama e no pulmão. Magui foi a primeira a saber e teve a difícil missão de comunicá-la ao pai e aos irmãos. Joaquim se manteve otimista.

Os primeiros a serem consultados, quando o estado de saúde dela ficou abalado, foram os sobrinhos e médicos Nara e Paulo Nunes Fernandes Farinha, que logo buscaram se inteirar do quadro e conversar com a equipe médica.

Assim que estava munido das informações sobre a tia, Paulo foi direto e sincero:

– Tio, sinto muito em dizer, mas o quadro é grave.

Joaquim, apesar de abalado, procurou se mostrar firme e acreditando num milagre.

Ele e Magui se revezavam no hospital em São Paulo, onde Adelaide estava internada. Todo o dia, Joaquim varava a noite e a madrugada sentado ao lado da cama da esposa. Paulo também esteve muito presente, dando apoio ao tio, conversando com os médicos e atualizando as informações.

O quadro clínico foi piorando e, infelizmente, Adelaide não resistiu e veio a falecer em 12 de novembro de 2012. Uma grande dor que atingiu Joaquim e os filhos, parentes e amigos, que admiravam a alegria e a vitalidade de Adelaide.

O corpo foi levado de São Paulo para Umuarama, onde Joaquim e os filhos receberam muitos amigos, colaboradores e parentes, que foram prestar conforto e se despedir de Adelaide.

O falecimento de Adelaide fez com que Joaquim mudasse a forma de encarar a vida. Ele havia combinado com ela que os dois iriam viajar mais, descansar e curtir a vida. Era uma reivindicação antiga dela, a de que Joaquim deixasse o trabalho de lado e usufruísse mais daquilo que conquistou com tanto suor e dedicação. Não houve tempo para cumprir o combinado!

Pessoas próximas dizem que a partida de Adelaide provocou a maior transformação em Joaquim. Eles protagonizaram uma história de cumplicidade, amor e companheirismo de mais de cinquenta anos.

Quando começava a falar da esposa, Joaquim dizia:

– Foi uma perda incalculável. Lá se foi a nossa grande estrela.

## Mudanças na rotina

*– Gosto da frase: "Não deixe para amanhã aquilo que pode ser feito hoje, porque amanhã pode não haver tempo".*

Além de gostar da frase, essa foi a grande lição que Joaquim levou da perda prematura da esposa. E outras frases vieram: "Se você tiver tempo, faça o que gosta".

Para alguns poucos amigos, Joaquim confidenciou:

– Quando minha Adelaide faleceu, fiquei sozinho num canto e me perguntei: "E agora, Joaquim?". Avaliei que tinha dois caminhos: ou ficaria choramingando pelos cantos, lamentando a vida, ou retomaria a rotina e o trabalho; eu me defini pela segunda opção e acredito que seja aquilo que ela gostaria que eu fizesse. Segui o caminho de me manter ativo: comprei outra fazenda, melhoramos e abrimos filiais. Fui à luta com toda a minha força.

É fato que Joaquim também passou a estar mais com os filhos e netos; inclusive, a filha Márcia ficou morando com Joaquim. Adelaide tinha um importante papel na família, o de elo entre todos. Se houvesse uma divergência familiar, ela intercedia, apaziguava e terminava com tudo na hora!

Às 6 horas ela já estava de pé e vivia o dia a servir ao próximo: cuidava da casa, das refeições, falava com as filhas, socorria se necessário, ligava para os netos, para os amigos... Ela estava sempre animada, participando e ajudando nas necessidades da comunidade.

Estrategicamente, depois do falecimento de Adelaide, Joaquim providenciou para que as viagens em família passassem a ser mais constantes, tanto para Portugal quanto para a praia ou *resort*, onde todos se reúnem uma semana.

– Mantínhamos essa tradição quando a Adelaide estava conosco. Ela adorava viver cercada pela família. Eu sei que ela não vai mais voltar para nós, mas o ritual da família continua... – diz ele, saudosista.

Tempos depois uma viagem familiar foi organizada para Portugal. Alguns filhos e netos, assim como a nora e os genros, puderam estar um tempo com Joaquim. Todos aproveitaram o período para conversar com Joaquim e mostrar o amor e o carinho que a família sente por ele.

Nessa viagem, Joaquim escolheu alguns passeios que encantaram os netos, como as visitas a duas empresas de amigos, uma de produção de ovos e outra fábrica de azeite. Os próprios donos recepcionaram Joaquim e os netos, levando o grupo para conhecer passo a passo o processo produtivo.

Durante a estada em Portugal, inevitavelmente o nome de Adelaide sempre vinha à tona. Joaquim se emocionava, principalmente ao passar por locais que costumava estar com a esposa. Era doído demais para ele.

Estar nas fazendas era uma forma de arejar a mente. Aquilo representa para Joaquim não só trabalho, mas também lazer. Ele adora circular pelas terras, ver o gado, o pasto, o curral... E ainda saborear as delícias cultivadas na própria fazenda, como mandioca, arroz, feijão, carne, tortas e bolos caseiros:

– É um tipo e um modo de vida gostoso, descontraído e diferente – revela Joaquim.

E, como forma de aproximar ainda mais a família e estar ao lado do pai, os filhos organizavam almoços aos finais de semana, geralmente, fazendo rodízio de casa entre eles.

■■□■■

Pouco depois do falecimento de Adelaide, mais uma perda muito lastimada por Joaquim: a do amigo Alfredo Dalla Costa, empresário que tanto o ajudara quando ele iniciou carreira solo.

Joaquim foi se despedir do amigo e registrar seus pêsames à esposa dele, Jovita, e aos filhos do casal.

## O casamento da caçula

*– Pai, eu e o Fábio vamos nos casar. Ele quer marcar um encontro para oficializar o pedido ao senhor.*

Ao menos um motivo de alegria para aliviar a dor da perda da matriarca da família Martins. Joaquim aprovava a união de Magui com o futuro genro, Fábio, com quem sempre conversava muito sobre fazendas e gado.

Em 20 de abril de 2013, Magui e Fábio se casaram. A comemoração, bastante restrita, reuniu um grupo de parentes e amigos.

E foi de Magui que Joaquim recebeu mais uma boa notícia, para trazer um pouco mais de motivação e superação para a família Martins:

— Pai, estou grávida!

Era a realização do sonho da maternidade para Magui. Meses depois nasceu Inácio, e coube a Joaquim a responsabilidade de batizá-lo, conforme convite de Magui e Fábio:

— Queremos que o senhor seja padrinho do nosso filho, juntamente com a Goretti, minha irmã que assumiu o papel da nossa mãe.

Claro, o avô aceitou e batizou o menino. E à medida que Inácio crescia, mais Joaquim curtia o neto, estando com ele aos domingos à tarde na chácara, levando-o consigo para passear por Umuarama e, claro, pelos supermercados.

■■□■■

Ainda em 2013, Maria do Rosário esteve com Joaquim pela terceira vez em Umuarama. Ela veio a convite do irmão para o casamento de Magui.

Mesmo depois de algum tempo do falecimento de Adelaide, Maria do Rosário encontrou Joaquim ainda fragilizado pela perda da esposa. Havia fotos de Adelaide pelo apartamento em que ele mora e a irmã acompanhou Joaquim em idas ao cemitério.

Eles conversaram bastante, e ela aproveitou para fazer uma comparação dele com o bondoso pai:

— Você sempre me disse: conte comigo para formar os teus filhos. Assim como nosso pai, você é muito presente. Ele nos dizia: "Aprenda o que nunca ninguém te ensinou". E você, meu irmão, aprendeu tudo que sabe com a vivência.

Os dois protagonizaram momentos tão especiais que depois do retorno de Maria do Rosário a Portugal, Joaquim passou a ligar com mais frequência para a irmã, demonstrando maior proximidade entre eles.

Além de Maria do Rosário, o filho dela, José Luis Morgado Ferreira, padre que celebrou a missa da prima Magui, aproveitou para conversar bastante com o tio em Umuarama. José Luis foi um bom ouvinte e confidente de Joaquim, ajudando a aliviar a dor da perda de Adelaide. Tempos depois, a situação se inverteu, pois José Luis decidiu desistir do sacerdócio e recorreu aos conselhos do tio. Joaquim procurou ponderar todos os aspectos, mas ressaltou que a decisão estava nas mãos do sobrinho, que realmente optou por redirecionar a trajetória de sua vida, deixando a batina.

## O incansável Joaquim

– *E agora, onde vamos jantar?*

A disposição de Joaquim é incrível e impressiona Rogério Morgado Ferreira, engenheiro e tenente coronel do Exército português, filho de Maria do Rosário e do cunhado Carlos.

Quando está em Portugal, é certo que Joaquim e Rogério, que cuida de alguns assuntos particulares dele no país, tenham um dia de andanças por Lisboa. E depois de um dia intenso, Rogério já demonstra cansaço e Joaquim ainda tem disposição para jantar fora e ter mais algum tempo de conversa.

O empresário tem um modo de pensar que justifica os investimentos imobiliários em Portugal, para onde viaja bastante, e que compartilha com Rogério: "Onde a gente gasta dinheiro tem que ter algum negócio para ganhar e ter lucro. Como venho muito a Portugal, uso o dinheiro que ganho aqui para gastar no país".

O mesmo acontece em São Paulo, onde têm imóveis alugados; na praia de Caiobá Matinhos, no Paraná, Joaquim tem um apartamento e um terreno alugado e, com o valor arrecadado, custeia as estadias dos familiares.

Rogério aprendeu a conviver com o homem de negócios Joaquim que, apesar de exigente, não difere tanto do tio:

– Ele gosta de tudo certinho e não é um homem de extremos. Mas quando quer falar alguma coisa, é taxativo! Não manda recados.

O sobrinho, que visitou o tio em Umuarama, construiu dele a imagem de um homem destemido, que foi em busca de oportunidades, e vencedor. Muitos tentaram trilhar pelo mesmo caminho, mas nem todos conseguiram. E Rogério o admira por tudo que o tio conquistou à custa de muito empenho e trabalho. Além disso, o respeito é ainda maior pelas oportunidades que Joaquim proporcionou aos parentes e amigos, permitindo que tivessem uma vida digna e também estabelecessem seus patrimônios.

E mesmo com uma trajetória de grande sucesso, o tio sempre pensa em melhorar os negócios, crescer e ampliar a rede de supermercados e as fazendas.

Rogério, que sabe bem de onde vem tanta disposição, bondade e determinação, compartilha o pensamento com Joaquim:

– Tio, o senhor tem o mesmo perfil obstinado da avó Maria da Natividade. Ela era inquieta, sempre em busca de novidades. E do avô Manuel o senhor herdou o bom coração.

## Cultivar os netos

– *Meus parabéns, Igor! Que você seja muito feliz na carreira. Vai dar tudo certo!*

Claro, votos de Joaquim sempre são otimistas! Essas foram as palavras ditas pelo avô na formatura de Igor, filho de Goretti e Pedro Paulo.

O rapaz se formara em Veterinária; na sequência, fez pós-graduação em Gestão Empresarial. Joaquim também explicou para ele a importância de inicialmente vivenciar o mercado de trabalho externo para depois seguir carreira nos negócios e fazendas da família. Igor chegou a exercer atividade por um curto período na J. Martins, na área financeira.

E foi o que Igor fez! Começou a trabalhar para um frigorífico, acompanhando de perto o gado criado na fazenda do proprietário. Joaquim costumeiramente pergunta ao neto como anda o serviço, mas também liga para o patrão de Igor, de quem recebe as melhores referências sobre o rapaz.

Quando Joaquim comenta com Igor sobre as ligações que fez ao amigo, e também do agradável retorno recebido, o neto responde:

– O senhor sempre nos ensinou a sermos trabalhadores e a termos bom caráter. Eu procuro me espelhar nos seus conselhos e exemplos.

■■□■■

Em 2013, Joaquim recebeu no Brasil a visita do amigo Joaquim Manuel Pereira Alves, conhecido como Joaquim Saramago. Era a quarta vez que ele vinha ao Brasil.

Quando Saramago nasceu, em 1954, Joaquim Martins se preparava para viajar para o Brasil, o que aconteceu no ano seguinte. Mas o pai de Saramago era do Caniçal e amigo de Joaquim, pois ceifavam trigo juntos e ficavam quarenta dias longe de casa, trabalhando duro na tal da ceifa.

A amizade de Joaquim e Saramago começou décadas depois, quando os pais de Joaquim comemoraram Bodas de Ouro em Portugal.

A partir de então, Joaquim contratou Saramago, especializado em obras da construção civil, para realizar todas as construções das áreas que ele adquiriu no Galisteu. Saramago foi bastante participativo na iniciativa de Joaquim em criar a Associação de Moradores do Galisteu, motivo de gratidão do povo local ao empresário.

Por isso, quando encontra o amigo, Saramago diz a Joaquim:

– O senhor é um homem religioso, de muita fé. Um empresário e ser humano de grande valor.

## Empresa com cara de família

– *Quem trabalha na J. Martins ganha o sobrenome "Planalto". É o Edilson do Planalto, a Arlete do Planalto, o Devanir do Planalto...*

A colocação de Edilson de Amorim Cassita, tesoureiro da J. Martins, está perfeita. Ele mesmo viveu inúmeras situações em que precisava abrir ficha de crédito e, por trabalhar na rede de supermercados Planalto, conseguiu fazê-lo com facilidade:

– Certa vez estava numa loja onde fui comprar um produto. Na hora de abrir o crédito, falei que trabalhava na rede Planalto. Ligaram diretamente para o senhor Joaquim, que disse: "Pode vender para o Edilson. Eu garanto o pagamento!". Em outra oportunidade, fui comprar um carro parcelado. Também ligaram para o senhor Joaquim, que respondeu: "Se o Edilson não pagar, eu pago!".

Em algumas viagens às fazendas, Edilson acompanhou Joaquim. E se impressiona pela forma atenta com que ele observa tudo, como encontra falhas e acertos que só ele consegue perceber, e pelo alto nível de conhecimento de Joaquim sobre fazendas, pecuária e agricultura.

O legado de Joaquim como empreendedor é marcado pelo aspecto familiar, no trato com as pessoas e pela honestidade. Ele sempre reforça ao tesoureiro Edilson a importância de jamais atrasar o pagamento de salários, contas, faturas e impostos. Quem vende para a J. Martins o faz pela segurança de receber em dia.

– O seu Joaquim é o tipo de empresário seguro, que nunca deu um passo maior do que a perna – afirma Edilson.

■■□■■

– *Tem que saber falar, tem que saber chegar, dá um jeito!*

Essa é uma frase que Joaquim costuma dizer ao sobrinho Marco Roque Gonçalves, filho da irmã de Adelaide, Susana, e de Albino Roque Gonçalves. A leitura que Marco faz do aconselhamento é: "Fazer dar certo!".

A admiração e o respeito de Marco pelo tio são grandes. Ele foi decisivo em muitos momentos da família, quando ajudou com atos e palavras. Depois do falecimento de Albino, que era procurador de Joaquim em Portugal, Marco e o irmão, sócios em um negócio em Lisboa, passaram por certas dificuldades.

O tio foi acionado e colaborou para que tudo se resolvesse, tanto financeiramente quanto em aconselhamentos.

Quando esteve visitando os tios no Brasil, Marco foi com Joaquim conhecer as fazendas e as lojas. E ficou feliz ao ver a solidez do sucesso de Joaquim e como suas empresas e negócios são organizados. Além disso, comentou com Joaquim a importância de ele ter ajudado tantos parentes, inclusive os tios Luis e Abilio, e amigos que vieram de Portugal.

## Um primo querido

*A Adelaide me contava que, depois do casamento, quando foi para o Brasil viver com você, ela resolveu ir vestida de branco. Era como se fosse o vestido de noiva. Mas vocês foram de caminhonete do porto de Santos para Icaraíma e ela teve que ajudar a desatolar o carro. Conclusão: chegou com o vestido todo marrom, sujo de barro!*

A história contada por Vítor José Lopes, primo de Adelaide, sempre arrancava boas gargalhadas de Joaquim, que ainda ajudava na narrativa, acrescentando detalhes.

A mãe de Vítor era muito católica e habitualmente arrecadava recursos para assuntos sociais e missionários da Igreja. Joaquim sempre colaborou e Vítor era grato pelo humanismo e generosidade do primo.

Vítor, executivo de uma empresa têxtil em Guimarães, esteve por várias vezes no Brasil. Ele sempre foi próximo do casal e curtia grande carinho por Adelaide e Joaquim. Uma dessas viagens aconteceu dias antes do falecimento dela. Vítor foi visitá-los e conversou muito com a prima, que ainda tinha esperanças de se recuperar do problema de saúde e registrou ser uma mulher realizada pela linda família que formou ao lado de Joaquim. Vítor retornou a Portugal, mas carinhosamente continuou a ligar para Joaquim. Dias depois, Adelaide foi internada em São Paulo, vindo a falecer.

## Conforto para a irmã

Em 2014, Joaquim estava em Portugal e foi visitar a irmã Maria Rita, franciscana missionária de Maria que vive em Vila de Rei, onde seguia sua trajetória religiosa e morava numa casa antiga, pertencente à Ordem das Franciscanas.

A irmã o levou para conhecer os aposentos da moradia. Joaquim apenas observou que a cama dela era estreita demais e ficou preocupado com sua coluna. Maria Rita é dois anos mais velha que ele, nasceu em 1934.

Eles conversaram mais um pouco e logo depois se despediram. De lá ele seguiu para Proença-a-Nova, e entrou numa loja que vendia camas e colchões.

No dia seguinte, Maria Rita estava em casa quando tocaram a campainha. O rapaz que fazia a entrega se identificou: encomenda para a senhora Maria Rita Fernandes Martins! Uma cama e um colchão. Ao ver a nota fiscal em nome de Joaquim Fernandes Martins, ela ficou emocionada com o carinho e a preocupação do irmão.

Assim que a cama foi montada e o colchão encaixado, Maria Rita se despediu do entregador e ligou para o irmão no Galisteu, para agradecer e dizer o quanto Deus abençoa atitudes e pessoas como ele.

Maria Rita já conhecia bem o tamanho de bondade que havia no coração de Joaquim. Ela estivera duas vezes no Brasil, nos casamentos dos sobrinhos Paulo e Irânea, filhos de Maria de Lourdes, e presenciara o tanto de empregos gerados e de ações e benfeitorias sociais e humanitárias oriundas da obra de Joaquim.

Além de admirar o irmão por todo o sucesso alcançado, Maria Rita sempre destacou a humildade de Joaquim, que costuma dizer à irmã:

– Eu adoro conversar com as pessoas. Toda vez que falamos com alguém, aprendemos algo!

## Transformar com palavras

*Céu, o seu irmão Amilcar era pastor de cabras como eu, mas os nossos filhos são doutores. Esse é apenas um de tantos outros exemplos. Devemos isso ao senhor João Martins, natural da Bairrada, sogro do querido amigo Izaías Pereira Dias!*

A autenticidade e a humildade são características da personalidade de Joaquim. Quem é próximo dele, como a prima Maria do Céu Cristóvão, nascida em Relva da Louça, sabe bem disso! Ambos têm tino comercial e certo grau de parentesco, pois seus pais eram primos.

Maria do Céu tem uma loja em Proença-a-Nova e sempre que Joaquim vai a Portugal passa lá para ver a prima. Ela tem seis irmãos que, assim como Joaquim, foram se aventurar no Brasil ainda antes dele.

Mas o que fez Joaquim dizer aquelas palavras dirigidas à prima? Tudo aconteceu depois que Céu e Joaquim foram acompanhar um evento organizado pela escola de Proença-a-Nova, idealizada e custeada pelo empresário português João Martins, mas que fez a vida no Brasil. Ele era sócio dos Moinhos Anaconda e de uma das principais empresas atacadistas da época e que fornecia mercadorias para Joaquim, a Dias Martins. João Martins ajudou vários portugueses no Brasil e fez muitas benfeitorias em Proença-a-Nova, tanto que ganhou uma estátua na praça central da vila.

O empresário investiu do próprio dinheiro e ajudou a construir um colégio, para permitir que jovens que moram nas imediações possam estudar. No dia do evento, Maria do Céu não aprovou algumas colocações e foi voz contrária.

Ao ouvir os comentários da prima, sempre mantendo a elegância e o tom de voz, Joaquim a fez entender que aquilo que ela avaliava ser um grande problema era, na verdade, algo desprezível dentro da importância da iniciativa de João Martins, a de montar uma escola secundária, e principalmente dos benefícios causados pela iniciativa para a comunidade.

Imediatamente ela reconheceu ter se equivocado, e disse a Joaquim:

– Você está correto, meu amigo. Fui precipitada nas minhas análises. Você é um homem sábio, Joaquim. Tudo o que você fala a gente aproveita! Joaquim, você é um exemplo de vida para todos nós!

## Empreender com missão

Em 2015, Joaquim participou da 106ª Convenção Internacional do Rotary, que aconteceu no mês de junho, em São Paulo. Ele esteve presente na companhia de alguns companheiros de Umuarama, entre eles, Marcio Silvio Rocco. Joaquim faz questão de acompanhar todas as conferências internacionais e distritais, como as de Roma, Mônaco e Lisboa, e de assistir as palestras, com as quais aprende bastante.

Joaquim e Marcio se conhecem desde 1990. Marcio, que já admirava a veia empreendedora e visionária de Joaquim, prestava serviços para a J. Martins na manutenção dos caminhões do Grupo. Mas a amizade estreita teve início a partir de 2003, quando Marcio entrou para o Rotary.

Para Marcio, um dos aspectos mais admiráveis em Joaquim é a forma de ele se manter humilde, além de saber montar um bom grupo de trabalho.

Eles já realizaram juntos algumas viagens para as fazendas de Joaquim. Em uma delas, no Paraguai, andaram por mais de 45 minutos de barco sobre as águas do Rio Paraguai até chegar ao local, onde duas caminhonetes equipadas, inclusive com lanches e *wi-fi*, estavam à espera deles. E Marcio ficou impressionado ao ver e constatar como o amigo conseguiu montar uma estrutura tão moderna e completa, apesar da distância.

Já na fazenda do Mato Grosso do Sul, Marcio acompanhou um grupo de clientes dos supermercados. Habitualmente, Joaquim freta dois ônibus e leva os clientes para momentos de lazer e para conhecer todo o processo de criação do gado. A parte mais saborosa do encontro é o churrasco, regado a bebidas, oferecidos ao pessoal.

Certa vez, Marcio, conhecedor do grande potencial de investimento de Joaquim, perguntou a ele:

– Por que o senhor não investe numa cidade maior e mais estruturada do que Umuarama? Certamente, haverá mais clientes.

A resposta comprova que Joaquim age com a razão, mas também com o coração:

– Eu tenho um amor enorme por essa terra, por Umuarama. Não penso apenas em fonte de renda, mas também no aspecto social da cidade. – E completou o raciocínio: – O empresário tem muitas responsabilidades, entre elas, a de ser gerador de empregos. E, no meu caso, com supermercados, é preciso proporcionar aos clientes certas facilidades para que consigam encontrar na própria cidade tudo aquilo de que precisam.

## Inspirando companheiros

*Amigo Joaquim, você é exemplar! Eu e os nossos companheiros rotarianos nos inspiramos em você. Um homem tão ocupado e que mesmo assim participa ativamente das ações do Rotary!*

As palavras de Antonio Angelo Colombo, advogado e delegado da Polícia Civil, expressam o sentimento dos integrantes do Rotary Club de Umuarama.

Eles se conheceram no ano de 1972. Joaquim já havia inaugurado a primeira loja quando Antonio Angelo iniciou como investigador de polícia em Umuarama.

Em razão de alguns pequenos delitos ocorridos em suas lojas, assim como nas fazendas, eles passaram a ter contato mais próximo e que ficou mais intenso com os encontros do Rotary.

Em tantos anos de convívio, Joaquim sempre se colocou à disposição e se mostrou solidário para ajudar nas necessidades da instituição policial. E buscava sempre o melhor para Umuarama.

O amigo também constatou de perto o humanismo de Joaquim. Sobre os pequenos delitos que ocorreram em seus negócios, Joaquim conversava com Antonio Angelo e dizia a ele:

– Vamos aproveitar esta situação não para punir, mas para transmitir algum ensinamento para a pessoa que cometeu o erro. E se alguém pegou uma comida para matar a fome, deixa *pra* lá!

## Investir em pessoas

*José Carlos, faça de tudo para deixar o outro bem. Se puder ajudar, ajude; se não puder, faça de uma forma que não deixe ninguém contrariado.*

Esse é um pedido constante de Joaquim a José Carlos Lopes, encarregado do Departamento Pessoal e que entrou na J. Martins em 1985. O irmão e o pai dele já trabalhavam na empresa desde Icaraíma.

São muitas as formas como a área de Recursos Humanos cuida das pessoas na J. Martins. Entre elas, está presentear os colaboradores aniversariantes com uma cesta de frutas e chocolates, atitude gentil que agrada e deixa no funcionário a sensação de ter sido lembrado. Além disso, são oferecidos bolo e salgadinhos para comemorar a data com os colegas de trabalho. No Natal, cada trabalhador do grupo ganha uma lembrança em forma de cesta básica, acompanhada do cartão de Boas Festas.

Além de alguns benefícios, existem convênios com rede de farmácias e laboratório de exames clínicos. Os funcionários podem abrir conta no supermercado e acertar a cada trinta dias, sendo o valor da fatura descontado integralmente no pagamento do salário.

A empresa oferece também empréstimo interno para amparar e facilitar a vida do funcionário. O crédito disponibilizado é de quatro a cinco vezes o valor do salário. Ou ainda atenção especial para determinados casos específicos.

Há também uma parceria da J. Martins com a Universidade do Paraná (Unipar), para absorver estagiários da instituição. Quanto ao custeio de cursos de graduação e capacitação, cada caso é avaliado pela direção.

A rotatividade de colaboradores é pequena, em torno de 2%; abaixo da média nacional apresentada pela Fiesp, na casa dos 5%. Há uma política interna de, ao invés de demitir, recuperar ou realocar o trabalhador.

No setor administrativo, a menos que não haja ninguém preparado, dificilmente são contratados funcionários no mercado. A regra é promover os que se destacam na empresa. Muitas indicações são feitas pelos gerentes das lojas.

Quanto aos embaladores, a J. Martins exige que a equipe seja registrada. O empresário costuma explicar o motivo da preocupação:

– O cliente precisa ser atendido até o fim da sua compra. A missão dos empacotadores é a de embalar e ajudar, se necessário, a levar as mercadorias até o carro dos consumidores.

Anualmente acontece a campanha de aniversário da Rede Planalto. E assim que as metas são atingidas, é feito sorteio de prêmios pelas unidades, além da confraternização para comemorar os bons resultados alcançados.

A sede dos colaboradores, o Grêmio Esporte Planalto (Geplan), com área social e esportiva, serve como área de convívio entre eles e os seus familiares.

## Um homem justo

*O seu Joaquim não é um patrão, ele é um pai!*
Esse é o pensamento de muitos colaboradores da J. Martins, os quais atuam nas lojas e nas fazendas. Joaquim é generoso, tem grande coração, é educado. Na hora do café, quando o grupo está reunido, ele chega e começa a conversar com o pessoal, que se diverte com as brincadeiras do patrão.

Joaquim não é indiferente às pessoas, ele é muito humano. Houve uma situação em que disponibilizou o próprio avião para que um de seus funcionários pudesse ir para outra cidade se tratar de um problema mais sério de saúde.

E quando precisa chamar a atenção de alguém, ele o faz com maestria, sutileza e sem elevar o tom de voz. Isso explica porque ele é tão respeitado e admirado por seus colaboradores.

Dificilmente Joaquim aceita demitir um colaborador. Os casos que fogem do convencional são avaliados e, se muito graves, decididos pela direção, às vezes sem que ele saiba do desfecho. Isso porque Joaquim poderá tentar reverter a situação.

Uma das situações envolveu o colaborador de uma filial que pesou um pãozinho francês na padaria, mas colocou mais cinco unidades dentro do saco, etiquetou e passou no caixa, que detectou a diferença.

Na mesma hora o gerente da loja ligou para a matriz, pedindo a demissão do rapaz por justa causa. A nora Simone Laís de David Fernandes Martins recebeu a informação e foi checar o histórico do funcionário. Ele trabalhava na empresa havia alguns anos e gozava de excelente reputação junto aos colegas e superiores.

Ao ser convocado à matriz, Simone ainda perguntou-lhe:

– Você sabe que o seu Joaquim administra esta empresa pautado pela ética. Por que você fez isso?

Bastante fragilizado, o colaborador se desculpou repetidamente, dizendo não ter um motivo claro para explicar tamanha insensatez daquele ato. Ao final da conversa, Simone disse que, consultado sobre o deslize, Joaquim quis dar a ele um voto de confiança, e que o patrão achava também certo levar em consideração todo o passado dele na empresa, cumpridor dos deveres, apesar daquele fato recente.

O rapaz retomou as atividades com grande garra e ainda ficou na J. Martins mais alguns anos. Depois, pediu demissão e partiu para abrir o próprio negócio, levando consigo a gratidão do passado.

Joaquim gosta de avaliar todos os pontos antes de tomar atitudes.

– Em Portugal usamos a palavra "cubicar", que significa avaliar e medir uma terra ou madeira por todos os lados e ângulos. Se eu não olhar com carinho as situações, não posso avaliar com precisão o processo e o resultado. Isso vale para tudo na vida. A Adelaide até dizia que eu demorava a tomar certas decisões, mas é porque eu cubico!

Para o empresário, dentro de certas avaliações, o ser humano merece uma segunda chance.

– Às vezes, acontecem situações que são involuntárias e levam pessoas a cometerem lapsos. Uma boa conversa pode chegar à base do problema. Claro, isso não é uma regra e acredito que não valha para casos onde há quebra de confiança. Eu dou as duas primeiras chances, mas não permito a terceira!

E por acreditar nas pessoas, na J. Martins os cargos de liderança são ocupados por colaboradores promovidos internamente.

– Eu gosto de formar pessoas e não de trazer do mercado. O futuro gerente de uma unidade pode ser um profissional que começou varrendo a loja, demonstrando capacidade, integridade, conhecimento e ser merecedor da oportunidade. Por isso temos uma equipe onde muitos estão conosco há vários anos.

Da mesma forma que Joaquim é um homem maleável, também é exigente. E, como tal, ele riscou do dicionário a palavra impossível! Jamais diga a Joaquim: "Isso é impossível de se fazer!".

A própria Simone aprendeu isso desafiando algumas situações que pareciam mesmo impossíveis e buscando resolvê-las até esgotar todas as possibilidades. E atuou da mesma forma com que Joaquim agiu durante toda sua vida!

E o sucesso por ele alcançado comprova que esse caminho é o melhor a ser seguido!

## Médico e amigo

*Joaquim, quando você vem ao meu consultório marcamos três horários: um para a consulta e dois para conversarmos!*

É mesmo assim que acontece quando Joaquim vai ao consultório do cardiologista Cirineu Fajardo. Na primeira parte Joaquim é examinado, mostra os exames e Fajardo acerta a medicação; depois eles passam a falar um pouco de tudo. Fajardo foi um bom ouvinte depois da passagem de Adelaide.

Eles se conheceram em 1981. Nessas décadas de contato, além da relação médico-paciente, Fajardo é cliente dos Supermercados Planalto e companheiro rotariano. Fajardo admira a história de obstinação, empreendedorismo e sucesso vivida por Joaquim e, em especial, a forma como ele planeja tudo na vida pessoal e profissional.

Como médico, Fajardo procura passar para Joaquim, sempre linear na forma de expor sentimentos, a necessidade de se preservar mais, ou seja, reduzir o ritmo de trabalho e aumentar o tempo de lazer.

Fajardo cobra essa mudança, mostrando para Joaquim a importância dele para a família:

– Você é o esteio, não pode se dar ao "luxo" de adoecer.

E Joaquim devolve com uma frase que costuma usar:

– Cavalo de raça não morre na raia, morre na baia – querendo dizer com isso que estar na empresa e nas fazendas é o que lhe traz alegria, e que nunca deixará de trabalhar.

E sempre que Joaquim conta a Fajardo que vai para Portugal, o médico descontrai, fazendo piada com uma velha forma de brincar com a inteligência dos portugueses:

– Vá sim para Portugal, Joaquim. Assim lá você zera o teu QI! – e eles gargalham *pra* valer com a provocação.

## Parte do legado

*Perca tudo na sua vida, mas não perca a integridade do seu nome e sobrenome. Que sejam sempre lembrados pela ética, pela correção. Se um homem honesto cair, ele consegue se levantar. O nome e o sobrenome de uma pessoa representam a sua maior titulação.*

A orientação foi dada por Joaquim ao fornecedor de suas fazendas Alceu Hernandes de Biazzi, médico veterinário e representante da DSM Tortuga, empresa de suplementos nutricionais para animais. O contato entre eles teve início em meados da década de 1980, logo depois que Alceu se formou em Veterinária.

Eles sempre conversam nas visitas semanais de Alceu à J. Martins, embora as compras sejam feitas por Joaquim Filho, o Quim. Alceu só não fornece produtos para as fazendas de Joaquim no Paraguai, onde há outro representante.

Nas conversas com Alceu, Joaquim gosta de falar da vida que levava e das viagens para Portugal, e de relembrar dos tempos em que começou a ainda Casas Martins. Joaquim conta em detalhes suas correrias pelos vilarejos para vender mercadorias.

Com saudosismo, Joaquim gosta de rememorar uma situação que sempre o emociona:

– Passava das 22 horas... Eu ainda nem tinta jantado... E estava preenchendo o pedido de produtos que vendi para um cliente do atacado, de nome Acácio Alves. De tão cansado que eu estava, peguei no sono no meio da conversa – diz o empresário, com olhos marejados.

Conceitualmente, Alceu considera Joaquim um exemplo a ser seguido como empresário, comerciante e negociante, detentor de fantástica e inovadora visão de negócios. Alceu acompanha Joaquim nas compras de gado. E quanto ao homem Joaquim, Alceu o considera uma pessoa humilde, um ser humano na acepção da palavra.

## O eterno mestre

*Senhor Joaquim... Meu eterno patrão! Um guru que eu respeito e admiro. Deveria ter colocado ainda mais em prática tudo o que eu aprendi com o senhor.*

As palavras de Valdir Gonçalves Alencar são repetidas a Joaquim sempre que se encontram ou falam por telefone. Eles relembram como foram intensos os dezoito anos em que conviveram na J. Martins. A relação profissional se transformou em amizade construída em terreno fértil e duradouro.

Valdir acompanhou de perto o empenho, a dedicação e a persistência do patrão na construção de sua vencedora trajetória.

– Tinha dias, seu Joaquim, principalmente nos planos econômicos da década de 1980, em que nos reuníamos de madrugada, para tratar de temas importantes para a empresa – relembra Valdir.

E conta ainda parte do legado adquirido junto ao amigo e ex-patrão:

– Aprendi com o senhor a fazer sempre tudo da forma correta, dentro das leis e sem enganar a ninguém. Esse jeito de ser o transformou num grande empreendedor e num homem de sucesso. E procuro compartilhar esses ensinamentos com os meus familiares.

# CAPÍTULO 7

## Priorizar a vida pessoal

### Reconhecimento da trajetória

Em 22 de julho de 2016, Joaquim Fernandes Martins recebeu uma importante homenagem da Federação do Comércio de Bens, Serviços e Turismo do Paraná (Fecomércio-PR), ao ser condecorado com o prêmio Guerreiro do Comércio, na 11ª edição do evento. A cerimônia ocorreu no Centro de Eventos Expo Unimed, em Curitiba.

Conforme dados fornecidos em 2016 pela revista da Associação Brasileira de Supermercados, a Abras SuperHiper, a Rede Planalto ocupava a sétima colocação no *ranking* dos supermercados no estado do Paraná.

Entre as personalidades agraciadas, estavam o então juiz Sérgio Moro, que recebeu a comenda Ordem do Mérito do Comércio do Paraná. Anos depois, Moro veio a se tornar Ministro da Justiça e da Segurança Pública do governo do presidente Jair Bolsonaro.

E foi justamente das mãos do então juiz Sérgio Moro, com quem teve uma agradável conversa durante o evento, que Joaquim recebeu o prêmio.

### Um ciclo de oito décadas

*... E assim agradeço a todos pelo carinho e amizade nesses 80 anos de minha vida!*

Dessa forma terminou o sempre caprichado discurso de Joaquim Fernandes Martins, em comemoração aos seus 80 anos, dos quais mais de sessenta foram vividos em solo brasileiro. Joaquim nasceu em Portugal, a Aldeia do Galisteu Cimeiro, concelho de Proença-a-Nova, em 31 de agosto de 1936, e chegou ao Brasil em 15 de abril 1955.

Nos festejos, em que teve até missa campal, Joaquim estava cercado de familiares e amigos, pessoas amadas e queridas, e demonstrou grande alegria pela trajetória vivida, pela família constituída e pelas conquistas pessoais e profissionais alcançadas.

Entre os convidados, o comentário girava em torno das formas de ser, pensar e agir de Joaquim, sempre pautado pelo humanismo, ética, competência e empreendedorismo. E dos muitos sonhos que aquele homem de 80 anos compartilhava e ainda buscava realizar: "Ele tem vontade de fazer alguma coisa a mais sempre", diziam as pessoas.

Várias passagens que rememoravam esses atributos foram relembradas, em especial, muitas das frases ditas pelo empresário. Entre elas, "o cão que não conhece o dono", numa alusão à importância do comprometimento ao trabalho e da fidelidade pessoal e profissional.

## Um diálogo carinhoso

Sempre que Joaquim se encontra com a sobrinha Ana Maria, é inevitável falar da visita que ele fez em Angola ao irmão Antonio e que culminou com a vinda dele, da cunhada Adélia e dos filhos em 1976.

Com carinho, Ana Maria e Joaquim se complementam nos detalhes ao falarem da relação de admiração e carinho que sempre houve entre ele e Antonio.

Mas a parte mais saborosa de relembrar eram os encontros familiares na Fazenda 3 Meninas, onde se reuniam tios, primos e, em algumas oportunidades, até os avós Maria da Natividade e Manuel:

– Foi uma época muito boa – diz com saudosismo Joaquim.

A transformação que Joaquim teve com o tempo também é comentada por Ana Maria. Joaquim sempre esteve focado no trabalho, mas, nos anos mais recentes, embora continue com carga intensa, tem se preocupado em vivenciar a relação familiar, em especial, as de pai e avô.

Quando está com o tio, Ana Maria sempre rememora as imagens do pai. Mas a grande marca registrada de Joaquim é a forma carinhosa e protetora com que ele recepciona e se despede de Ana Maria, que já o convoca:

– Tio, cadê aquele abraço gostoso, protetor e acolhedor? – enquanto ele já abre os braços, pronto para receber a sobrinha.

## Sucesso não acontece por acaso

*Senhor Joaquim, tenho enorme respeito e admiração pelo homem íntegro e pelo gerador de riqueza que o senhor representa em nossa sociedade. Se o senhor fosse candidato a algum cargo público, ganharia com facilidade. Agradeço pelas oportunidades que recebi do senhor.*

A história de convívio entre Joaquim e o comprador Alessandro Mendes da Silva é antiga. Em 1977, quando o pai dele começou a trabalhar na J. Martins, primeiro no atacado e depois na distribuidora de bebidas da marca Skol, Alessandro tinha 1 ano. E a partir dos 7 anos passou a conviver com o "tio" Joaquim e com a família Martins e a empresa.

Quando Alessandro se formou, ele também iniciou na J. Martins, já na área de compras. E aí a relação com o "tio" Joaquim ganhou ares de profissionalismo. Alessandro constatou ser Joaquim uma pessoa diferenciada, de espírito empreendedor e sempre atento aos detalhes.

Nesses tantos anos de relação de trabalho, Alessandro gosta de participar das reuniões, onde é certo que Joaquim tenha uma palavra inspiradora e motivadora a ser dita. A opinião marcante de Joaquim é registrada em frases e palavras de efeito.

Também nas reuniões, quando algum tema é debatido, Joaquim gosta de ouvir as considerações de todos os participantes. Mas ele não abre mão da decisão, onde tem acertado muito mais do que errado em sua vencedora trajetória.

Uma das importantes ações que Alessandro acompanhou de perto e que partiu de Joaquim foi o processo de reforma e ampliação das lojas já existentes e de abertura de unidades nos anos de 2010 a 2018. A intenção de expandir os negócios permanece, e é constante!

O conhecimento e a experiência de Joaquim no segmento supermercadista são enormes; vêm desde 1972, quando ele inaugurou a primeira loja no modelo. Alessandro gosta de ouvir histórias daquela época e que são contadas por Joaquim:

– Há mais de 45 anos, quando a grande maioria vendia no balcão, abrimos a primeira loja no formato de prateleiras. Confesso que fiquei apreensivo, porque era preciso mudar a cultura do consumidor.

E explica:

– No balcão, o cliente estava acostumado a pedir os produtos para o atendente e recebê-los nas mãos, sem a opção de variedades de marcas. Com a abertura dos supermercados, uma invenção fantástica, o consumidor percorre a loja, onde encontra uma grande gama de produtos, escolhe o que quer, coloca a mercadoria no carrinho e segue até o caixa para efetuar o pagamento. Isso despertou na clientela a necessidade de consumo! Tem pessoas que gostam de vir à loja e bater papo com funcionários e clientes; outros não têm tempo nem para conversar... Cada qual faz e adquire aquilo de que gosta e precisa da forma que desejar.

A área de compras na qual Alessandro está envolvido abrange um dos setores de maior destaque das lojas Planalto, o açougue. Desde a faca que o açougueiro usa até a banca de corte, tudo têm que ser revisado item por item. Os açougues são higienizados diariamente e seus estoques renovados por Alessandro.

Quase que a totalidade da carne adquirida pela rede e oferecida aos clientes é de gado criado nas fazendas de Joaquim; ou seja, de procedência conhecida e de qualidade garantida, pois Joaquim vende o próprio gado para o frigorífico que, depois do processo produtivo concluído, tem a obrigatoriedade de vender a carne para as lojas da Rede Planalto. Para Joaquim, é um grande orgulho poder comercializar nos Supermercados Planalto as carnes produzidas nas próprias fazendas.

A carne está sempre fresca. O gado é abatido num dia e a carne entregue no dia seguinte. A própria disposição das carnes no açougue é diferenciada. Os cortes são especiais e expostos no açougue de forma a dar água na boca.

## O amigo se mantém igual

*Joaquim, nesses quase sessenta anos que nos conhecemos, você continua o mesmo, brincalhão e muito trabalhador!*

Foi em 1958 que Joaquim conheceu João Fernandes Dias, outro conterrâneo português. Eles são dos tempos em que existiam muitas dificuldades para viver em Portugal; tempos em que não havia dinheiro no bolso e que para se comer sardinhas, metade para cada integrante da família, era necessário permutar com ovos.

Os dois recordam até das cadernetas implantadas no governo de António Salazar no período da Segunda Guerra. Elas determinavam quanto de cada produto as famílias poderiam comprar, sendo que as mercadorias eram carimbadas assim que fossem retiradas da mercearia. E também do *slogan* de Salazar: "Da guerra o povo português se livra, mas da fome não!".

Assim como Joaquim, que foi o primeiro distribuidor Skol da região de Umuarama, João Fernandes também teve um empresa similar. Mas essa foi uma atividade que não deixou boas recordações para Joaquim, pois, quando a marca Skol foi vendida para a Ambev, lhe foi literalmente tomado o direito de distribuir as bebidas sem qualquer justificativa, fato que o levou a entrar com processo indenizatório.

Havia também reuniões e encontros entre Joaquim e João Fernandes com as respectivas esposas. Eles geralmente se encontravam na missa. E também se reuniam com um grupo de outros portugueses, tanto na chácara de Joaquim quanto no Clube Recreativo Português de Umuarama, o Crepu, para assar um bom bacalhau na brasa e jogar sueca.

Enquanto saboreavam o bacalhau, João Fernandes declamava suas poesias, vocação que veio do pai dele, chamado carinhosamente de "Tio Cantigas do Val D'Água", para delírio dos patrícios. Em uma das idas de Joaquim a Portugal, ele viu a poesia de João Fernandes publicada no jornal. Joaquim adquiriu alguns exemplares e, assim que chegou ao Brasil, ligou para o amigo, contando a novidade e lendo a poesia, denominada "Saudades de Portugal":

*Saudades de Portugal, muitos portugueses têm,*
*Aqueles que estão ausentes, te conhecem bem,*
*Eu também tenho saudades, ó Portugal pátria mãe,*
E foi para a estrofe final:
*A saudade é imortal, quando de ti estou ausente,*
*Quando vou mato a saudade, mas ela volta novamente,*
*Para falar a verdade, para matar a saudade,*
*Só morando aí para sempre...*

■■□■■

Sempre que Joaquim se encontra com João Antonio Cravo Nunes Lopes, filho de José Lopes, cujo irmão Alvaro mandou-lhe a Carta de Chamada para que viesse morar e trabalhar no Brasil em 1955, a conversa remete ao passado e ao presente. Ao passado para relembrar dos velhos tempos; ao presente, porque Joaquim é um grande criador de gado e João Antonio dono de um frigorífico; portanto, a pecuária é tema obrigatório!

As referências que João Antonio têm sobre Joaquim, vindas do pai e do tio Alvaro, o acompanham desde a infância e são as melhores possíveis. Eles sempre comentavam:

– O Joaquim é um rapaz trabalhador, esperto para o comércio, atencioso.

Antes de ter o frigorífico, João Antonio trabalhou até se aposentar no setor bancário, prestando concurso e fazendo carreira no Banco do Estado do Paraná, onde esteve por trinta anos.

Nas festas da família eles sempre se encontram e mantém alguns momentos agradáveis de conversa. E João Antonio faz questão de lembrar que o pai e o tio apostavam no triunfo de Joaquim:

– Meu pai e o tio Alvaro garantiam que você ficaria bem de vida, porque é muito trabalhador. Eles estavam certos e você merece todo o sucesso e as conquistas alcançadas!

# Olho no caixa!

*Joaquim, foram apenas quatro anos de atividade profissional conjunta, mas com você aprendi a importância do somatório do trabalho com a dedicação e a seriedade. Isso leva à eficiência! Outro ensinamento é a importância de atender bem ao cliente. Joaquim, você é diplomata no trato dos clientes!*

Basta Joaquim e Antonio da Purificação Marques se encontrarem ou se falarem por telefone, que o homem se recorda do convite recebido para trabalhar na J. Martins no início dos anos 1970.

Eles se conhecerem em Campinas, em São Paulo, onde Joaquim fazia compras para a nova loja de Umuarama, e Antonio trabalhava na J. Alves Veríssimo, detentora da rede de lojas Eldorado. Joaquim gostou da forma de trabalhar dele e fez-lhe uma proposta de emprego, que Antonio aceitou.

Ele então se mudou para Umuarama e trabalhava duro, das 6 horas até o fechamento da loja. O período não foi longo, quatro anos, mas intenso e deixou grandes aprendizados para Antonio.

Em 1976, Antonio se desligou da empresa e foi empreender no setor de madeira. E se deu bem!

Depois de tantos anos de contato e amizade, Antonio observa muitas evoluções, mas poucas mudanças comportamentais de Joaquim:

– Você continua o mesmo homem honesto, trabalhador, inteligente. Por isso sua empresa está sempre crescendo. E aplico em meus negócios aquilo que você me ensinou lá atrás: "Esteja sempre atento e de olhos abertos com o caixa!".

# Adeus, tio Alvaro

Uma notícia que deixou Joaquim muito triste em 2018 foi a do falecimento de Alvaro Lopes, o tio Alvaro, que mandou a Carta de Chamada e o acolhera por mais de dois anos. Por isso, Joaquim cultivou sentimento de gratidão em relação a Alvaro Lopes.

Sempre que podia Joaquim ligava e ia visitar a tia Céu e o tio Alvaro, onde se encontrava com os filhos deles, como Therezinha Maria Martins Lopes. Ela não deixava de comentar sobre as melhores referências que Alvaro fazia a Joaquim, avaliando-o como organizado e empreendedor zeloso.

Alvaro costumava se lamentar por ele e o irmão não terem aceitado a proposta de sociedade de Joaquim, quando o comércio deles vivia situação complicada. Ele dizia:

– O Joaquim teria dado um jeito... Com ele na administração as coisas teriam sido diferentes...

Por vezes também Joaquim levava Alvaro para as fazendas, de onde ele voltava encantado e comentava com a filha Therezinha:

– O Joaquim sabe cuidar das fazendas e entende de tudo, de gado, de pasto, da estrutura... Tudo que ele possui conquistou por mérito.

## Qualidade e excelência

*Tem pessoas com a minha idade que querem sossego na vida. Eu ainda não pensei nisso e tenho muitos projetos de continuar fazendo a empresa crescer. Estamos construindo novos supermercados, melhorando as fazendas.*

A vida empreendedora de Joaquim Fernandes Martins é realmente associada a reticências, ou seja, tem sempre continuidade, não tem ponto final!

De estilo empreendedor intenso, Joaquim diariamente está em busca de produzir e evoluir tanto no comércio quanto na lavoura e pecuária.

A atividade principal nas fazendas é a criação e a reprodução de gado, mas Joaquim acena carinhosamente para a agricultura:

– A soja é utilizada e consumida no mundo inteiro. Nós temos as terras apropriadas. Há alguns anos eu só pensava em gado. Hoje meu entusiasmo se iguala com soja, milho e gado.

E Joaquim não dorme no ponto! Em conversas com o filho Quim e o genro Odair, eles determinaram a instalação de dois cilos, para armazenamento da produção agrícola, sendo um na Fazenda São Joaquim e outro na Fazenda Canaã, além da criação de uma fábrica de ração para atender o consumo interno de cada fazenda.

Em relação ao gado, os investimentos e análises são constantes. Os estudos que Joaquim solicitou mostram a capacidade de ampliar a produção em torno de 30%, mantendo a mesma área física, que incorre em técnicas ainda mais eficazes de suplementação e na correção das terras para elevar a qualidade do pasto, entre outras transformações.

As fazendas de Joaquim contêm as melhores raças para cria, recria e engorda. O gado é alimentado corretamente, as pastagens são limpas. A área sanitária é bem cuidada e os animais constantemente avaliados por veterinários. Há poços artesianos nas fazendas para garantir a boa qualidade da água ingerida pelos animais; os bebedouros artificiais estão espalhados por todas as divisões dos pastos, sempre higienizados.

O animal nasce sadio e assim se mantém. Todos esses investimentos e preocupações refletem no desenvolvimento dos animais.

Outro segmento que Joaquim conhece como a palma da mão é o comércio varejista. Ele sabe bem qual é a essência do setor:

– O mundo está em ebulição, a vida é muito dinâmica. Nós não vivemos estaticamente. Estou no comércio há mais de sessenta anos. No começo o comércio e os produtos eram diferentes dos de hoje. Houve necessidade de adaptação de todos os lados: indústria, comércio e consumidor.

A análise de Joaquim está correta! Dentro do setor de alimentos, a nomenclatura das lojas foi mudando: venda, empório, mercearia, atacado, varejo, mercado, supermercado, atacarejo, vendas *on-line*. Muitas são as denominações e os modelos de comercialização.

O empresário sempre procurou estar à frente em sua região, acompanhando a evolução dos tempos. As lojas da Rede Planalto têm corredores espaçosos, são forradas, bem iluminadas e com bons leiautes, e que seguem os formatos das lojas estabelecidas em grandes centros pelas importantes redes, conforme conta Joaquim:

– Eu gosto das coisas bem arrumadas. Tem que agradar meu cliente. As lojas têm *check-outs*, ou caixas, em bom número, para atender a clientela com rapidez. E as melhores mercadorias que se fabricam no Brasil estão em nossos pontos de vendas. Temos funcionários tão muito bem treinados e instruídos.

Além disso, tem aquela história de estar com "um olho no gato e outro no peixe":

– Existe uma concorrência competitiva e precisamos ser melhores do que ela. Como dizia minha mãe: "O teu maior 'inimigo' é o oficial do teu ofício", ou seja, é quem faz o mesmo que você. O varejo tem esses embates. E quem está na proa é o alvo – avalia Joaquim.

A diferenciação em relação à concorrência envolve uma somatória de fatores, como capacidade de absorver volume de compra, poder de negociação junto aos fornecedores, saber definir com competência a linha de produtos que atenda aos mais variados tipos e gostos dos consumidores, ter uma linha de contato direto com os clientes...

E como Joaquim gosta de se fazer valer das frases, o pai dele, Manuel Martins, costumava dizer: "Ser comerciante não é ser caixeiro", ou seja, ser vendedor é uma coisa, ser comerciante é outra bem diferente!

E como a "cereja do bolo", vale o forte investimento em programas e sistemas, para que toda a rede de informações esteja interligada e atualizada. Algo que a J. Martins aderiu desde 1985, quando ele esteve na Austrália com uma comissão de comerciantes e foi conhecer o modo de operação e funcionamento de algumas lojas.

Ali ele se encantou com os sistemas de contabilidade e controle. A empresa então adquiriu uma ferramenta, um programa de computador, para concentrar processos.

– Quando eu vi a máquina que mostrava assim: entrou $X$ em mercadorias, saiu $Y$ e tem $Z$ em casa, pensei: Se eu tiver esse sistema na minha loja, serei o melhor comerciante da região. Vou poder registrar o que entrou e o que saiu do estoque. Antes era tudo no lápis e não havia controle perfeito!

E, claro, com o avançar do tempo, a tecnologia e a inovação aprimoraram os sistemas.

– No comércio de hoje pouco se conversa. Muitas das negociações e reposições de mercadorias são feitas mais pelo computador. É imprescindível para qualquer empresário cumprir as obrigações e pagar as contas em dia. No passado a amizade valia muito. Atualmente, não adianta pedir mais dias para pagar que você não consegue. O comércio é uma atividade onde se destacam os profissionais! – sentencia Joaquim!

Aprimorar sempre! Esta é a dinâmica do intenso comércio, que exige mudanças no comportamento de vida e trabalho, conforme explica Joaquim:

– Estamos em Umuarama, no interior do estado do Paraná, mas a qualidade dos serviços que prestamos e as mercadorias que oferecemos são de primeira linha. Tudo precisa estar compatível com os grandes centros. Nossas instalações, com balcões, expositores de frios, câmaras frias, leiautes, arquitetura das lojas, estrutura e estacionamentos... são de alto padrão e se equiparam ou superam o material utilizado por outras redes do setor.

O empresário ainda relata:

– Independentemente da classe social, o consumidor exige produtos de qualidade. Antigamente, o povo consumia uma gama menor de produtos, concentrada no arroz, feijão e mais um ou outro item. Isso acabou! Quem não acompanhou a evolução, a renovação do mix de produtos e a inovação, ficou no meio do caminho.

Joaquim também destaca a abertura de mercado:

– Dos anos 1990 para cá, começamos a receber mercadorias importadas de outros países e as pessoas passaram a viajar mais e a conhecer outras culturas. Isso também as tornou mais exigentes. A indústria nacional teve que se aprimorar e nós, comerciantes, ampliamos nossa gama de produtos, tornando o mercado mais amplo e melhor servido. Isso profissionalizou o mercado! O comerciante é o "servente" entre o cliente e a indústria!

O leiaute das lojas merece atenção! Precisa ser reformulado:

– Depois de cinco anos, o visual das lojas começa a ficar ultrapassado. No máximo em dez anos tem que reformar. E com 15 anos está totalmente obsoleto! Estamos atentos a isso e minha filha, que é arquiteta, a Elis Magna, especializou-se em montagem de supermercados, principalmente em leiaute – comemora Joaquim.

E, claro, para quem está no comércio, a propaganda é a alma do negócio:

– Fazemos propagandas nas emissoras de rádio e TV, em eventos públicos, em jornais, panfletos com ofertas e novidades. As pessoas querem e precisam fazer suas escolhas na hora de comprar. Mas há também clientes fiéis da empresa, que compram e têm confiança nos supermercados Planalto. Temos muitos concorrentes e precisamos nos reinventar constantemente para acompanhá-los e nos colocar na vanguarda!

O pensamento do fundador e sócio majoritário é seguido pelos outros acionistas da J. Martins Supermercados Planalto Ltda., que são o irmão José Fernandes Martins, Jurandir Andrade Vilela, e os cunhados Luis e Abilio Lopes Fernandes, que assim avaliam Joaquim:

– Ele é arrojado e empreendedor, mas com os pés no chão. Ele se mantém atualizado, na ativa com seus mais de 80 anos, sempre trabalhando. O Joaquim tem muita vitalidade, é forte, resistente e persistente. Ele é honesto, pontual. Joaquim foi o alicerce e o começo de tudo, e assim se mantém até hoje!

## Bom gourmet

Um bom garfo! Assim Joaquim é conhecido, não por comer em excesso, mas por gostar de pratos bem preparados e elaborados. A esposa, Adelaide, era uma dona de casa especial, mãe, esposa e cozinheira de mãos cheias e cardápios variados!

Entre os pratos de que Joaquim aprecia estão uma boa carne, carneiro ou cabrito, destaque para o bacalhau ao forno com batatas, cenouras e repolho com azeite. Tudo sempre acompanhado de um bom pedaço de pão. Nas padarias das lojas Planalto, há o tradicional pão português.

O paladar ficou apurado com o passar dos anos. Como ele costuma compartilhar com a família: "Nos meus tempos de infância e adolescência em Portugal, tínhamos que comer aquilo que era colocado na mesa".

Da sobremesa Joaquim não abre mão; ele gosta de frutas, doces e um bom chocolate.

Se quiser dar um presente que agrade Joaquim, arrisque chocolate! Mas Joaquim é um ser humano tão especial, que o verdadeiro prazer ele tem em dar e não em receber presentes!

## Festa no Galisteu

As festas do Galisteu são realizadas na Associação dos Moradores e tem duração de dois dias, acontecendo sempre no último final de semana de julho, no sábado e domingo, quando é celebrada a missa campal e organizado o leilão de fogaças, com verba revertida para as despesas. As festas são divertidas e reúnem moradores tanto do Galisteu Cimeiro quanto do Galisteu Fundeiro, propiciando o convívio de familiares e amigos.

Lá sempre estão membros da família Martins, como Joaquim, alguns filhos e netos, os irmãos Maria Rita, Maria do Rosário, Maria de Lourdes e José, e os sobrinhos, os irmãos de Adelaide, a querida professora da infância, Maria do Carmo Tomé, os amigos Maria dos Anjos Palhota, Alfredo Farinha e a esposa Carmita, João Maria Marques, Fernando Lopes e a esposa Lucilia, Joaquim Saramago, entre tantos outros.

Nessas ocasiões, dá para matar saudades do vinho caseiro da terra, do bom azeite, do queijo de cabra, da broa e do chouriço, das azeitonas, dos pratos típicos, onde não faltam as sardinhas na brasa, e das cantorias e músicas locais. Muitos são voluntários para fazer a alegria daquela gente da região.

Entre tantas pessoas queridas, Joaquim conversa com um a um, sempre chamando a pessoa ou o conhecido pelo nome, trazendo detalhes da família e passagens vividas por eles no passado.

E com a eterna e querida professora Maria do Carmo Tomé, as palavras são carinhosas e de gratidão:

– Minha professora! Obrigada por tudo que me ensinou quando eu tinha 8 anos!

E Maria do Carmo Tomé retribui, falando de um cartão-postal que Joaquim enviou a ela anos antes:

– Você escreveu assim, Joaquim: "Eu agradeço a Deus, que te colocou no meu caminho como minha professora, e por tudo que você me ensinou!".

Na festa ocorrida em 2018, uma linda passagem marcou os irmãos Joaquim e José Fernandes Martins, parceiros eternos. Eles tiveram uma emocionada conversa:

– Joaquim, estamos há tantos anos juntos, convivendo, trabalhando, produzindo, aprendendo. E durante todo esse tempo eu sempre me senti muito feliz ao teu lado. Você assumiu a frente dos negócios e eu procurei colocar em prática aquilo que tu idealizavas.

A voz de José começou a embargar, e os olhos de Joaquim a marejar... E José prosseguiu:

– Você é uma das pessoas mais inteligentes que eu conheço! O teu grau de conhecimento e entendimento sobre vários assuntos é enorme. Nossa origem é humilde e tudo o que conquistamos foi graças à tua sabedoria. Obrigado por tudo, meu irmão! – o final da conversa foi selado por um carinhoso e ainda mais emocionado abraço.

■■□■■

Quando Joaquim convidou o monsenhor José Dantas de Sousa a ficar uma semana de férias com ele na fazenda, o religioso pôde conhecer o lado empreendedor e pecuarista do amigo, avaliando-o:

– Joaquim, você não para! Sai com o administrador da fazenda de caminhonete e fiscaliza tudo: as cercas, o pasto, o gado, o curral. Tem o controle geral, sabe muito bem como administrar e preservar o capital. Os que trabalham com você, travam relação profissional de muitos anos. Você sabe fazer e, por isso, também sabe mandar!

Em Umuarama, eles se encontram com frequência, em especial, na missa e no Rotary, onde ambos estão isentos da participação semanal, mas sempre que podem prestigiam as reuniões e atuam na organização e realização dos eventos, festividades e atividades.

Onde quer que se encontrem, José Dantas constata um pouco do perfil de Joaquim, homem de hábitos simples, comunicativo, que cumprimenta e conversa com várias pessoas nos eventos. E o lado do amigo fiel, sempre pronto a atender e a ajudar a quem precisa:

– Como empreendedor, Joaquim é íntegro, muito vibrante com as conquistas e competitivo. Ele é um ser humano de positivismo contagiante e que ama a vida! – analisa o monsenhor.

O nível de cultura e conhecimento geral atingido por Joaquim é enorme. Monsenhor José Dantas gosta de trocar ideias variadas com o amigo.

As idas do monsenhor José Dantas a Portugal não coincidiram com as de Joaquim. Mas ele foi até o Galisteu Cimeiro e conheceu a casa que Joaquim fez para os pais. E o parabenizou pela atitude:

– Joaquim, pessoas abençoadas são como você, cuidam de tudo e de todos! Sei que faz parte da nossa obrigação, mas parabéns pela qualidade de vida e pela forma carinhosa com que você cuidou dos teus pais e levou conforto a eles!

## Tirar a pinta

*Senhor Joaquim, quero lhe apresentar este profissional, que poderá ser nosso novo funcionário, para que converse um pouco com ele.*

Como se costuma brincar no escritório-sede da J. Martins, esta é a "senha" para que Joaquim "tire a pinta" daquele que pleiteia um cargo! E aí, coincidindo as opiniões, é certo que a J. Martins contrate e aumente seu quadro de colaboradores.

Dentro do estilo sempre educado e conciliador, Joaquim sabe dizer "não" com a classe de um *gentleman*, sem deixar mágoas ou sequelas. E conhece como poucos sobre "aparar arestas". Em algumas oportunidades, principalmente quando há divergências de ideias e decisões a serem tomadas, a interferência dele para apaziguar a situação e optar pelo melhor caminho para a empresa é decisiva.

As percepções e o *feeling* de Joaquim são assertivos. Como dizem os colaboradores: "Ele é inspirador, um exemplo de vida!".

Quando a responsável pelo departamento jurídico, a nora Simone, iniciou na empresa, ela já conheceu o jeito de trabalhar de Joaquim, que tudo que faz registra por escrito numa agenda.

O empresário conversava com ela e apresentava um papel com anotações, onde constavam os dados da negociação e aquilo que fora combinado, o valor e a forma de pagamento. Depois, quando ela era acionada pela outra parte, já tinha a descrição do negócio.

Rapidamente, Simone adaptou-se a esse e aos outros estilos do modo de gestão de Joaquim, que aprovou o desempenho da advogada e que sabe separar as condições de colaboradora da empresa com as de nora, as de profissional e as de esposa de Quim e mãe de três filhos, a menor Monique e os gêmeos Sofia e Joaquim Fernandes Martins Neto, que seguiram para cursar o ensino médio em São Paulo, decisão dos pais e que foi avalizada pelo avô Joaquim.

Dentro da transformação organizacional da empresa, Simone ajudou a desenvolver as *holdings* Pilar e Esteio, que definem a formação associativa dos Martins.

Essa foi a melhor forma definida por Joaquim e seus familiares, para estabelecer as diretrizes dos negócios comuns. A preocupação de Joaquim, dentro do seu estilo paternalista, sempre é garantir a segurança e o bem--estar de todos, assim como a preservação e a continuidade da obra por ele criada, representada pela J. Martins e todos os outros empreendimentos.

Nessa empreitada, Joaquim conta com a cumplicidade da nora, atenta aos temas jurídicos e administrativos em questão.

Mas ele e Simone também têm seus momentos de descontração. São brincadeiras de parte a parte. Em especial, quando eles viajam de férias no meio do ano para Portugal, onde ficam no Galisteu. Simone conhece tanta gente por lá que Joaquim diz, tentando fazer cara de bravo:

– Aqui você faz mais sucesso e é mais famosa do que eu... – já gargalhando.

E Simone, caindo na brincadeira, traz também o viés de valorização de Joaquim. Afinal, quem conhece de onde ele veio respeita ainda mais sua história:

– O Galisteu de hoje não tem nada a ver com o de décadas atrás. Aquele que o senhor conheceu e viveu nos anos 1940 e 1950, até ir para o Brasil. Mesmo com tantas dificuldades, o senhor venceu e proporcionou uma vida abastada e digna para tanta gente – palavras que tocam a emoção de Simone e também de Joaquim!

## Frases para praticar

*Se tiver que fazer alguma coisa, faça na ida, porque se deixar para a volta, não faz.*

Com Joaquim e suas frases se aprende a todo instante! Essa é outra das sábias sequências de palavras que ele utiliza para transformar as pessoas. Um dos muitos fãs da frase acima é o genro Odair, marido de Sara.

Sempre que chega às fazendas do Paraguai, Odair sabe que Joaquim gosta de passar por cada pedaço sem pular etapas. Pois, como ele mesmo diz: "Se tiver que fazer alguma coisa, faça na ida".

Nas andanças pelas fazendas, Joaquim tece comentários e observações sobre possíveis melhorias, e elogia os pontos positivos. Ele gosta que as pessoas se posicionem e demonstrem ter opinião forte.

E depois de um dia intenso, muitas vezes sem ao menos ter tido tempo de almoçar, Odair comenta:

– Seu Joaquim, é invejável a grande disposição que o senhor tem, pois nos acompanha em todas as áreas da fazenda; em algumas delas, até mesmo nós que a vivemos no dia a dia temos dificuldades para chegar. O senhor é muito ativo e participativo.

Nas viagens a Portugal, Odair e os filhos gostam de acompanhar Joaquim nos passeios e de ouvir suas histórias e explicações sobre os locais. Odair aproveita esses momentos, como os de Portugal e da fazenda, para absorver conhecimentos do sogro. E recebe sempre ricas sugestões, tanto que costuma afirmar:

– O seu Joaquim é um excelente ouvinte e conselheiro. Se ele te sugerir fazer algo, não hesite, faça! Ele é um homem para se tirar o chapéu!

Quem segue as palavras do pai, procurando seguir à risca os conselhos do avô, é um dos filhos de Sara e Odair, Leonardo. Às vezes, o avô passa pela loja da Rede Planalto em que ele trabalha e faz comentários; e tudo que ele observa e fala tem fundamento.

Sempre que Joaquim encontra os netos Leonardo e Gustavo, ele diz:

– Se tiverem algum problema, venham falar comigo.

Nas vezes em que Leonardo recorreu à experiência do avô, saiu da conversa revigorado e percebendo outros caminhos e soluções que ainda não havia avaliado.

O avô Joaquim gosta de brincar e de provocar os netos Leonardo, Gustavo e Beatriz. E Leonardo sempre recorda com carinho da viagem que fez em 2013 para a Europa com o avô, o irmão Gustavo e o primo Igor.

Foram trinta dias de viagem, sendo quinze dias em Portugal e o restante passando por Amsterdã, Bruxelas e Paris. Joaquim optou por não irem de excursão, o que os fez rodar por todos os cantos e ter de pedir informações sobre os lugares. Os netos chegavam cansados; o avô também, mas no dia seguinte Joaquim era o primeiro a estar em pé e a tirar os netos da cama!

Como a marca registrada de Joaquim são as frases, Leonardo guarda uma das que são ditas pelo avô e procura aplicá-la em sua vida: "*O sujeito pode ter o dinheiro que quiser, mas sem conhecimento ele não é nada. O conhecimento a gente leva para a vida toda e o dinheiro acaba*".

## Jogo de patrícios

*Estás com a mão boa, Joaquim? Então vamos às partidas de sueca!*

O comentário é do primo José Mendes da Silva. Aos domingos à tarde é certo que Joaquim e José Mendes se encontrem com os filhos, netos, primos e sobrinhos deles no Recanto do Moinho. Ali eles conversam e se divertem jogando baralho, sueca, até anoitecer.

Às vezes, o encontro deles começa mais cedo, para almoçarem juntos. E quando Joaquim convida, José Mendes o acompanha nas viagens às fazendas. São horas e dias agradáveis, de conversas, aprendizado e de poder voltar às memórias do passado.

Uma delas foi uma agradável viagem de trinta dias que fizeram com as famílias para Portugal. Eles passaram alguns dias na praia, em São Pedro de Moel, pertencente à freguesia e concelho da Marinha Grande, distrito de Leiria. Tempos descontraídos e de muita alegria!

# Ações sociais

Investir tempo e dinheiro em ações que levem alegria, conforto, dignidade e bem-estar ao próximo faz parte da essência de vida de Joaquim Fernandes Martins.

Pelo Rotary, são inúmeras as ações sociais promovidas. Os companheiros rotarianos se reúnem e definem o projeto de apoio às comunidades. Joaquim, como já citado, trabalha e participa ativamente de todas as etapas.

Dentre tantas, uma das iniciativas mais nobres do Rotary, emanadas pelos Clubes de Umuarama e Cascavel, foi a ideia da construção do Hospital do Câncer de Umuarama, o segundo maior do Paraná. Em 2006, os rotarianos dos dois Clubes se reuniram em uma das filiais Planalto, na avenida Castelo Branco, e debateram o tema. E assim a ideia saiu do papel e se tornou realidade!

Muitos participaram, o povo de maneira geral: médicos, profissionais liberais, empresários. E o hospital foi inaugurado, atendendo a milhares de pessoas. A J. Martins foi uma das empresas que apoiou financeiramente, fazendo campanha nos supermercados e cedendo parte das vendas para ser aplicada no projeto.

O Rotary, via Fundação Rotariana, tem outra ação importante e que agrupa empresas para ajudar no propósito da erradicação da poliomielite no mundo. O próprio Joaquim acompanhou o grupo de rotarianos e profissionais da saúde que foi de casa em casa para vacinar crianças.

São missões e mais missões comandadas pelo Rotary. Quanto à J. Martins, o grupo participa do programa denominado Empresa Cidadã. As companhias, como a de Joaquim Martins, adquirem cotas anuais de US$ 1.000 dólares. A verba arrecadada é destinada ao fundo monetário do Rotary e empregada nas grandes campanhas desenvolvidas pela organização.

O Rotary Club é a maior entidade não governamental do mundo com o objetivo de reunir voluntários, que prestam serviços humanitários e promovem valores éticos e a paz em nível mundial.

Outra investida, desta vez para a comunidade umuaramense, foi a criação do Clube Recreativo e Esportivo Português de Umuarama, o Crepu. Onze patrícios, entre eles Joaquim, decidiram comprar um terreno, construir o prédio e formar a sociedade do clube com estatuto próprio e toda organização referente a um clube associativo e esportivo. O nome, de autoria e sugestão de Joaquim, foi escolhido durante concurso aberto a todos os membros fundadores.

Os modelos utilizados em outros clubes portugueses, como o de Maringá, serviram de base. A arquitetura do prédio é imponente, inspirada no Castelo de Guimarães, na cidade berço de Portugal. O clube, com sede social e áreas esportivas, com campos de futebol, quadras e piscina olímpica, a primeira do norte do Paraná, chegou a ter em torno de mil sócios. Joaquim passou a ser sócio remido.

Como registro, Joaquim teve também o privilégio de ser sócio-fundador do Clube Português de Maringá.

A sequência de atos solidários de Joaquim é extensa, buscando, por meio de doações e participações, levar ajuda a pessoas necessitadas.

Pelas lojas Planalto, as ações sociais continuam, inclusive com arrecadação de mantimentos e roupas junto aos clientes. Em determinadas épocas, parte do faturamento é doada para entidades locais, como o Lar Tia Lili, pertencente ao Rotary, que acolhe crianças abandonadas, Lar dos Idosos São Vicente de Paulo, Associação de Assistência aos Surdos de Umuarama, Casa da Sopa, entre outras.

Para Joaquim, isso faz parte da missão das pessoas:

– É preciso contribuir com a sociedade. Ajudamos sempre que possível e fazemos isso com grande alegria e emoção.

## Convites para a política

*Joaquim, queremos que você seja candidato para a prefeitura de Icaraíma. Temos certeza de que você será eleito!*

O convite surgiu ainda nos anos 1960, quando Icaraíma ainda era município de Cruzeiro do Oeste. Se aceitasse e fosse eleito, Joaquim seria o primeiro prefeito da história de Icaraíma.

Os articuladores foram José Cardeal de Souza e Aníbal Curi, políticos expoentes da época na região. Mas Joaquim declinou do convite.

O assédio para que ele se tornasse político continuou. Inclusive em Umuarama, também para a prefeitura. Diante de nova negativa, logo lhe foi proposto sair então candidato a deputado estadual.

Mas definitivamente entrar para a política não estava entre as pretensões de Joaquim. A cada nova investida "Você aceita?", a resposta se mantinha idêntica:

– Agradeço, mas não aceito. Meu objetivo é comercial. Eu pretendo servir ao meu país, mas não na área de comando público, e sim com o meu trabalho. Eu sirvo a comunidade na área de alimentação e na criação de empregos. A política partidária não está dentro do meu projeto de vida!

De tanto dizer "não", os convites para a política foram ficando escassos até serem interrompidos. Mas certamente uma pergunta ficou no ar: E se fosse político, qual seria a causa, a bandeira que Joaquim defenderia? O empresário revela:

– Se eu fosse político, iria defender as causas da educação. O indivíduo educado resolve muitas coisas. E da educação vem a sabedoria. A segurança também advém da educação; se o indivíduo é educado, não comete delitos. A educação interfere decisivamente na vida das pessoas e na conduta da nação.

## A arte de educar os filhos

*Magui, parabéns pelo projeto da fachada da loja. Ficou lindo!*
Segundo Magui, é confortante ser elogiada no trabalho. Ainda mais quando se é prestadora de serviço, uma arquiteta, e o presidente da empresa que a contrata é quem tece palavras elogiosas sobre o resultado, durante reunião de diretoria.

Como foi dito, Joaquim sabe dosar bem as situações: critica se necessário, elogia a quem merece. A crítica dele vem em tom cordial, o que, certamente, "dói" e impacta mais do que as chacoalhadas enérgicas.

Magui certamente já experimentou as duas formas, mas a segunda é sempre mais agradável, ainda mais se vem acompanhada de um largo e cativante sorriso do contratante e pai...

Principalmente em relação aos filhos, há uma tendência de sermos mais críticos. Nunca perdemos a oportunidade de criticar e de "puxar suas orelhas", mas muitas vezes desperdiçamos a chance de dizer "Parabéns, você cumpriu com perfeição a sua meta!". Ambas as situações são importantes na educação e formação dos filhos.

Fora do ambiente do trabalho, Magui e Joaquim costumam conversar bastante. Por vezes, o diálogo remete à transformação que ele teve com o tempo, de abrir mão em certos momentos do trabalho para investir o tempo na família:

– Pai, quando eu era criança, o senhor muitas vezes não conseguia comparecer nas festas da escola ou chegava mais tarde, como nas comemorações do Dia dos Pais, Festas Juninas, entre outras. E hoje o senhor não perde nenhum dos encontros promovidos nas escolas dos netos.

Outra verdade: na mudança de pai para avô, o ser humano "amolece", fica mais solto, participativo, doce, de "coração mole"!

E Magui sabe da importância que Joaquim tem para a família, como referência ética e moral, e alicerce. O "sexto sentido" de Joaquim o faz perceber quando algum dos seus está passado por momento apreensivo, delicado. E ao seu modo e estilo, ele sabe como intervir e ajudar, seja com uma boa conversa, um exemplo.

Momentos de descontração? São muitos, mas os especiais estão geralmente registrados nas viagens a Portugal, onde Joaquim relaxa e se desliga de tudo. E um momento que para Magui foi muito especial:

– Um dos dias em que vi o senhor mais feliz foi na minha formatura de faculdade – diz Magui.

Ela ainda recorda das palavras de Adelaide sobre o pai:

– A mãe dizia que o senhor é um obstinado! Ela estava certa!

## A lenda da torre da cortiçada

*"Houve, em tempos, no interior de Portugal, uma terra que se chamou Cortiçada, depois Vila Melhorada, e que agora se denomina Proença-a-Nova, e aqui se conta uma lenda melindrosa de um povo sonhador.*

*Os seus habitantes admiravam tanto a lua no céu que resolveram construir uma grande torre para lá chegar e admirar de perto aquela espécie de queijo gigante.*

*E, no local de Oliveirinhas da Serra, um grupo deles começou a juntar cortiços, que eram muito abundantes no local. Que espécie de cortiços? Não se sabe.*

*Tanto podiam ser pedaços de cortiça, muito abundantes na zona, como cortiços (colmeias). E o brasão da terra daí tirou certamente a inspiração, apresentando uma árvore (que pode ser um sobreiro) com frutos de ouro, sinal de grande abundância de abelhas.*

*Iniciou-se então a dita construção. Cortiço sobre cortiço, mais acima, cada vez mais acima, a torre ia crescendo lentamente. A obra não parava e parecia uma colmeia enorme com os trabalhadores subindo e descendo, levando, levando os cortiços cada vez para mais alto.*

*'Força, já falta pouco!', gritavam os que vinham de cima, enquanto abaixo se reunia todo o material que se podia. 'Está quase, quase! Só mais um pouco!'*

*Mas, de repente, a obra parou. Faltava um cortiço, só um, para se poder tocar a desejada lua. Não havia mais em todo o concelho de Proença-a-Nova!*

*Houve grande agitação entre os operários. Matutaram, matutaram e, num impulso, alguém se lembrou:*

*– Mas é claro! Retira-se um cortiço da base e acaba-se lá em cima!*

*Dito e feito. E a torre desmoronou-se de imediato!*

*E logo alguém, certamente da vizinha povoação da Sobreira Formosa, eterna rival da terra, exclamou mordaz:*

*– Lá se vai a cortiçada!*

*E ainda hoje maliciosamente se referem aos habitantes de Proença-a-Nova como 'cortiçolas', apesar de a história provar serem gente sonhadora e empreendedora. Também se usava 'corticeiro', provavelmente porque, quando se deslocavam do concelho, levavam consigo utensílios de cortiça.*

*E aos da Sobreira Formosa, maldosamente chamam 'cascarros', designação da pior parte da casca do sobreiro."*[16]

Toda vez que Joaquim conta saborosamente a lenda da torre da cortiçada, ele se diverte e descontrai quem ouve a história.

O palco preferido de Joaquim para contar a lenda é quando está em Portugal e com amigos que pouco conhecem o país ou as histórias locais.

Uma lenda que faz parte do folclore do povo português, emocionado e falante, e que se utiliza das raízes para fazer chorar, reviver e gargalhar...

■■□■■

Sempre que os amigos Joaquim e Izaías Pereira Dias se encontram, é certo que marquem de almoçar ou jantar juntos. Nessas ocasiões, Izaías costuma brincar e repetir as palavras ditas quando eles se conheceram, em 1962:

– Joaquim, as suas marcas são a inteligência e o trabalho. Com você as coisas acontecem na seguinte proporção: cinco por cento de sorte e novena e cinco por cento de trabalho! – E acrescenta: – Mas é uma pena que você não tenha juízo... Já passou dos 80 anos e continua a trabalhar como naquela época, quando tinha 26... – e ambos se divertem com a lembrança da idade...

## Tio querido e presente

*Amigo, tio, padrinho de casamento, companheiro de Rotary desde 2002, uma pessoa estimada... Um pai!*

Esses são alguns dos sentimentos que o sobrinho João Mendes Martins, filho de Antonio, tem em relação ao tio Joaquim. João chegou também a trabalhar na J. Martins, mas sempre souberam dividir bem a relação de parentesco da profissional.

---

16  Disponível em: https://portugaldelesales.pt/lenda-da-torre-da-corticada-proenca-nova/. Acesso em: 27 ago. 2019.

Joaquim costuma ser direto ao ponto, mas vez por outra gosta de criar metáforas e quebra-cabeças para melhorar a didática e tornar a conversa mais reflexiva.

Eles estão sempre se encontrando e conversando bastante, seja nas fazendas, nas festas, nos eventos e reuniões do Rotary. Quando João solicita uma opinião ou conselho do tio, ele se surpreende positivamente. E agradece a Joaquim pelas orientações:

– Tio, o senhor sempre está disposto a ajudar a quem o procura como um mestre. Eu percebo que isso internamente lhe enche de felicidade. Obrigado por ser tão especial!

## O querido e parceiro irmão José

*Quando nossos pais fizeram Bodas de Ouro, nos reunimos todos em Portugal, irmãos e sobrinhos, e fizemos uma linda comemoração. Você determinou o que cada um de nós teria que fazer. Ficou tudo lindo, muito bem organizado, e nossos pais adoraram a homenagem. Estava repleto de gente e Proença-a-Nova nunca teve uma festa como aquela no Galisteu.*

As palavras de José Fernandes Martins, ditas ao irmão na casa que eles construíram para os pais, mexeram com a emoção de Joaquim. Os dois estavam saudosos dos pais e dos encontros que reuniam a grande família.

E as lembranças continuaram... Do início de trabalho em Icaraíma e que se estendia até tarde da noite, do desenvolvimento dos negócios, dos casamentos, dos filhos, da mudança para Umuarama, das aberturas de lojas, das idas a Portugal... Eram recordações que não acabavam mais...

Semanalmente, o encontro deles acontece em Umuarama, na reunião de diretoria. Depois, Joaquim e José saem para almoçar juntos. José sempre destaca o comprometimento de Joaquim com a família e o trabalho:

– Meu irmão, você está ligado em toda a família. Sabe o que acontece com todos. É um sentimento protetor. E com os negócios é assim também: com as lojas, as fazendas...

E José ainda destacou o pensamento sempre positivo do irmão:

– Você é um otimista nato, Joaquim. Seu pensamento é: "Hoje será melhor do que ontem e amanhã será ainda melhor do que hoje".

E Joaquim completou:

– E o futuro é sempre promissor, mas está na maioria das ações que dependem exclusivamente de nós! – fala que selou a conversa com um caloroso abraço.

## Loja impecável e respeito aos clientes

Nas reuniões semanais de diretoria e de líderes de departamento, Joaquim sempre destaca:

– Só com qualidade nas mercadorias e bom atendimento é que manteremos os nossos clientes e conquistaremos novos consumidores.

Quem presencia Joaquim circulando pelas lojas percebe como o empresário é zeloso. Se ele vê algo fora do lugar, por exemplo, um carrinho de compras, ele mesmo o guarda. E nem precisa chamar atenção de ninguém... Quem presenciou o presidente da empresa fazendo aquilo já percebeu que o carrinho não deveria estar solto e sim no local onde ficam armazenados. Seria como dizer com atos e não com palavras.

Joaquim gosta que a loja esteja repleta de cartazes com as novidades e promoções. E quando passa na padaria e vê algo que não lhe agrada, já pede para recolher.

Ele adora conversar com os clientes. Chama a grande maioria deles pelo nome e conhece a história de vida de cada um.

Quando está na segunda maior loja da rede, a Big Planalto (a primeira é o Hiper), Joaquim conversa com o gerente José Luiz Leandro. Eles falam do movimento, sobre o giro das mercadorias, das novidades e do estoque, que Joaquim sempre gostou de manter bem abastecido.

Joaquim é um homem surpreendente. E José Luiz Leandro teve inúmeras comprovações disso. Numa das vezes, a loja recebeu algumas mesas de madeira maciça de uns cinco metros, rústicas, bonitas e bem fabricadas. As mesas seriam utilizadas para colocar produtos em promoção e enfeitar as lojas.

José Luiz gostou tanto das peças que queria comprar uma para colocar na chácara dele. O gerente falou com uma porção de colegas na J. Martins, inclusive com o departamento de compras. E nada de resolverem a situação. Depois de um tempo de espera, ele soube o motivo de tanta demora: Joaquim mandou fabricar uma mesa especialmente para o gerente, e o presenteou com a peça!

Como sabe que José Luiz gosta de canivetes, sempre que volta de Portugal, lhe traz um. E quando Joaquim passa na loja e quer conferir se o gerente está com o canivete no bolso, pergunta em tom de brincadeira:

– José Luiz, cadê o nosso canivete? – para diversão de ambos.

## Inovar com o atacarejo

*Cash-and-carry*! Esse é o tipo de loja de venda de inúmeros produtos para consumidores finais e revendedores que buscam melhores condições de preços, associadas ao maior volume de compras.

Popularmente, esse tipo de comércio é chamado de atacarejo. A loja conceito mescla atacado e varejo, pois quanto mais unidades se compram de um mesmo produto mais barato ele fica. A estrutura da loja é mais enxuta, o que reduz os gastos e provoca uma economia que é repassada aos clientes.

As mercadorias são apresentadas nas enormes gôndolas de várias formas: em unidades, em pacotes e também em caixas fechadas.

Outra vez, a J. Martins saiu na frente e inaugurou a primeira loja do tipo na região em 10 de janeiro de 2018. Simultaneamente, no mesmo local foi montada a primeira farmácia da rede.

Antes de estrear no segmento, Joaquim pediu a sua equipe, da qual faz parte Elias Barbado Júnior, que rodasse pela região e pesquisasse se havia alguma loja no mesmo estilo. Nenhuma foi encontrada. A empresa então tomou a iniciativa, que beneficiou não só o consumidor final, como também alguns varejistas, como pequenos supermercadistas e donos de mercearias. Algumas famílias até se reúnem para comprar em maior quantidade e pagar mais barato.

A abertura de uma nova loja eleva o movimento de compras e de outras operações. A escolha do gerente é decisiva! Ele é o representante da empresa na loja!

Como dissemos, a área de compras se divide em quatro setores: Devanir Barroso, responsável pela mercearia, linha seca, sucos, balas e chocolates; Alessandro Mendes da Silva, comprador de higiene pessoal, limpeza, bazar e parte do açougue; Valdecir Sanches, de utensílios e embutidos, ou perecíveis; e João Eduardo Galbiati, que fica responsável pela mercearia doce (biscoitos, geleias, chocolates...) e bebidas frias (cervejas, refrigerantes...). Algumas negociações especiais são realizadas com o aval do diretor comercial, Abilio Lopes Fernandes.

Os quatro participam das reuniões semanais, onde Joaquim aborda os detalhes que são importantes para o melhor desempenho das lojas. Ele solicita que os gerentes dos setores mantenham acompanhamento constante de suas áreas. Se for feita alguma observação que necessita ser averiguada, Abilio, diretor comercial, entra em ação!

## Pai, o melhor amigo

*Pai, sinto que estamos mais próximos. O senhor hoje se permite frear um pouco a carga de trabalho e estar mais com a família. E como é gostoso ver a relação próxima que o senhor tem com os netos.*

A filha primogênita, Maria Goretti Fernandes Martins Morgado Riback, foi a primeira das filhas a casar e a engravidar de Nicole, nascida em 1986.

Quando ela e os irmãos eram crianças, o pai praticamente saía da loja para fazer as refeições em casa. No mais, era só trabalho e mais trabalho!

A religiosidade e a devoção a Deus são heranças aos filhos tanto da mãe quanto do pai. Adelaide e Joaquim, católicos praticantes. O casarl transmitiu isso aos filhos, que se fazem presentes nas missas dominicais.

Quando surge alguma dúvida ou dificuldade, Joaquim é o conselheiro preferido de Goretti. Em algumas oportunidades, Goretti recorre ao pai, que a escuta, aconselha e procura ajudá-la de alguma forma. Ele é o grande agregador da família.

Como psicóloga, Goretti atuou por sete anos na J. Martins, mas depois optou por dedicar-se exclusivamente à vida familiar. E contou com apoio do pai e do marido!

## Loja nova em Umuarama

O plano de expansão da Rede Planalto continua firme! Joaquim foi um dos que apostou no ponto comercial e, desta forma, o ano de 2019 chegou e trouxe novidades: no dia 17 de janeiro, foi inaugurada a nona loja em Umuarama, localizada na Praça Anchieta. Por isso, a unidade passou a se chamar Filial Anchieta.

Com amplos estacionamentos, corredores largos e leiaute moderno e respeitando o padrão Planalto, além de bastante competência e qualidade, a loja caiu de imediato no gosto da clientela.

Joaquim vibrou muito com a inauguração dessa nova unidade, mas... logo começou a pensar: "Onde será a próxima loja?".

## Brasil de presidente novo

Não foi só a rede de lojas Planalto que apresentou novidades em 2019! O Brasil também!

No dia 1º de janeiro, Jair Messias Bolsonaro, do Partido Social Liberal (PSL), que derrotou Fernando Haddad (PT) no segundo turno, alcançando 55,13% dos votos contra 44,87% do adversário, assumiu como o 38º presidente do Brasil.

A biografia de Bolsonaro o apresenta como capitão reformado do Exército e deputado federal por vários mandatos, de 1991 a 2018.

A posse aconteceu sob forte esquema de segurança, para evitar que Bolsonaro pudesse sofrer novo atentado, como aconteceu durante a campanha eleitoral.

E se 2019 notabilizou-se como um ano de novidades, vale registrar as comemorações da trajetória de 60 anos da empresa, que nasceu Casas Martins, mudou para J. Martins & Irmão Ltda. e se transformou na J. Martins Supermercados Planalto Ltda.

Joaquim viveu cada dia desses 60 anos da J. Martins com muito entusiasmo. Viveu cada dia dos seus 83 anos de vida dedicando-os à sua carreira intensamente, como se fosse um sacerdócio!

E Joaquim ainda tem muita "lenha na fogueira para queimar", como se diz popularmente.

## Ampliar o negócio e novos mercados

O projeto de continuidade da J. Martins está sendo pensado por Joaquim e os sócios. Ele é o único que tem filho atuando no negócio. Assim como o pai, Quim é inquieto, um generalista, que conhece cada um dos setores da J. Martins e o funcionamento das fazendas, e está pronto para os desafios que se apresentam.

O plano de expansão comporta quebrar as barreiras, as divisas de cidades e estados. Mas Joaquim sabe que essa missão deverá ficar a cargo do seu sucessor, que será responsável por definir os passos futuros. A Rede Planalto tem um belo caminho de crescimento pela frente. A empresa está organizada, estruturada e capitalizada!

Se depender de Joaquim, ele sempre diz: "Para crescer é preciso ter vontade, atitude e abdicar de muitas coisas. Eu incentivo a continuar progredindo sempre!".

Sobre a sucessão, Joaquim sabe que a decisão recairá sobre ele:

– Eu vou ficar com esta missão. Este é um assunto de suma importância e que precisa ser discutido com especialistas e com muita gente que domina o tema. As coisas não nascem feitas, elas são moldadas. Certamente, a decisão se dará pela meritocracia!

■■□■■

*A dona Adelaide era um pilar importante, sempre tinha uma palavra bem colocada, com ponderação. Sentimos falta dela...*

A recordação da matriarca da família Martins surgiu na conversa entre Joaquim e o genro e gerente financeiro da J. Martins, Pedro Paulo Riback.

Entre as características que Pedro Paulo admira no sogro está a dedicação profissional. Em tantos anos de convívio, Pedro Paulo acompanhou de perto todo o empenho de Joaquim, tanto pela J. Martins quanto pelas fazendas. Ele sempre foi criativo e persistente, trazendo novidades e dando tempo para que elas pudessem ser adaptadas e acomodadas aos negócios.

E quando o assunto entre eles fluiu para o sucesso alcançado, Joaquim, mesmo sendo metaforicamente considerado a "máquina do trem", gosta de compartilhar as conquistas: "Eu tive a sorte de contar na equipe com pessoas dedicadas e de confiança. E você, Pedro Paulo, está entre elas."

## A querida irmã Maria de Lourdes

*Acredito, Joaquim, que você e eu temos o jeito de ser da nossa mãe. Ela era empreendedora, racional, sábia. Nós dois temos muitas afinidades na personalidade. E praticamos uma frase que é o seu lema de vida: "Trabalhar, trabalhar e trabalhar!".*

Todos realmente dizem que Joaquim e a irmã Maria de Lourdes são muito parecidos no jeito de ser e de fazer! Eles são extremamente exigentes!

E ninguém melhor do que alguém parecido com Joaquim para defini-lo:

– Ele é um homem múltiplo, cuida de tudo. É também um grande professor, pois quem tem a oportunidade de estar ao lado dele aprende bastante!

Sempre que estão juntos, Joaquim e Maria de Lourdes falam da viagem que fizeram nos anos 1980 com as famílias para Cabo Frio, no Rio de Janeiro. Foram momentos descontraídos e felizes!

E, claro, um aspecto que Maria de Lourdes muito admira no irmão é o bom coração que ele carrega no peito. Joaquim colabora com inúmeras ações sociais e sempre ajuda a quem precisa. O empresário se sentia feliz quando ia a Portugal e encontrava os irmãos reunidos com os pais, colaborando para que Maria da Natividade e Manuel Martins tivessem uma excelente qualidade de vida.

Por falar nos pais de Joaquim, há pontos em que a tradição mostra que ele se assemelha tanto a Maria da Natividade quanto a Manuel. A vocação comercial ele herdou dos parentes da mãe, enquanto o amor por fazendas veio dos Martins, especialistas em trabalho no campo.

No Brasil, Joaquim tem várias fazendas, mas em Portugal não é diferente, embora sejam pequenos terrenos comparados aos do Brasil. E cada qual tem seu nome: Lomba, Vinha Nesperal, Portela dos Zangões, Val D'ouro Cimeiro, Val D'Ouro, Val da Carreira, Val das Uvas, Moinho de Vento, Val de Cepota, Val da Rede, Cão da Chamissa, Covão Calheiro...

## A terceira geração

*Estamos reunidos para comemorar o nascimento de Jesus Cristo. Envolvidos neste sentimento religioso, de paz e de amor, registro a importância da união da nossa família.*

Na véspera de Natal, quando Joaquim se reúne com os filhos, netos, a nora e os genros, é certo que Sofia Fernandes Martins, filha de Simone e Quim, fique atenta às palavras do avô. Para ela, o momento do discurso dele é o ponto alto do encontro da família, por tudo o que ele representa.

As lembranças dela vêm desde a infância, quando acompanhava o pai, o irmão Joaquim Neto e o avô nas idas às fazendas: Joaquim andava com os netos pela área, mostrando e contando sobre as pegadas e os rastros dos animais, assim como das árvores plantadas.

Ela também se recorda de quando Adelaide e Joaquim retornavam de Portugal com presentes, inclusive peças abençoadas de Fátima, e os deliciosos chocolates da marca Milk.

Sempre que volta de Portugal, Joaquim fica saudoso e gosta de contar como era a dura vida que levava para ajudar no sustento da família; uma lição de vida que Sofia adora ouvir e tirar aprendizados! E quando a neta está com o avô em Portugal, as conversas, com a possibilidade de vivenciar as situações, ficam ainda mais emocionantes: ver a casa em que ele morava, passar por onde ele pastoreava cabras no Caniçal, estar onde ficava a loja de Ezequiel, a escola em que estudou em Proença-a-Nova...

O avô conta também da chegada em Icaraíma e de outras passagens da vida. A que Sofia acha mais divertida registra a chegada de Adelaide de Portugal:

– Eu fui buscar a tua avó no porto de Santos. De lá, seguimos para Icaraíma. Quando estávamos perto de casa, ocorreu um problema com o carro. Tivemos que sair andando. Eu estava preocupado com a possibilidade de ter onças na mata e que pudéssemos ser atacados. Mas sua avó falava muito alto... Eu querendo ouvir barulho de onça e ela não parava de falar... – finalizava ele com sorriso no rosto, enquanto Sofia gargalhava.

Joaquim adora aconselhar, e costuma transmitir para Sofia seu modo de enxergar a vida sobre certos temas, como os estudos:

– Sofia, estude bastante! Infelizmente, eu não tive a oportunidade que você e os teus irmãos Monique, a "Moreninha", e o Jô – Joaquim Neto – têm. Dedique-se ao máximo que você vai ter uma vida feliz, próspera e produtiva.

Como Sofia e Joaquim Neto moram e estudam em São Paulo, quando está na capital paulista, Joaquim gosta de estar com eles por algum tempo. O avô procura levá-los ao shopping e a restaurantes, onde faz questão que eles comam bem:

– Vocês estão muito magros – diz ele, aproveitando os encontros para conversar e reforçar os conceitos da ética e da importância dos estudos.

Assim que Joaquim encerra seus aconselhamentos, Sofia gosta de registrar o sentimento que tem por ele e de valorizá-lo:

– Vô, o senhor é inteligente, visionário. Quero agradecer por tudo que o senhor nos proporciona. Sinto muito orgulho e tenho grande admiração pela trajetória do senhor. Eu te amo, *vô*. O senhor é um exemplo de determinação a ser seguido!

■■□■■

Os netos tornaram o jeito de ser, pensar e agir de Joaquim mais jovial. Prova disso é a viagem que ele fez para Cancún, no México, com os netos Leonardo, Gustavo, Igor e Joaquim, que ficou no mesmo quarto que o avô. Assim que entraram no aposento, Joaquim observou como o avô é organizado, pois logo guardou toda a bagagem nos armários.

E o avô era o que demonstrava mais pique: fazia passeios pelos pontos turísticos, ia às praias, saía para restaurantes e ainda tinha pique para circular com os netos pela noite de Cancún, indo a shows e dormindo tarde e acordando cedo.

Nas viagens familiares, quando Joaquim leva toda a família para estar reunida por uma semana, o pique dele é sempre o mais animado. Em algumas das viagens, Joaquim aluga um ônibus para transportar toda a família. Ele vai se divertindo, conversando e animando o pessoal no trajeto. E adora viver aqueles dias de grande união familiar.

Quando tem oportunidade, Joaquim Neto registra os encontros com o avô em fotos. Algo que ele não conseguiu fazer com a avó Adelaide, pois quando ela faleceu o menino tinha 8 anos. Mas ele ainda se lembra das idas com a avó e os primos para tomar sorvete e do chaveiro do carro dela com a imagem de Nossa Senhora de Fátima.

A relação de Joaquim com Joaquim Neto, o Jô, sempre foi descontraída, de rolar na grama e de curtir o campo, as fazendas e a natureza, principalmente comendo as frutas que o avô colhia. Uma relação que faz com que Jô aprecie a humildade, bondade, generosidade, gentileza, bom caráter, força de vontade e inteligência do avô.

O jovem admira e respeita a religiosidade do avô, que lhe ensinou algumas orações. Quando Joaquim e Jô dormem no mesmo quarto, eles rezam juntos. Cada qual diz uma frase das orações feitas tanto ao se deitarem para dormir – "Com Deus me deito e com Deus me levanto. Em nome do Pai, do Filho e do Espírito Santo" –, quanto na hora de acordar – "Meus pés ponho em terra, meu corpo dou ao guia. Minha alma entrego a Deus e a Virgem Maria!".

■■□■■

*Costumo ficar com a família quinze dias por ano no Galisteu. Eu me sinto muito bem. Fui criado aqui. Antigamente, a aldeia do Galisteu tinha muitos moradores. Hoje, ao contrário, tem pouca gente... As casas estão quase que abandonadas.*

O empresário gosta de retomar as origens e reforça seu lado saudosista:

– Sempre que volto a Portugal, eu me lembro de quando parti para o Brasil. Alguns amigos foram para Lisboa, França, Suíça... Eu escolhi o melhor país do mundo para se viver – o Brasil!

Se Joaquim é um homem realizado? Ele mesmo dá a resposta:

– Sim! Eu tenho a satisfação de dizer aos 83 anos que tive tudo o que eu quis e na hora que eu desejava. Consegui tudo o que busquei. Deus foi muito generoso comigo. Agora estou focado em fazer com que a terceira geração esteja preparada para atuar na empresa e tocar os negócios. Tenho netos maravilhosos, educados, comportados. Estou esperançoso pela atuação deles. E a minha neta mais velha, a Nicole, fisioterapeuta dedicada e muito profissional, já me deu uma bisneta, a Manuela! E o meu neto Leonardo me deu a segunda bisneta, a Laís! O que mais eu posso pedir a Deus, senão saúde?

## A neta primogênita

*Vô, mesmo estando distante, eu sempre penso no senhor e peço a Deus para que o projeta!*

As palavras carinhosas são de Nicole Fernandes Martins Riback Kolling, filha de Goretti e Pedro Paulo Riback, primeira a nascer entre os nove netos de Joaquim.

Logo que se formou em Fisioterapia, em 2009, Nicole mudou-se para Curitiba, em busca de se desenvolver profissionalmente. Ali ela conheceu, namorou e se casou com Jaime Elon Kolling.

A primeira neta foi também a primeira a dar ao avô uma bisneta, Manuela Martins Riback Kolling, iniciando assim a quarta geração da família constituída por Adelaide e Joaquim Fernandes Martins. Inclusive, a ligação de Manuela com o "Biso", como Joaquim é chamado pela pequena, é bastante forte.

Em função da distância, Nicole e Joaquim se veem pouco. Mas é certo que quando se encontrem, geralmente em Umuarama, ou se falem por telefone, Joaquim pergunte para a neta: "Como estão todos? E os negócios, a carreira? Espero que você e seu marido estejam conseguindo progredir!" – demonstrando, assim, como é de seu hábito, preocupação com a vida profissional.

– Mas quando estão juntos, nas comemorações e festas de final de ano, Nicole sempre cria uma oportunidade de puxar o avô num canto, para conversar com ele e saber das novidades. E as relembranças são inevitáveis:

– Vô, como era gostoso me sentar com o senhor e a vó Adelaide quando vocês retornavam das viagens, para me contarem dos detalhes e aspectos culturais dos locais que tinham conhecido.

Joaquim também gosta de reviver:

– Ah, Nicole, em 2010 viajamos só nós três, a Adelaide, você e eu, para o Canadá! E fique impressionado em ver como você fala bem inglês!

Nicole brinca:

– Ali eu tive a oportunidade de conviver com meu avô Joaquim... ali não estava o Joaquim, da J. Martins... – e ambos riem.

O Rotary é também um elo entre eles:

– Vô, guardo com carinho os tempos em que, inspirada e motivada pelo senhor, eu me tornei rotariana e, aos 16 anos, fui uma das fundadoras do Interact de Umuarama, grupo de jovens do Rotary.

E a conversa vai longe... onde Nicole registra a admiração e o carinho pelo avô, e a recíproca é verdadeira; Joaquim sempre fala com orgulho da trajetória da neta, que desde cedo desbravou seus caminhos.

Aliás, entre neta e avô existem muitas semelhanças em suas personalidades. E para Nicole, a palavra que define Joaquim é Fortaleza:

– O meu avô é comedido nas comemorações das conquistas e igualmente equilibrado quando tem que enfrentar um problema! Eu me identifico com esse comportamento, afinal, assim como ele, sou virginiana!

Meu avô é um batalhador e vencedor! Ele e a vó Adelaide sempre foram o esteio da nossa família e ajudaram e ajudam muita gente!

## Os pequenos divertem

Estar em família é uma das alegrias de Joaquim Fernandes Martins. Mas quando os encontros acontecem com a presença dos netos menores, Monique Fernandes Martins, filha da nora Simone e de Quim, e de Inácio Martins Rocha, filho de Magui e do genro Fábio, a diversão é certa!

Mesmo ainda pequenos, Monique nasceu em 15 de março de 2010 e Inácio no dia 24 de setembro de 2013, eles registram presença pelo jeito descontraído e marcante de se expressar, além de despertarem perplexidade pelos comentários, quem arrancam boas gargalhadas.

A pequena Monique, que Joaquim chama de "Moreninha", cativa pela graça, espontaneidade e objetividade, além da inteligência nas palavras. Quando pedem para que analise Joaquim, a pequena dá um show:

– O meu vô é muito fofinho! Ele é carinhoso, pensa em ajudar as pessoas e é caridoso, tem grande empatia. Ele é uma pessoa incrível e interessante de se conhecer e conviver.

E complementa com destaques da biografia de Joaquim:

– O que eu mais gosto de fazer quando estamos juntos é ouvir as passagens da incrível história de superdação dele. Meu vô chegou a passar fome em Portugal e dormia junto com as ovelinhas. Ele batalhou e trabalhou muito, e conseguiu vencer na vida!

E ainda surpreende:

– Adoro o jeito fofinho dele... gosto do papinho que ele tem no pescoço... parece o papinho de um boizinho...

Quando viajam juntos para Portugal, e ficam na casa do Galisteu Cimeiro, Monique é companhia certa de Joaquim quando ele resolve atravessar a rua e ir até o "Quintal das frutas", pomar que cultiva em frente à moradia, para colher frutas do pé.

Os passeios em Umuarama geralmente acontecem com o avô e os primos, entre eles, Inácio. No carro, Joaquim adora relembrar com os netos de quando tinha um Landau e viajava para a praia com Adelaide e os cinco filhos:

– A avó de vocês preparava as malas e fazia um monte de compras no supermercado para a gente levar, mas sobrava para mim ter que guardar e encaixar tudo no porta malas – conta ele ameaçando fazer cara de bravo, enquanto os netos riem da situação.

E quando Monique retorna das viagens de férias que faz na companhia dos pais e irmãos, gosta de encontrar o avô e contar as aventuras que viveram no passeio.

Mas uma parte que sempre emociona acontece quando Joaquim olha para a neta e diz: "Ô 'Moreninha', você é inteligente"! Você sabe das coisas! Você tem a pele... o jeito da vó Adelaide... – diz Joaquim, com olhar carinhoso e saudosista.

Já para o neto Inácio, encontrar o avô é sempre motivo de grande alegria. Vez por outra ele passa na casa da filha Magui para pegar o neto, e assim que o vê, pede um abraço e diz: "Ô meu amigo"!

Os passeios são sempre divertidos, mesmo que Joaquim esteja a trabalho: se vão a uma das lojas Planalto, a "recompensa" é passar alguns chocolates no caixa e depois se deliciarem; se vão até a Fazenda Primavera, que fica em Umuarama, Inácio e o avô andam a cavalo, e comem frutas colhidas diretamente das árvores; e quando estão em alguma outra fazenda, saboreiam o pão e a comida caseira da fazenda: um bom prato de arroz, feijão, farofa, bife, ovo e, de sobremesa, compotas de doces.

Mas dois programas são especiais: um deles é ir com o avô ao McDonald's e tomar milk shake; Inácio gosta do de morango e Joaquim prefere o de chocolate.

Mas diversão mesmo acontece quando eles estão no Recanto do Moinho, em viagens pelas praias ou hotéis, ou em algum ambiente com piscina.

Joaquim adora nadar. E assim que ele cai n'água com seu jeito desengonçado, e começa a bater os braços e as pernas, Inácio "confidencia" com que está ao lado:

– O vô nadando parece uma tartaruga... – E quem acompanha a análise de Inácio, e a real semelhança entre ambos na água, cai na gargalhada!

## Quim, pronto para o desafio!

*Visionário! Ele antevê o futuro!*

*Um homem honesto e humano, dotado para fazer o bem!*

*A maneira simples e igualitária com que se relaciona e trata as pessoas lhe abre as portas!*

*É uma honra ter o pai que eu tenho. Digo isso por mim, pelas minhas irmãs e pelo que ouço das pessoas que estão ao nosso redor.*

*Um moderador que tem sempre uma boa palavra para equilibrar as pessoas e as situações adversas!*

São inúmeras as frases, avaliações e características destacadas por quem convive com Joaquim. Quem não o conhece de tanto ouvir falar dele também cultiva as melhores impressões a seu respeito.

A J. Martins, empresa iniciada por Joaquim Fernandes Martins, constituída por sócios, é muito tradicional e com suas particularidades no modelo de gestão.

Um estilo que busca sempre fazer do modo certo e manter a empresa 100% sadia! Tanto que completou um ciclo de sessenta anos de atividade. Convenhamos, numa economia tão inconstante como a do Brasil, é um ciclo para ser bastante comemorado e, infelizmente, para ser cumprido por poucos.

Quando se conhece em detalhes a biografia de Joaquim Fernandes Martins, desde o seu nascimento, em 31 de agosto de 1936, até os dias atuais, a admiração e o respeito pela trajetória e história por ele protagonizadas ficam ainda maiores.

Muitas foram as dificuldades, grande foi a coragem de vir sozinho de Portugal para o Brasil: teve atitude para iniciar como empreendedor na carreira solo, constituiu família, teve antevisão ao criar filiais e, em especial, ao migrar com os negócios e a família para Umuarama, verticalizou o empreendimento com as fazendas e imóveis, sempre utilizou a criatividade para se destacar no comércio, ampliou a rede de lojas e as fazendas... E ainda tem grandes objetivos pela frente!

Tudo nasceu, ainda muito jovem, do sonho de dar uma vida melhor para a família, composta então pelos pais e irmãos. Com humildade, perseverança, determinação e muito equilíbrio emocional, ele conseguiu realizar um sonho muito maior do que havia imaginado!

Outro ponto a ser destacado: a palavra "egoísmo" não faz parte do vocabulário de Joaquim Fernandes Martins. Tanto na empresa como na fazenda ou em outros negócios, ele sempre entendeu tratar-se de uma boa oportunidade de empreender, ofereceu sociedade e compartilhou com as pessoas próximas. Tanto que mantém sociedades de décadas na empresa e nas fazendas.

E o maior legado de Joaquim é o exemplo de postura ética, pessoal e profissional que ele deixa para ser seguido. Que cada qual o adapte ao seu modo e estilo, colocando seus ingredientes preferidos, mas a receita está dada!

Uma receita que Joaquim transmitiu a todos e, em especial, a Joaquim Filho, o Quim, para ser seguida e acrescida de novos ingredientes...

# MENSAGEM FINAL

*O Brasil é o melhor país do mundo para se viver!*

As palavras são minhas e de outros portugueses, japoneses, alemães, italianos, árabes, chineses, espanhóis... São palavras de todo aquele que troca a sua terra natal pelo Brasil e que aqui é recebido de braços abertos, integrado rapidamente à sociedade e que pode aproveitar das mesmas condições de trabalho e oportunidades profissionais que o país oferece à população em geral.

Na década de 1950, quando viajei para o Brasil, havia uma geração destemida, que partiu para a África, a Europa e as Américas do Norte, Central e do Sul em busca de melhores condições de trabalho. Mas posso afirmar que o Brasil foi quem melhor recebeu e tratou desses novos filhos e deu a eles condições de trabalhar, montar suas empresas, prosperar e gerar riqueza.

Sei também que temos questionado a forma até desrespeitosa como nós, brasileiros, estamos sendo tratados de uns anos para cá. Mas o problema não é o país, mas as pessoas que o dirigem. Com um povo e um país tão maravilhosos, seríamos ainda melhores se houvesse investimentos do governo em educação, com boas escolas e universidades.

Uma nação não faz o povo, mas sim o povo é que faz a nação! Portanto, depende exclusivamente de cada um de nós buscarmos o melhor para o Brasil, que nos devolverá em benefícios, oportunidades e melhores condições de vida.

A miscigenação tornou o Brasil um mapa-múndi, onde cada povo de cada país com sua cultura forma um pedaço da nossa terra, da nossa gente. Temos uma população hospitaleira, pacífica, que faz da palavra e do diálogo suas melhores armas na defesa daquilo que busca e acredita.

Venho de um tempo em que a família era algo sagrado. E aqui eu aproveito para me penalizar e me desculpar com a Adelaide, com meus filhos e netos. Sei que estive ausente em momentos importantes da vida de vocês, mas, dentro daquilo que tracei profissionalmente para a minha e para as nossas vidas, não havia como fazer diferente! Eu precisei realizar essa escolha! Muitas pessoas passaram a depender de mim. Espero que possamos reparar isso e que me deem um pouco do tempo de vocês para estarmos mais juntos!

Constituir uma família representava a responsabilidade do amor eterno, do cuidar e do zelar, da divisão de papéis onde o homem era o provedor, e a mulher, a mãe, esposa e dona de casa, a verdadeira matriarca e sustentação emocional da família. Eu e minha saudosa Adelaide seguimos por esse modelo. Quando nos casamos, ela assumiu todos esses papéis e ainda trabalhava na loja. Uma mulher maravilhosa, de grande dinamismo, alegria e coração.

Os tempos mudaram, a composição social mudou, veio a diversidade, a mulher se reposicionou, conquistou espaços pessoais e profissionais, deu holofote à palavra "empoderamento" e alcançou importantes e decisivos cargos de liderança.

Eu aplaudo essa revolução conceitual! Mas registro que não há necessidade de os casais partirem para o enfrentamento. Não importa qual é o lado mais forte, mas sim que a união seja motivo de fortalecimento mútuo e da relação familiar!

Que prevaleça o amor! Quando há amor, as divergências não se transformam em intolerância! Essa é a minha percepção.

Entrando agora na minha trajetória empresarial, muitos me perguntam: "Qual foi o pulo do gato da sua empresa ou dos seus negócios?".

Sinceramente, isso nunca aconteceu na minha trajetória! Tivemos, eu e os meus sócios, um caminho regular, sem aventuras ou altos e baixos, sem extremos. Tudo foi construído dentro de um patamar do qual tivéssemos domínio; agimos de forma segura e programada como uma escada, degrau por degrau. O objetivo sempre foi capitalizar, estruturar e melhorar a empresa. Para isso, contei com a ajuda e o comprometimento dos meus sócios, colaboradores, fornecedores, familiares, amigos...

Seja grato a cada um deles. Muitas vezes, a melhor ajuda não vem com o dinheiro, mas com o comprometimento, o conhecimento, uma palavra de alento, crédito... Então, converse com bastante gente, mas saiba escolher e definir as pessoas com as quais você irá se relacionar. Invista seu tempo com pessoas mais bem preparadas do que você, para aprender com elas.

Também me perguntam: "Há algum sonho que você não realizou?". Sim... Confesso que sim! O de nunca frequentar as salas de aulas de uma universidade! Como eu gostaria de ter estudado e de ter me formado!

Em 1956, um ano depois de chegar ao Brasil, eu me matriculei num curso de Contabilidade a distância. Tempos depois, fiz outro curso, na área da psicologia. Até 1972, como sempre morei em lugares pequenos que não tinham faculdades, não surgiu essa possibilidade. E também eu precisava trabalhar, comprar, vender, administrar e viajar... Não havia tempo para os estudos. Infelizmente...

Busquei conhecimento de gestão e de tantos outros temas de cunho cultural participando de inúmeras palestras e congressos, além de dedicar-me à pesquisa e à leitura. Investi então no conhecimento, na cultura geral. Fiz também a "faculdade da vida", a da vivência, da experiência, do autodidatismo.

Certamente, "corrigi" essa pendência propiciando estudos a tantos dos meus funcionários e aos seus familiares, formando profissionais para as mais diversas áreas de atuação. Isto me realiza: saber que cumpri esta importante missão.

Por isso, deixo aqui meu recado aos jovens e aos que ainda sonham em cursar a universidade: não desanimem, não desistam, sigam em frente em busca de realizar esse sonho! E, para isso, se não houver dinheiro, tenha atitude! Encontre uma solução para custear os estudos, que pode ser o emprego, uma atividade extra, financiamento do governo.

De uns anos para cá, os estudos estão muito mais acessíveis à população, que busca alcançar uma melhoria de vida!

Certamente, para tudo na vida tem que haver uma solução! Não importa o tamanho do seu problema, há uma forma de resolver. Não tenha medo de enfrentá-lo! Aliás, por trás dos grandes problemas há igualmente grandes soluções e também oportunidades!

É importante compartilhar com pessoas da sua confiança aquilo que o incomoda. Mas não se esqueça de que a decisão é sempre sua! Você escuta, debate, aprende, reflete, mas cabe a você a escolha da decisão!

E, se acertar, comemore e usufrua daquilo que a sua decisão lhe trouxer de melhor. Se errar, ao invés de perder tempo com arrependimentos ou encontrando culpados, faça uma aprofundada análise para saber o que poderia e deveria ter sido feito de forma diferente; aprenda com a situação e reformule o caminho!

Outro questionamento que me fazem: "Qual é o segredo do seu sucesso?". Não sei se sou a pessoa mais indicada para falar do tema, mas o que conquistei na vida foi baseado em dois aspectos: muito trabalho e honestidade. Para ser bem-sucedido, os dois ingredientes são indispensáveis!

Trabalho e honestidade me acompanham desde a infância, legado que trago dos meus pais! Foi isso que eles me ensinaram. Foi isso que eu observei em seus atos e palavras! É isso que eu busco passar adiante!

Posso falar do comércio, onde atuo há anos. Nesse segmento, e acredito que em todos os outros, precisa haver firmeza naquilo que se compromete a fazer. Graças a isso, sempre tive crédito, que é o maior patrimônio do varejista e atacadista, e construí uma imagem de respeitabilidade no mercado.

Se assumiu que vai comprar tal quantidade, cumpra! Se assumiu que vai pagar de determinada forma, cumpra! Se assumiu que vai entregar em tal dia, cumpra! Cumpra o que foi por você prometido e, em contrapartida, exija que a recíproca seja verdadeira! Lute pelos seus direitos e cumpra os seus deveres! Isso vale para tudo na vida!

Afirmo ainda a importância de saber lidar com o dinheiro, que é duro de ganhar e fácil de gastar. Principalmente no início do seu negócio ou da carreira, segure a mão!

Acredito ainda que a inter-relação entre as pessoas seja muito importante para definir a forma como você pauta sua vida e os resultados que você alcança.

Aprendi isso também com os meus pais, e eu e minha esposa Adelaide sempre buscamos transmitir aos nossos filhos e netos que devemos ser bondosos e tolerantes, e sabermos perdoar e respeitar o próximo. Isso nos torna seres humanos melhores e praticantes dos ensinamentos de Deus, de quem sou devoto e a quem agradeço por ter me proporcionado muito mais do que imaginei alcançar na vida pessoal, com a família que constituí, e profissional, com os negócios que criei e os empregos gerados – houve época em que só da família havia mais de 50 pessoas trabalhando na empresa!...

Isso se torna ainda mais real quando se têm sócios! A composição societária da empresa chegou a ter sete cotistas. Atualmente, somos cinco sócios. Mas posso assegurar que a harmonia é a base do convívio, apesar das naturais discordâncias de posicionamento, que por vezes fazem o equilíbrio, e com as quais sempre concordei.

Registro ainda a autoconfiança como determinante para cumprir as metas e objetivos que você idealiza, sempre pautado em boas e corretas informações. Se você acredita que vai dar certo, siga em frente, confie no seu sexto sentido! Convença-se daquilo que pretende realizar e não desperdice tempo tentando convencer os outros de que só você está certo.

Agi assim ao assumir sozinho a primeira loja, ao abrir as filiais, na mudança para Umuarama, com as fazendas, onde muitos preconizavam que não iria dar certo. Eu estava convicto e fui em frente. Eu me preparei e venho cumprindo com êxito a missão, levando os meus junto comigo!

Eu fiz tudo do meu jeito e estilo, mas nunca sem a anuência dos meus sócios.

Agora que conhece a minha trajetória, tire dela aquilo que você entende que possa ajudá-lo e desenvolva seus modelos próprios de ação, associados à sua determinação, poder de superação, inteligência, conhecimento, criatividade e fé!

Digo também a você que crescer é uma obrigação, seja do empresário ou do profissional colaborador. O empreendedor deve sempre acreditar no seu negócio, qualificando o pessoal, investindo em tecnologia, inovando em estrutura e maquinário, oferecendo um serviço melhor ao consumidor e cliente. O profissional executivo e que trabalha na empresa deve igualmente acreditar no próprio potencial e estudar, se desenvolver, aprender novas técnicas, ler bastante, fazer cursos...

Tudo isso faz parte do processo de desenvolvimento e da busca pela excelência! Se você parar, fica para trás e perderá tempo e espaço difíceis de serem recuperados!

E a vontade de crescer depende só de cada um de nós e de mais ninguém! Não gosto de debater política. Tenho minhas convicções, mas não podemos achar que a política vai resolver os nossos problemas, gerir os nossos negócios, arrumar emprego, educar os nossos filhos.

Então, como mensagem final, reforço a você para que se mexa! Não espere que as oportunidades caiam do céu! Deus sabe de tudo o que precisamos para vencer na vida, mas Ele quer que estejamos firmes em busca do nosso propósito e da realização dos nossos sonhos.

A vida nos oferece situações agradáveis e também difíceis. Temos na J. Martins mais de 700 colaboradores que atuam nas várias filiais, cada qual com sua vida pessoal e profissional. Tudo isso é motivo de muita comemoração e fruto de conquistas, mas também de preocupações e transtornos. E quando a situação se complica, devemos estar ainda mais presentes! Faz parte do papel de todo aquele que está à frente de uma empresa ou equipe, em posição de liderança!

Aprenda a agradecer a Deus pelos bons momentos e a recorrer a Ele na hora das grandes decisões! Confie em Deus! Ele sempre nos faz encontrar a melhor saída!

Tem um ditado que diz: "Cobra que não anda, que não rasteja, não se alimenta de sapos". Faça a melhor leitura dessas palavras. O que eu posso dizer é que, dentro da metáfora que a frase permite, os "sapos" que eu conquistei na vida sempre foram fruto de muitas "andanças" e "rastejos". Nunca tive preguiça ou desmotivação e sempre fui otimista para alcançar aquilo que eu entendia ser o melhor para mim, para a minha família e para a minha empresa!

Os sapos estão aí! O seu caminho está repleto de sapos. Cabe a você "rastejar" e ter inteligência, conhecimento, relacionamento, ser observador, criativo e perseverante para encontrá-los!

Espero que ler a minha história tenha sido para você tão agradável quanto foi para mim vivê-la e agora revivê-la para a escrita do livro. E que os mais jovens, como os meus netos, possam conhecer um mundo e um Brasil que eles nem imaginam que existiu, onde tínhamos muitas carências e dificuldades, mas sobravam amor e união da família!

Deixo aqui o meu desejo para que você, caro leitor, tenha muito sucesso e que Deus ilumine o seu caminho e o de sua família!

Joaquim Fernandes Martins

# RELAÇÃO DE ENTREVISTADOS

Abilio Lopes Fernandes
Abílio Martinho
Acácio Fernandes Martins
Adélia da Conceição Mendes Martins
Alceu Hernandes de Biazzi
Alessandro Mendes da Silva
Alfredo Farinha
Alfredo Martins
Ana Maria Mendes Martins Rahal
Antonio Angelo Colombo
Antonio da Purificação Marques
Antonio Lourenço Rodrigues
Antonio Mauro Lepre
Arlete Friedrichsen Marques
Augusto Rodrigues da Purificação
Carlos Alberto Dalla Costa
Carlos Cardoso Ferreira
Cirineu Fajardo
Devanir Barroso
Edilson de Amorim Cassita
Edison José Cazarin
Elias Barbado Júnior
Elis Magna Fernandes Martins Rocha
Fábio Vinícius Rocha
Fernando Miguel Lopes Pereira

Gustavo Martins Gaiari
Igor Fernandes Martins Riback
Inácio Martins Rocha
Izaías Pereira Dias
João Antonio Cravo Nunes Lopes
João Fernandes Dias
João Maria Marques
João Mendes Martins
Joaquim Fernandes Martins Filho
Joaquim Fernandes Martins Neto
Joaquim Manuel Pereira Alves (o Saramago)
José Angelo Antoniassi
José Carlos Lopes
José Dantas de Sousa
José Dias Pereira
José Emanuel Lopes Fernandes
José Emílio Sequeira Ribeiro
José Fernandes Martins
José Luis Morgado Ferreira
José Luiz Leandro
José Mendes da Silva
Jovita Ines Dalla Costa
Jurandir Andrade Vilela
Leonardo Martins Gaiari
Leonardo Revesso

Luís Gonzaga Lopes Fernandes
Luiz Carlos Correa da Silva
Márcia de Fátima Fernandes Martins
Marcio Silvio Rocco
Marco Roque Gonçalves
Maria da Conceição Fernandes Lourenço
Maria das Neves Ambrósio
Maria das Neves Bento Morgado
Maria de Lourdes Fernandes Martins Farinha
Maria do Carmo Tomé
Maria do Céu Cardoso Cristovão Tavares
Maria do Céu Farinha Fernandes
Maria do Céu Martins
Maria do Rosário Fernandes Morgado
Maria dos Anjos Palhota
Maria Goretti Fernandes Martins Morgado Riback
Maria Rita Fernandes Martins
Manuel Cardoso Ferreira
Manuel Cardoso Martins
Matheus Bertoli
Nicole Fernandes Martins Riback Kolling
Odair José Gaiari
Pedro Paulo Riback
Paulo Nuno Fernandes Farinha
Rogério Morgado Ferreira
Sara Regina Fernandes Martins Gaiari
Simone Laís de David Fernandes Martins
Sofia Fernandes Martins
Susana Lopes Fernandes
Terezinha Maria Martins Lopes
Valdir Beleze Furtado
Valdir Gonçalves Alencar
Vítor José Lopes Cardoso

Joaquim vistoriando o rebanho de vacas criadeiras em uma de suas fazendas

Plantações de milho e soja nas fazendas de propriedade de Joaquim

Fotos atuais das fachadas das lojas da Rede Planalto, começando pela matriz Big Planalto

Multiatacado e Atacarejo

Loja Planalto Tiradentes

Loja da J. Martins Atacado

Loja Hipermercado Planalto

Loja Planalto Castelo Branco

Loja Planalto Anchieta

Empacotadora de alimentos Sara

Loja Planalto de Icaraíma

Joaquim Martins durante abertura da Fazenda Reserva Iguatemi (MS)

Gado Nelore de engorda na Fazenda Canaã, onde Joaquim está acompanhado da esposa, dos pais, em visita ao Brasil, do administrador Jaime Rodrigues (esq.) e do capataz

Novilhas Nelore na Fazenda Reunidas (MT)

Vacas criadeiras da Raça Angus na Fazenda Canaã (MS)

Vista aérea das instalações da Fazenda Primavera (Umuarama-PR)

"Famoso", premiado touro da Raça Chianina, da qual Joaquim foi um dos principais criadores do Brasil

Congressos Internacionais da Raça Chianina, realizados na Itália, Austrália e Nova Zelândia, e Estados Unidos

"RECANTO DO MOINHO", centro de convivência e lazer dos colaboradores da J. Martins e dos familiares de Joaquim

Nos eventos da J. Martins, Joaquim demonstra seu carisma e participa ao lado dos sócios e gerentes

Participação ativa de Joaquim em eventos corporativos

Joaquim recepciona os prefeitos de Castelo Branco, Capital da Província da Beira Baixa, em Portugal, José Vila Franca (esq.), e o de Umuarama, no Paraná, Alexandre Ceranto

Diretoria do CREPU, Clube Português de Umuarama, recebe o Conselheiro Social da Embaixada de Portugal de Brasília

A família Martins tem por hábito curtir as férias na praia desde longa data

O empresário Joaquim Martins recebeu inúmeras condecorações e premiações, entre elas, a de Cidadão Honorário de Umuarama, e a de Guerreiro do Comércio das mãos do ex-ministro da Justiça e Segurança Pública, Sérgio Moro

Joaquim Martins conquistou inúmeros amigos ao longo da trajetória

Joaquim é sócio-efetivo do Rotary Club de Umuarama e participa de inúmeros eventos no Brasil e em outros países

DISTRITO 4630
POSSE DO GOVERNADOR
JOSE MANOEL E MARIA HELENA
26-06-2010

FORTALECER COMUNIDADES
UNIR CONTINENTES

Joaquim aprecia viajar e conhecer as mais diversas culturas

Joaquim mantém as raízes em Portugal, no Galisteu Cimeiro, sua terra natal

Joaquim com os pais, irmãs e irmãos, cunhadas e cunhados

Reunião familiar nas festividades do Natal, no Recanto do Moinho

Família Martins reunida nas Bodas de Ouro do casal, com Adelaide, Joaquim e os filhos

O patriarca Joaquim Martins realizado com a trajetória empresarial e a família constituída